中国近代
电力企业经营
管理研究

朱海嘉　著

以重庆电力股份有限公司
为个案

社会科学文献出版社
SOCIAL SCIENCES ACADEMIC PRESS (CHINA)

本书的出版得到重庆市社科基金项目（编号：2014QNLS41）、中国博士后基金面上项目（编号：2017M613275XB）资助

序　言

　　本书是朱海嘉副教授在博士学位论文基础上经过近六年辛勤耕耘的成果。2010 年 9 月，海嘉考入四川大学历史文化学院中国近现代史专业师从本人攻读博士学位。考虑到他来自重庆，经硕士研究生学习期间的训练已具备抗战史研究的一定基础，我建议他选择抗战时期重庆史为主攻方向。2011 年，在广泛查阅各类资料的基础上，海嘉选定重庆电力股份有限公司发展史为博士学位论文具体论题。他是一位能吃苦且有明确奋斗目标和周密计划的青年学子，经三年努力写成了有一定水平的博士学位论文，并获得历史学博士学位。毕业后，他成功申报同一领域的重庆市社科基金项目，在博士学位论文基础上进一步深入研究民国时期重庆电力股份有限公司创办的历史背景、发展历程、内部治理机制、经营绩效等问题。经前后六年的艰辛探究，终于写成一部填补近代重庆电力行业（企业）史研究空白的重要著作。

　　该书内容丰富、特点鲜明：

　　其一，史料翔实。海嘉本科、硕士、博士均就读于历史学专业，受过良好的史学训练，具有较好的学术功底与研究能力。在攻读博士学位期间及毕业任教后的研究中始终坚持有一分史料说一分话的原则，沿着近代中国电业发轫与历史背景、晚清重庆电业的开启与时局关系、民国时期重庆电力股份有限公司的创办与业务分析、抗战及战后环境下重庆电力股份有限公司的应对举措及公司资本运作与经营管理关系的发展线索，全面搜集重庆市档案馆藏近代重庆电力股份有限公司档案史料、重庆图书馆藏电力文献史料、国家图书馆藏电力文献选编等各类资料。大量第一手资料的运用铸成了一部具有厚重感和较高学术价值的学术专著。

　　其二，观点新颖。作者没有停留在对重庆电力股份有限公司经营发展历程的简单线性梳理，而是紧扣近代中国社会变迁与公司经营管理的互动关系进行深入分析，并得出了一些较为新颖的结论。作者在对重庆电力股份有限公司成立的背景与主体关系、公司内部治理机制、抗战时期公司应对困境的措施及政府支持与介入产生的正负面影响、公司对抗战的贡献与其自身利益的关系，以及公司与政府之间的合作与矛盾等众多方面的阐论中都提出了独立见解。这些努力使本书成为一部创新之作。

其三，视野开阔。作者虽着力于对重庆电力股份有限公司经营管理的个案研究，但能反映出企业在经营管理中的国家在场。本书对当时公司的经营背景、内部治理、业务扩展、资金运营、责任履行、价格调控、市场参与和用电管理等各个方面的叙述可以折射出近代中国政府对电力经济政策的把握及其与基层行业（企业）之间的张力，读者亦可从中管窥近代中国电力行业（企业）经营管理所产生的社会经济效应及在建构过程中与中央、地方政府的互动关系。

当然，限于著作在理论层面上还有所欠缺及对电力行业体验不够，本书的研究还有一些待深入之处。希望海嘉再接再厉，不断进取，扩大视野，以更大的勇气与决心深化近代中国电业史研究，争取取得更大的学术成绩。

作为一名执教多年的教师，我感觉最为欣慰的是能听到学生成长和进步的喜讯：海嘉博士研究生毕业到高校任教后，已在国内重要期刊发表论文多篇，承担重庆市社科基金项目 3 项及中国博士后基金项目 1 项，并成功晋升副教授。在其著作即将出版之际，作为他的博士生导师，我自然十分高兴，并欣然为之作序。

陈廷湘

2018 年 1 月写于四川大学

目　录

导　论

一　选题缘起及意义

1831 年法拉第发现"电磁感应"定律，人类由此认识了电、磁现象，并提出电、磁互相转化的理论，进而实现了机械能向电能的转化。作为机械原动力的电力，系 19 世纪西方工业文明的一个重要标志，在西方近代工业世界里得到迅速推广与普及，被广泛应用于社会经济生活的各个领域，成为推动社会经济发展的强大动力。在更广的意义上说，它使得人类实现了从农耕文明时代向电气化时代的转变。

电力因清洁、便利及应用广泛等特点，19 世纪以后逐渐成为国民经济与社会发展不可或缺的生产要素，并逐渐成为经济社会领域的基础，尤其是推进工业化的基础。不仅如此，电力的广泛应用改变了城市面貌和市民的生活方式，成为近代城市文明发展的一个标志。在此意义上，对电力事业在近代中国的出现、运作及其对各方面的积极作用做一研究，不仅有改变学界研究薄弱之现状的学术价值（详后），而且对当代电力事业建设与完善亦具有相当大的启示意义。

不过，考虑到近代中国全国范围电力事业发展的地域性与复杂性，如果没有多方面的合作、不具备相应的条件，将很难做出全面的研究，故本书仅以近代历史中的重庆电力股份有限公司（以下简称"重庆电力公司"或"公司"）为中心，力图以下几个方面有所贡献。

其一，管窥近代中国电力事业发生与发展的历史轨迹。近代中国电业兴起于 19 世纪中后期，最初电力仅供城市达官贵人和租借地照明，可谓西方舶来的"奢侈品"。1882 年西人立德在上海创办电光公司，开启了中国电力事业的先河。随后，东南沿海地区相继设立电灯公司。至 20 世纪初，四川地区的重庆与成都先后设立了电灯公司。进入民国后，北京政府和南京国民政府相继采取相关措施，推动资本主义工商业的发展。这一时期负责提供能源动力的电力事业有了快速发展，主要表现为由单纯的居民照明用电功能逐步向工业生产用电功能扩展。因电力在中国是新生事物，投资大，单靠民间资本，无力支撑电力事业的快速发展。而国家资本的介入，体现了政府对电力事业的重视。1927 年，建设委员会在南京成立，专设"全国电气事业指导委员会"，其一个重要职能即为主管全国电业行政、技术及管理，推动全国电业的建设与发展。其后，国内主要城市均设立电厂，国家电力事业得到发展。

1930 年代初，相对边缘的四川地区结束了军阀混战的局面，社会经济的恢复与发展有了比较好的政治环境和机遇。重庆市人口日渐稠密，商业愈趋繁盛，新式工业渐次发达，对于电力的需求，也日渐迫切与增多。在这样的背景下，重庆电力公司应运而生。公司采用近代先进设备，在全面抗战爆发前发电容量达 3000 千瓦。其对于改善市民生活，减少火警，活跃市场，促进工商业发展起到了积极作用，也为战时重庆电业发展奠定了坚实的基础。全面抗战时期，重庆从一个地方性中心城市上升为战时首都和大后方中心，加之重庆工业经济发展迅速，因此对电力的需求也急速增长。在此期间，重庆电力股份有限公司起到了极其重要的作用，为战时重庆地区的工业发展与社会民生做出巨大贡献。

其二，深化近代中国股份制公司形态的研究，从而洞悉近代社会经济大环境中的企业生存与发展状况。本书对重庆电力股份有限公司的研究，属于企业史研究的范畴。公司是社会经济活动中主要的参与者，也是最重要的企业形式。1927 年南京国民政府成立后所颁布的《公司法》，规范了企业的组织形式，"多数企业逐渐摆脱以前的无限责任即合伙形式的局限，并进展到以股份有限责任形式为主流"。①而重庆电力股份有限公司是以"股份有限公司"冠名的企业，在组织形式上按照近代股份制公司的规章制度及规范化要求经营，顺应了经济发展形势与潮流。重庆电力股份有限公司初创时系政府与绅商合办，但名义上是商办企业。公司得到当时四川地方实力派、重庆军政首领刘湘的高度关注与支持，由潘文华、刘航琛、康心如、胡如航等人发起，于 1935 年正式成立。这一冠名"股份有限公司"的电力公司，因带有本土印记和地方色彩，故与根据中央政府颁布的《公司法》而成立的一般性公司相比又具有不同的特点。到抗战时期，尽

---

①　吴承明、江泰新主编《中国企业史·近代卷》，企业管理出版社，2004，第 384～385 页。

管重庆电力股份有限公司不是经济部资源委员会下属之国营企业，保持着
"民营"本色，但受统制经济政策的统制。随着国家资本的渗入及政府的
管控，重庆电力股份有限公司逐步被纳入"国家化"运转的轨道。自抗战
中期至1949年，重庆电力股份有限公司受社会经济持续恶化的大环境影
响，经营效益逐年下降，渐渐走向崩溃。重庆电力股份有限公司历史演变
的过程，反映了那一时期社会经济大环境下，近代中国股份制公司的发展
历程及其特点。

　　其三，近代以来，重庆一直是中国重要的中心城市，其城市化与工业
化过程，不仅需要电力事业提供支持，而且其自身已具有建设此种事业的
充分条件。相应的，重庆电力事业的发展，也对当地社会经济产生了直接
影响，其中重庆电力股份有限公司扮演了不可忽视的重要角色。因此，对
重庆电力股份有限公司及相关问题做一系统考察，将有助于拓展与深化重
庆地方史研究。

　　综上所述，该论题具有一定的学术意义和研究价值。

二　学术回顾及资料说明

1. 民国时期的著作

　　傅润华、汤约生主编的《陪都工商年鉴》对抗战时期重庆的工商经济
做了较为系统全面的梳理，为我们认识战时重庆社会经济情况提供了相关
的资料。其第4编中谈到了重庆电力发展情况，粗略描述了重庆电力股份
有限公司的创办经过、组织机构、发电情况等。[①] 民国时期重庆市政府秘
书处编印的《九年来之重庆市政》记述了重庆电力股份有限公司的筹备及
初期经营情况。[②]

2. 今人论著

　　（1）相关通论性论著里涉及了近代中国电业史的论著主要有：陆仰
渊、方庆秋主编的《民国社会经济史》，分别对北洋时期电力工业、南京
国民政府成立至全面抗战爆发前电力工业、战时大后方电力工业做了阐
述，重点分析电力工业的规模、产量及政府的电业政策等。[③] 许涤新、吴

---

①　傅润华、汤约生主编《陪都工商年鉴》，文信书局，1945，第84~85页

②　重庆市政府秘书处编印《九年来之重庆市政》，1936，第66~68页。

③　陆仰渊、方庆秋主编《民国社会经济史》，中国经济出版社，1991，第148、370~372、
　　593~594页。

承明主编的《中国资本主义发展史　第3卷　新民主主义时期的中国资本主义》涉及民国时期中国电业发展的基本情况。[①] 吴承明、江泰新主编的《中国企业史·近代卷》反映了近代中国企业发展、变化的面貌，论述了近代《公司条例》、近代《公司法》的出台背景及实施情况。刘克祥、吴太昌主编的《中国近代经济史（1927~1937）》上册对近代中国电力工业发展做了简要的梳理，认为1927~1937年是电力工业的持续发展时期，电厂数量增加，分布范围扩大，在部分东部沿海地区，开始由城市向乡镇（村）扩散，但从全国看，兴衰互见，发展时间和速度参差，地区间极不平衡。在上海的带动下，江苏、浙江电力工业已初具规模，而其他地区发展较为缓慢。在资本和规模方面，无论是中外资电厂之间还是华资电厂内部，都相差悬殊。这表现为外资强于华资，华资之间亦参差不齐。在管理体制方面，1928年后电力工业由交通部转归建设委员会管辖，其专设全国电气事业指导委员会，并制定了一系列电力法规，从而为国民党政府和国家资本介入电力工业提供可能。[②] 杜恂诚著《民族资本主义与旧中国政府（1840~1937）》以抗战前夕中国民族工业产品的自给率分析战前的中国电力工业，认为电力工业的发展水平能够反映整个工业的发展水平和整个社会的文明程度。例如，1924年，中国所有的电厂只有219家，其中182家电厂的资本总共约5000万元；到1929年底，电厂数量增加到704家，资本总额（不包括工厂自备发电厂）为22102.4万元，发电容量83536千瓦；至1936年，中国供电事业（不包括工厂自备发电厂）的发电容量已增至631165千瓦。电力工业的发展与其他工业部门的发展是同步的。[③] 张忠民、朱婷著《南京国民政府时期的国有企业（1927~1949）》介绍了建设委员会的设立和职能，指出建设委员会直接经营的国有企业主要集中在电气业和矿业两方面，战前建设委员会实际控制和经营的国有企业还是极为有限的。[④]

① 许涤新、吴承明主编《中国资本主义发展史　第3卷　新民主主义时期的中国资本主义》，人民出版社，2003。
② 刘克祥、吴太昌主编《中国近代经济史（1927~1937）》上册，人民出版社，2010，第326~341页。
③ 杜恂诚：《民族资本主义与旧中国政府（1840~1937）》，上海社会科学院出版社，1991，第250~252页。
④ 张忠民、朱婷：《南京国民政府时期的国有企业（1927~1949）》，上海财经大学出版社，2007，第91页。

　　（2）以近代四川地方史为研究对象，涉及近代四川电业的论著主要有：王笛著《跨出封闭的世界——长江上游区域社会研究（1644～1911）》提及股份公司是近代资本主义的产物，在20世纪初，这样的组织形式已移植到长江上游地区。四川省设劝业道后，工商业家不断涌现，其依股份组织者亦有数十家之多。其中，尹德钧于1908年在重庆创办的四川烛川电灯有限公司，股份银30万元，专办各项电灯，1909年5月16日注册。[①] 周天豹、凌承学主编的《抗日战争时期西南经济发展概述》第五章"抗日战争时期的西南工业"，论述了战时西南地区的工业格局及工业发展阶段所形成的特点。[②] 隗瀛涛主编的《重庆城市研究》认为，在近代重庆公用事业发展进程中，烛川电灯公司的创建具有重要意义，使重庆成为四川第一个使用电灯的城市，也是全国较早使用电灯的城市之一，并认为到战时，重庆除烛川电灯公司扩大了生产外，其他电力企业多系一些小型电厂，仅提供照明用电，重庆一些大工厂的动力多来自煤炭，少量用电来自自己附设的发电机。[③] 但这一说法有待商榷。本书认为战时重庆工业所需电力在很大程度上由20世纪30年代组建的重庆电力公司供应。隗瀛涛主编的《近代重庆城市史》是一部以研究城市的结构和功能的发展演变为基本内容的著作。该书指出城市化即由于近代生产力的发展和社会生产方式的变化，而引起的第二、第三产业的聚集过程，以及由此决定的人口集中过程和城市生活方式不断扩大过程相统一的社会过程。[④] 编者认为近代重庆商业、工业等推动了重庆近代城市化的迅速发展。书中也简要叙述了近代重庆电力供应与路灯情况，以及战时工业发展与能源供给的互动关系。重庆抗战丛书编纂委员会编《抗战时期重庆的经济》第七章"抗战时期重庆城市建设"，也对战时重庆供电及路灯情况做了简要的叙述。[⑤] 黄立人所著《抗战时期大后方经济史研究》一书对大后方经济做了总体考察，也对财政、金融、工业、交通、科技等课题做出较为深入的论述。该

[①] 王笛：《跨出封闭的世界——长江上游区域社会研究（1644～1911）》，中华书局，2006，第332～333页。

[②] 周天豹、凌承学主编《抗日战争时期西南经济发展概述》，西南师范大学出版社，1988，第134～171页。

[③] 隗瀛涛主编《重庆城市研究》，四川大学出版社，1989，第104、126页。

[④] 隗瀛涛主编《近代重庆城市史》，四川大学出版社，1991，第166、256～258、478～482页。

[⑤] 重庆抗战丛书编纂委员会编《抗战时期重庆的经济》，重庆出版社，1995，第305～309页。

书还对重庆陪都定位问题，抗战时期国民政府对西南的经济开发及四联总
处的职能与历史作用等问题进行了探讨。① 杨光彦、秦志仁主编《跨世纪
的大西南——近现代西南经济开发与社会发展历史考察》一书，书中收录
的多篇论文以近代西南地区经济开发及政策实效等为主题，对民国时期西
南经济发展趋势进行了初步分析。② 张守广所著《大变局——抗战时期的
后方企业》一书论述了战时重庆电力股份有限公司的发展轨迹，对公司的
资本、设备等问题做了简要阐述。③ 值得注意的是，张著以后方电力工业
为例，指出国家资本厂矿与私人资本厂矿规模悬殊是一般的情况，但也不
是绝对的：由于公营电厂设立较晚，其资本额受到通货膨胀影响，数额显
得很大，但其平均每厂电容尚不及资本额不大的民营电厂。就发电容量而
言，发电容量 5000 千瓦以上的电厂民营者有 2 家（显然包含重庆电力公
司——笔者注），无公营电厂。就其地域来讲，四川、湖南等省民营电厂
发电能力强于公营电厂。④ 其论点值得关注。另外，张守广所著《抗战大
后方工业研究》一书在梳理抗战时期后方工业发展、演变基本历史事实的
基础上，探讨了战时后方工业发展的特点、当局对后方工业发展的政策及
实践效果，落脚点是抗战时期后方工业在中国经济社会变迁中所具有的历
史地位和作用。⑤ 其详细阐述了国民政府从武汉改组后到抗战胜利时期实
施的战时工业政策，以及战时统制经济日益强化条件下后方民营工矿业的
发展情况。该书在现代化视野下审视抗战时期大后方工业发展及体制选择
等章节对本书具体论述重庆电力公司在战时环境下的情况有一定启示。隗
瀛涛、周勇著《重庆开埠史》，第三章第四节专门论述了重庆电灯业的发
轫与开启。⑥ 周勇编著的《重庆辛亥革命史》中，提及了因抵制洋油，
1908 年重庆商人刘沛膏、赵资生、李觐枫等人创办了重庆烛川电灯公司；

---

① 黄立人：《抗战时期大后方经济史研究》，中国档案出版社，1998。四联总处全称为"四
　行联合办事处"。1939 年 9 月 8 日，国民政府公布了《战时健全中央金融机构办法纲
　要》，改组成立四行办事处，负责办理与政府战时金融政策有关的各种特种业务，统
　筹管理原中央银行、中国银行、交通银行、中国农民银行四行的业务。1939 年 11 月，
　四联总处由汉口内迁入渝，成为战时金融经济的中枢决策机构。
② 杨光彦、秦志仁主编《跨世纪的大西南——近现代西南经济开发与社会发展历史考察》，
　重庆大学出版社，1999。
③ 张守广：《大变局——抗战时期的后方企业》，江苏人民出版社，2008，第 149 页。
④ 张守广：《大变局——抗战时期的后方企业》，第 321 页。
⑤ 张守广：《抗战大后方工业研究》，重庆出版社，2012，第 23 页。
⑥ 隗瀛涛、周勇：《重庆开埠史》，重庆出版社，1997，第 101～102 页。

认为民族资本经营的企业，是在"振兴商务"和"挽回利权"的口号下，直接针对帝国主义的商品输出和资本输出而产生的，是帝国主义侵略的对立物，在一定程度上抵制了洋货，挽救了利权，为重庆、四川以至西南地区的经济发展准备了条件，为资产阶级政治运动在重庆地区的发生提供了物质基础。① 周勇主编《重庆通史》第二卷第七章对近代重庆电力事业的发轫（清末民初阶段）做了简要的梳理。第三卷第六章结合近代重庆市政建设情况，认为1934年重庆电力公司筹备供应电力后，重庆城市照明系统建设正式起步，推动了重庆市政建设。该卷第十一章简要叙述了电力工业的情况，认为抗战时期重庆电力工业的发展主要体现在重庆电力股份有限公司的发展上，公司三次增股，成为四川最大的发电厂。第十二章提及战时重庆因工业和城市的急速发展，用电量猛增，电力供需矛盾极为尖锐，严重影响战时重庆的工业发展。第十六章阐述了战时重庆城市供电情况，其中包括战时重庆电力公司供电情况，并指出动力不足、窃电等因素制约了重庆电力事业的良性发展。② 周勇主编《重庆抗战史：1931～1945》，第十章阐述了重庆电力工业的情况，第十一章论述了重庆城市的供电情况。③ 张瑾著《权力、冲突与变革——1926～1937年重庆城市现代化研究》运用现代化理论，将普遍认为最为封闭的军阀统治时期的重庆城市史纳入近代中国城市现代化历程中加以整体考察，值得关注的是作者通过对刘湘军人干政时期的研究，揭示了军绅政权如何推动城市近代化；作者认为，现代化过程是一个传统性不断削弱、现代性不断增强的过程，每个社会的传统性内部都有发展出现代性的可能。④ 由周勇、陈国平主编的《给世界以和平——重庆大轰炸暨日军侵华暴行国际学术讨论会论文集》收录了《"重庆大轰炸"下的重庆电力公司》一文，该文以重庆大轰炸为视角，探讨了重庆电力公司的经营情况及社会参与。⑤ 潘洵主编《抗战时期西南后方社会变迁研究》一书，其第三章介绍了战时西南社会经济的变迁史，具有一定启发意义；第十一章简要叙述了日机轰炸给城市公用设

① 周勇编著《重庆辛亥革命史》，重庆出版社，2011，第26～27页。
② 周勇主编《重庆通史》，重庆出版社，2002，第442～443、865、1017、1150～1151页。
③ 周勇主编《重庆抗战史：1931～1945》，重庆出版社，2005，第360～361、452～453页。
④ 张瑾：《权力、冲突与变革——1926～1937年重庆城市现代化研究》，重庆出版社，2002，第5、11、173页。
⑤ 周勇、陈国平主编《给世界以和平——重庆大轰炸暨日军侵华暴行国际学术讨论会论文集》，重庆出版社，2008，第171～175页。

施，包括重庆电力设备造成的严重破坏。①

（3）以电力发展史为主题的文献有：黄晞的《旧中国电力发展史略》、《电力技术发展史简编》、《中国近现代电力技术发展史》，讲述了新中国成立前的中国电力技术及电力工业概况。② 李代耕编《中国电力工业发展史料——解放前的七十年（一八七九～一九四九）》，将电业发展分为三个时期：从我国开始生产电能到辛亥革命为创始时期（1882～1911年），从辛亥革命到抗日战争前夕为缓慢发展时期（1912～1937年），从抗日战争开始到 1949 年为电力工业的大幅度增长时期（1937～1949年）。③

与本书主题相关的论文主要有：王红曼《抗战时期四联总处在西南地区的工业投资》④，刘文丰《抗战时期资源委员会电厂迅速发展原因探析》⑤，王静雅《国民政府时期长江中下游电业研究综述》⑥。硕士学位论文主要有：孙志爽《抗战时期四川的电力工业》⑦，蒋之亮《成都启明电气股份有限公司的历史轨迹与制度演进（1909～1949）》⑧，刘文丰《抗战时期国民政府的电力工业建设》⑨，黄兴《电气照明技术在中国的传播、应用和发展（1879～1936）》⑩，王静雅《建设委员会电业政策研究（1928～1937）》⑪。博士学位论文主要有：李瑞《成都启明电灯公司创办

① 潘洵主编《抗战时期西南后方社会变迁研究》，重庆出版社，2011，第 63～84、282 页。
② 黄晞：《旧中国电力发展史略》，《中国科技史料》1985 年第 3 期；《电力技术发展史简编》，水利电力出版社，1986；《中国近现代电力技术发展史》，山东教育出版社，2006。
③ 李代耕编《中国电力工业发展史料——解放前的七十年（一八七九～一九四九）》，水利电力出版社，1983。
④ 王红曼：《抗战时期四联总处在西南地区的工业投资》，《贵阳学院学报》（社会科学版）2007 年第 1 期。
⑤ 刘文丰：《抗战时期资源委员会电厂迅速发展原因探析》，《湖北职业技术学院学报》2006 年第 1 期。
⑥ 王静雅：《国民政府时期长江中下游电业研究综述》，《华中师范大学研究生学报》2010 年第 3 期。
⑦ 孙志爽：《抗战时期四川的电力工业》，硕士学位论文，四川大学，2007。
⑧ 蒋之亮：《成都启明电气股份有限公司的历史轨迹与制度演进（1909～1949）》，硕士学位论文，四川大学，2008。
⑨ 刘文丰：《抗战时期国民政府的电力工业建设》，硕士学位论文，广西师范大学，2007。
⑩ 黄兴：《电气照明技术在中国的传播、应用和发展（1879～1936）》，硕士学位论文，内蒙古师范大学，2009。
⑪ 王静雅：《建设委员会电业政策研究（1928～1937）》，硕士学位论文，华中师范大学，2011。

及抗战前的经营管理研究（1909～1937）》[①]。

　　总而言之，国内学术界对抗战前后大后方工矿业及经济史研究较为成熟。其中涉及民国时期四川地区电力发展概况的论著不在少数。但学界对西南后方电力企业的个案研究，仍较为薄弱。目前只有李瑞的博士学位论文对民国时期成都启明电灯公司做了较为深入的研究。而对重庆电力股份有限企业的具体研究仍存在空白。本书拟以重庆电力股份有限公司为个案，一方面从微观领域，分析公司创建的背景、成立经过、组织机构、运行机制、经营效益等；另一方面，将公司的发展置于整个社会经济的大环境来探讨，细化为三个不同的历史阶段去考察公司在近代重庆社会经济发展进程中所扮演的角色。本书力求做到宏观与微观相结合，以对重庆电力股份有限公司的经营管理进行更加系统、深入的研究。

　　3. 资料说明

　　本书所采用的资料包括档案材料、地方志、报刊、专著及资料汇编等。主要有：（1）民国重庆档案史料。档案史料是中国近代史研究中最重要的材料，应予以高度的重视。总体来看，1934年以前重庆电力档案史料非常缺乏，但1934年至1949年间重庆电力股份有限公司档案保存完好。笔者曾多次到重庆市档案馆查阅收集相关档案材料。笔者在写作过程中即主要参考重庆市档案馆藏重庆电力公司全宗档案，同时结合重庆市政府档案、重庆市工务局档案、重庆市参议会档案等多个全宗档案。（2）民国时期重庆地区的报刊资料。民国时期重庆地方报刊较为丰富。笔者已查阅的重庆地方报刊主要包括《重庆商务日报》、《国民公报》、《申报》、《新华日报》、《大公报》、《中央日报》、《渝报》、《重庆市政府公报》和《重庆商埠月刊》等。（3）重庆方志资料。地方志也是本书的重要参考资料。本书所参考的地方志包括《重庆市地方志》1～14卷，其中，《重庆市志》第4卷（上），内含"重庆电力工业志"，部分内容涉及民国时期重庆电力公司，具有参考性。[②]《重庆市志》第7卷，内含"城市建设综述"及"城市规划志"，对我们认识民国时期重庆的城市化进程有一定的

---

①　李瑞：《成都启明电灯公司创办及抗战前的经营管理研究（1909～1937）》，博士学位论文，四川大学，2009。

②　重庆市地方志编纂委员会编《重庆市志》第4卷（上），重庆出版社，1999，第151～237页。

参考价值。①（4）文史资料。主要有《重庆工商史料》第 2 辑②和《重庆工商人物志》③。《四川文史资料》第 4 辑④中收录了傅友周的《记重庆电力股份有限公司》。（5）资料汇编、专著类。主要有中国电业史志编辑室、湖北省电力志编辑室编《中国电业史料选编》（上）⑤；四川省电力工业志编辑室编《四川电业志资料汇编》⑥；李学通编《抗日战争　第 5 卷　国民政府与大后方经济》⑦；唐润明主编《抗战时期大后方经济开发文献资料选编》⑧；孙照海、初小荣选编《抗战文献类编·经济卷》⑨；中国第二历史档案馆编《中华民国史档案资料汇编　第 5 辑　第 2 编　财政经济》⑩；重庆市档案馆、重庆师范大学合编《中国战时首都档案文献》⑪。新近出版的《重庆大轰炸档案文献·财产损失》⑫详细记载了战时重庆电力公司被轰炸的损失情况，具有极其重要的参考价值。专著主要有隗瀛涛、周勇著《重庆开埠史》；隗瀛涛主编《近代重庆城市史》；周勇主编《重庆通史》；周勇主编《重庆抗战史：1931～1945》；潘洵主编《抗战时期西南后方社会变迁研究》；等等。

三　写作思路

本书将从以下两个方面进行阐述：一是展示重庆电力股份有限公司的

---

① 重庆市地方志编纂委员会编《重庆市志》第 7 卷，重庆出版社，1999。

② 中国民主建国会重庆市委员会、重庆市工商业联合会文史资料工作委员会编《重庆工商史料》第 2 辑，重庆出版社，1983。

③ 中国民主建国会重庆市委员会、重庆市工商联合会文史资料工作委员会编《重庆工商人物志》，重庆出版社，1984。

④ 傅友周：《记重庆电力股份有限公司》，中国人民政治协商会议四川省委员会、四川省志编辑委员会编《四川文史资料选辑》第 4 辑，内部发行，1979，第 41～61 页。

⑤ 中国电业史志编辑室、湖北省电力志编辑室编《中国电业史料选编》（上），内部刊行，1987。

⑥ 四川省电力工业志编辑室编《四川电业志资料汇编 1》，内部刊行，1989；《四川电业志资料汇编 3》，内部刊行，1990；《四川电业志资料汇编 4》，内部刊行，1991。

⑦ 李学通编《抗日战争　第 5 卷　国民政府与大后方经济》，四川大学出版社，1997，第 236～237 页。

⑧ 唐润明主编《抗战时期大后方经济开发文献资料选编》，内部刊行，2006。

⑨ 孙照海、初小荣选编《抗战文献类编·经济卷》，国家图书馆出版社，2009。

⑩ 中国第二历史档案馆编《中华民国史档案资料汇编　第 5 辑　第 2 编　财政经济》，江苏古籍出版社，1997。

⑪ 重庆市档案馆、重庆师范大学合编《中国战时首都档案文献》，重庆出版社，2008，第 328 页。

⑫ 唐润明主编《重庆大轰炸档案文献·财产损失》，重庆出版社，2011，第 73～374 页。

基本概况，对公司的经营管理与经营业绩进行梳理分析；二是在基本史实的基础上，将重庆电力股份有限公司放在具体社会环境中进行考察与讨论。通过考察公司与国家、社会的关系，公司生存与发展的动态，进而分析公司在推动近代重庆社会经济发展及促进重庆城市近代化中所起的作用及历史局限。

1. 基本史实的阐述

从研究现状来看，研究者对近代重庆电力史的关注较少，对当时重庆电力公司的资金来源、股东、董事会构成、人事关系、生产经营与营业绩效等方面尚缺乏整体研究。虽然有些学者对成都电力企业（如启明电灯公司）做过某些方面的考察，但已有的研究成果缺乏对近代中国电力发展史整体性认识，而本书对重庆电力股份有限公司的实证考察有助于深化对近代中国电业史的研究。需要说明的是，本书的考察地域是民国时期的重庆市域，而不是今天的重庆市。在时间上，本书将上溯至晚清重庆开埠时期，下限则定在 1949 年底重庆解放。但由于资料所限，本书考察的重点时间段为刘湘实现川政统一至 1949 年重庆解放，侧重考察重庆电力公司的发展概况、重庆社会经济环境变迁和城市化进程，分析公司在近代中国社会经济环境中的发展轨迹及特点。

2. 社会网络分析方法（国家与社会互动）的借鉴

社会网络分析方法是历史研究中重要的分析方法。在中国近代史领域，自 20 世纪 90 年代起，一些学者将其运用到社会经济组织（如商会、工商业同业公会及职业团体）的研究中，从而大大开阔了史学研究的眼界，为史学研究提供了新的研究路径。本书将以重庆电力公司为个案，借鉴社会网络分析方法，将公司置于近代重庆政治及社会经济发展的动态历史图景和在此历史图景下形成的社会关系网络中，将公司经营置于四川地方军阀政府时期、重庆国民政府时期、日军袭击重庆的政治社会环境中去考量，并考察公司经营与金融机构、电力用户之间的互动关系。通过梳理种种互动关系，本书将揭示公司在战争环境下虽屡遭日军轰炸，但仍履行企业社会责任；公司与政府之间既存在业务合作的关系，又存在矛盾；公司与电力用户间因一些社会因素而发生矛盾与冲突，较为显著的案例体现在窃电与反窃电的问题上。综上所述，本书将借鉴社会网络分析方法对重庆电力公司进行动态考察，展现其经营发展的曲折性与复杂性。

第一章 近代中国电业之发轫
与重庆电业的开启

第一节 近代中国电业的发轫

电力是国民经济发展的"先行官",在社会经济运行中具有重要地位。其广泛应用始于19世纪工业革命时期。电力的广泛应用使得人类从黑暗走向光明,从蒸汽时代跨入电气时代,极大地推动了社会生产力的变革与发展,彻底改变了人类的生产生活方式。对此,20世纪30年代就有人做了比较具体的描述:"电力生产对于近代都市生活,操着极重大的作用。它不仅可以增进个人生活的享受,促进市场的繁荣,而且在公用事业上,它更能提高人类社会生活的享用,维系社会的治安,推进社会的发展。至于在生产上,电力事业的发达,更是促进一般工业生产发达的利器。因为电力是工业生产的动力,所谓动力工业,所以电力工业的发达,即可以促进工业生产的发达。"[1] 如"化学工业则以电气应用为常,其产品且为吾人日常生活所必需。矿冶业,赖电气而开放,恃电气而生高熟;关系重工业之完成,尤得借电气之功能为之右左"。[2] 可见电力实为社会经济发展的引擎,具有十分重要的作用。

电的应用按其性质分,可分为电灯照明、电力与电热。其中,用来照明的电灯广泛应用于社会公众日常生活中,给人们的生活起居带来了极大的方便,并具有清洁、安全等优点。电力与电热促进了机械化大工厂的普及与发展,推动了19~20世纪的工业化尤其是大工业发展。在被称为信息时代的今天,电力仍然是维持和推动现代化大生产的重要动力,是人类

---

[1] 《重庆电力公司概况》,《建设周讯》第2卷第7期,1937年,第7~9页。

[2] 南京西华门首都电力厂印行《首都电力厂月刊》第31号,1933年9月1日。

社会建设物质文明和精神文明不可或缺的二次能源。人们的日常生活处处离不开电，没有电，或许人类的发展陷于停滞，电的重要意义不言而喻。但在中国，几千年的专制皇权体制及不尚"新奇"的传统观念抑制了科学技术的发展。近代以来，中国科学技术不发达就或多或少与"独特的政治传统有关"。① 不仅如此，"科学精神只能是对传统主义的一种颠覆"，而传统主义在思想上与士大夫所遵循的儒家原则紧密联系，② 因而具有科学内涵的电力技术很难产生于中国传统社会。

进一步说，中国传统社会对具有科学内涵的电力一时难以接纳。长期以来，人们对于"烛光灯影"的生活倒是习以为常，而在电力事业发展的初期，人们对电这一新生事物则心怀好奇和不安，政府官员们也往往将其视为"妖术"和"鬼气"。③ 例如，1897 年湖南宝善成公司派机械工程师曾昭吉至上海购回小型发电设备一套，在抚署附近（今长沙市又一村）设厂开灯试用，随后架线装灯，推广至附近学堂、报馆和沿街商店。一些市民视电灯为"鬼火"，不敢使用，个别市民甚至掷石击灯，加之抚署辕门发生了一次漏电失火事故，更增加了市民的疑虑。④ 又如，清末重庆烛川电灯公司办电初期，亦受到旧势力的重重阻挠，以致出现招股失败的情况。电厂发电后，因当时风气未开，厂设城内，群见烟囱之高峙，闻机声之震动，"始而惊异，继而干涉，煞费调解"。市民甚至对电力带有恐慌感，见电厂所立电杆，即谓其妨碍风水；见有电线，则谓招致盗贼；至于室内装置，则以任意移动或玩弄，故因触电伤人而起的兴讼事件，"每岁有之"。⑤ 可见，电力在近代国人眼里实为奇异之物，误解颇多。

尽管如此，作为西方工业文明的产物——电力技术仍然随着中国近代化程度不断加深而输入中国，电力率先在东部沿海口岸城市，如上海等城市使用开来。据史料记载，"1879 年 5 月 17 日、18 日在上海黄浦江外滩欢迎会上，使用了一台 10 马力引擎发电机，使弧光放射出耀眼的光亮，

① 余英时：《文史传统与文化重建》，三联书店，2012，第 146 页。
② 〔美〕列文森：《儒教中国及其现代命运》，郑大华、任菁译，广西师范大学出版社，2009，第 41 页。
③ 王静雅：《建设委员会电业政策研究（1928～1937）》，硕士学位论文，华中师范大学，2011，第 11 页。
④ 湖南省地方志编纂委员会编《湖南省志　第 9 卷　工业矿产志　电力工业》，湖南出版社，1993，第 15 页。
⑤ 四川省电力工业志编辑室编《四川电业志资料汇编1》，第 2 页。

是电力在我国土地上的第一次应用"。① "1882 年，英国人立德集资 50000
两，在上海公共租界创办上海电光公司"，② 标志着中国电力事业的开启。
随后电力事业在中国有所扩展，如 1888～1890 年，两广总督张之洞"批
准华侨黄秉常在广州试办发电厂，发电机系购自威斯汀豪斯电气公司，包
括两座一百匹马力的发电机和两架一千弗打交流发电机，每架供电灯 750
盏"。③ 但这一时期开办的电力企业，其电力经营权多掌握在外人手中。
至辛亥革命前夕，"英、法、俄、德、日、比等国商人，在其政府支持下，
在我国沿海、沿长江商埠、城市集资开办电灯厂（公司），经营电力事业。
这时期，上海、香港、大连、天津、北京、青岛、广州、旅顺、沈阳以及
汉口等 18 个城市，相继建了 26 座电灯厂"。④ 中国在甲午战争中遭受了惨
痛的失败，面临严重的社会经济危机。在此境遇下，清政府"提出以振兴
工商、发展实业为自强的首要措施"，⑤ 鼓励民间开设工厂，发展新式工
业。因此，民间日益增加了对电力的需求。清政府也于 1903 年成立商部，
由通艺司管理电业，负责电灯公司注册给照事项。1906 年改由邮传部负
责电业立案事宜。"对于省办电气事业，需地方长官奏明，奉旨知道部
中"，便可立案；而商办电灯公司，需在农工商部注册、领照后，由地方
长官咨明邮传部"股款殷实，无羼外资，便于交通，才可以立案"。⑥ 国
人亦认为："电灯一行，富者可以适用，即贫者亦可以省费，国家之权利
亦从此可以收矣！"⑦ 各地遂纷纷自办电力企业，电业在甲午战争后有了
一定的发展。一些民族资本工商业者，"在上海、宁波、福州、汕头、烟
台、镇江、芜湖、武昌、重庆、成都、昆明、长沙、开封、太原、济南、

---

① 黄晞：《旧中国电力发展史略》，《中国科技史料》1985 年第 3 期。

② 刘克祥、吴太昌主编《中国近代经济史（1927～1937）》，第 326 页。

③ 孙毓棠主编《中国近代工业史资料（1840～1895）》下册，科学出版社，1957，第
1018～1019 页。转引自刘文丰《抗战时期国民政府的电力工业建设》，硕士学位论文，
广西师范大学，2007，第 4 页。

④ 黄晞：《旧中国电力发展史略》，《中国科技史料》1985 年第 3 期。

⑤ 朱英：《辛亥革命前期清政府的经济政策与改革措施》，华中师范大学出版社，2011，第
6 页。

⑥ 交通部铁道部交通史编纂委员会编《交通史电政编》第 3 集，中华书局，1936，第 6 章
第 1 页。转引自王静雅《建设委员会电业政策研究（1928～1937）》，硕士学位论文，华
中师范大学，2011，第 21 页。

⑦ （清）王德尚辑《西政维新策》卷 3，上海书局，1902 年石印本，第 15a 页。转引自黄
兴《电气照明技术在中国的传播、应用和发展（1879～1936）》，硕士学位论文，内蒙古
师范大学，2009，第 31 页。

杭州、嘉兴、苏州以及吉林、齐齐哈尔等沿海、沿长江和交通方便、商业
繁荣的城市和省会开办了约 35 座小型电灯厂"。①

从 19 世纪 80 年代至 1911 年辛亥革命，我国的电业处于发轫与开启
阶段。在部分大城市中逐步形成了比较典型的电力企业，主要有：（1）上
海：华商电气公司，设立于 1907 年；闸北水电公司，设立于 1910 年；上
海电力公司，其前身是上海电气公司，设立于 1882 年。（2）大连：日俄
战争后，日本在大连创办了南满电厂。（3）广州：广州市商办电力股份有
限公司，设立于 1905 年。（4）天津：天津比商电车电灯公司，系由比商
世昌洋行承办；英工部局电气厂；法租界电灯厂；日本租界电灯部；天津
市电业新公司，由天津市政府创办。（5）北京：北京华商电灯有限公司，
设立于 1905 年；北京使馆区电厂，由亚偌卡盘洋行于义和团运动后创办。
（6）武汉：汉口商办既济水电股份有限公司，系于 1906 年 6 月呈准两湖
总督张之洞开办；英商汉口电灯电力公司，创办于 1905 年 5 月；特一区
电厂，成立于 1907 年，由德商最时洋行经办；（7）南京：南京电厂，创
办于 1909 年 5 月，初定名为金陵电灯官厂，时灯户以包盏计算，其发电
容量仅敷 16 支光灯 12000 盏。（8）青岛：青岛电厂，原为德人商办，至
1903 年，始用德官厅经费。（9）杭州：杭州电厂，创办于 1910 年，由商
人集资购机，计资本 3 万元，电灯用户 3000 盏。② 在其他地区如四川省的
电企如下："由华商尹德钧投资 30 万创办的重庆烛川电灯公司与华商官办
投资 30 万元创办成都启明电灯公司。"③ 但这两家电灯公司规模较小，在
全国电力企业中影响甚微。

晚清以降，电力在一些大城市的应用，极大地提高了居民的生活质
量，催生了市民新的生活方式（如看电影），优化了照明环境。同时，电
力照明美化了城市环境，丰富了城市的夜生活。以上海为例，"1883 年 6
月以后，在现在的外滩和南京路一带，用电力照明的，除洋人以外，中国
大的绅商买办也很多了"。④ 时人写道："花簇簇迷楼竞耀，蠹层层杰阁争

---

① 黄晞：《旧中国电力发展史略》，《中国科技史料》1985 年第 3 期。
② 建设委员会编《中国各大电厂纪要》，中国电业史志编辑室、湖北省电力志编辑室编
　《中国电业史料选编》（上），第 1～114 页。
③ 陈真编《中国近代工业史资料》第 4 辑，三联书店，1961，第 871 页。
④ 李代耕编《中国电力工业发展史料——解放前的七十年（一八七九～一九四九）》，第
　4～5 页。

高。电气灯比月明,自来火如星照,不夜天一望迢遥。锦绣丛中游兴豪,看无数馆人飞轿。"① 这首词生动地描绘出电灯改变了人们的生活方式。上海"屋舍栉箆,人口稠密,消耗与贸易为中国之冠,即因交通运输之方便,中外企业家之继续投资,日增月益,形成中国第一工业市"。② 需要说明的是,中国初期电力事业之创设均为外商包办。"英商李德出面组建的上海电力公司,及天津、汉口等大工业城市的公用事业都操纵在外资手中,使中国各大城市的近代工业在动力方面首先就被置于依存外国资本的地位。"③ 且"外人经营之电厂。不特资本雄厚,机量充足,而规模之大,效率之高,几可左右全国之工业"。④ 相对而言,国人自办电厂,雄厚者少,枯竭者多,多系当地绅商为发展地方实业而创办,多为小型电厂。而这种状况一直持续到南京国民政府时期。

辛亥革命胜利后,人们感到"实业的最佳机会到来了"。⑤ 实业界纷纷要求当局为发展实业提供条件。但革命政府尚未实施发展实业政策,国家就陷入了政治纷争。北洋时代的北京政府也实施了一些发展资本主义工商经济的措施,如当局于 1912 年在北京组织工商界召开临时工商会议,商讨发展实业的各种计划。在政策法规方面,当局颁布了《暂行工艺品奖励章程》、《公司条例》和《劝业委员会》等法规,在制度层面上有效推动了工商经济的发展。当局于 1914 年颁布的《公司注册规则》和《商业注册条例》,使得工商经济成为社会经济中最活跃的部分。据统计,"1919 年,中国民族工业有新式工厂 335 家,资本总额达 133228960 元,平均资本为 397698 元"。这说明,当时中国的工商经济十分活跃。活跃的工商经济推动了国内电业的发展,而当局也制定了一些电力方面的经济政策,并在交通部下专设电政司主管全国电力事业。电政司"下又分为总务科、监理科、营业科、计核科、考工科、主计科六科,其中监理科负责监督电气事业及请愿立案、调查审议电政改良、编纂电政统

① 陈无我:《老上海三十年见闻录》,上海书店出版社,1997,第 320 页。
② 建设委员会编《中国各大电厂纪要》,中国电业史志编辑室、湖北省电力志编辑室编《中国电业史料选编》(上),第 1 页。
③ 宋子良、王平、吉小安:《通向工业化之路》,中国经济出版社,1993,第 262 页。
④ 建设委员会编《中国各大电厂纪要》,中国电业史志编辑室、湖北省电力志编辑室编《中国电业史料选编》(上),第 115 页。
⑤ 陈旭麓:《近代中国社会的新陈代谢》,上海社会科学院出版社,2006,第 346 页。

计年报等事项。营业科负责调查、审核官商电气事业设计事项",① 旨在引导电业政策的专业性发展。这一时期,国内对电力的需求有所增长。据统计,"民国初年全国有电厂 60 余家,其中民营资本开设的有 46 家,分布在各大中城市,发电机容量仅 1.2 万千瓦,规模甚小"。② 到 1924 年,全国民营发电厂已增至 219 家,总装机容量约 8 万千瓦,再到 1927 年,全国发电机装机容量增加至 11.7 万千瓦,发电 23 万度。尽管如此,"斯时公营电厂殆属绝无仅有,民营者为数虽以百计,然自生自灭,政府固未遑有所监督指导"。③ 大多数民营电厂规模较小,且电力多用于照明。这一时期电力事业发展的特点是:一方面,外资电厂占有较大比重,而民营电力事业的比重仍微乎其微。据统计,"民国 16 年(1927 年)国人经营电气事业之总容量,仅达 12 万余千瓦。每年容量总数,均未能超过上海一隅外资经营电厂之容量"。④ 另一方面,电力企业主要分布在"沿海各省,尤其是江苏、上海等地。整个北洋时期的电力工业仍还在起步阶段,对社会经济的影响不大"。⑤

1927 年南京国民政府成立后,"中央政权明显增强,并陆续制定了统一发展社会经济的计划和相应的政策措施",⑥力图以国家权力强化对社会经济领域的渗透。这一时期比较显著的特征是国民党政权清理与整顿经济,加强与规范经济管理,大力发展国家资本主义。"1927 年国民政府一成立,就宣布要通过建设国家资本的途径,发展实业。1928 年国民党中央政治会议通过的《建设大纲草案》规定,铁路、国道、电报、电话、无线电等全国交通及通讯事业,水利、电力、商港、市街公共服务等'独占性质'的公用事业,钢铁、基本化工、大煤矿、煤油矿、铜矿等'关系国家前途'基本工业及矿业,'悉由国家建设经营'。"⑦

---

① 王静雅:《建设委员会电业政策研究(1928~1937)——以长江中下游地区为例》,硕士学位论文,华中师范大学,2011,第 21 页。
② 陆仰渊、方庆秋主编《民国社会经济史》,第 148 页。
③ 全国电气事业指导委员会《十年来之中国电气事业建设》,中国电业史志编辑室编、湖北省电力志编辑室《中国电业史料选编》(上),1987,第 135 页。
④ 陈中熙:《三十年来中国之电力工业》,中国电业史志编辑室、湖北省电力志编辑室编《中国电业史料选编》(上),第 356 页。
⑤ 张静如、刘志强主编《北洋军阀统治时期中国社会之变迁》,中国人民大学出版社,1992,第 30 页。
⑥ 虞和平主编《中国现代化历程》第 2 卷,江苏人民出版社,2005,第 366 页。
⑦ 刘克祥、吴太昌主编《中国近代经济史(1927~1937)》,第 118~119 页。

　　国民政府的国家资本主义政策，与孙中山先生的经济思想有关联。孙中山认为："发展实业的途径：一是个人企业，而国家则通过相应政策与法律保护私人资本。另一方面是国家一切大实业，如铁道、电气、水道等事务皆归国有，不使一私人独享其利。""惟所防者，则私人之垄断，渐变成资本之专制，致生出社会之阶级，贫富之不均耳。防之（之）道为何？即凡天然之富源，如煤铁、水力、矿油等，及社会之恩惠，如城市之土地、交通之要点等，与夫一切垄断之事业，悉当归国家经营，以所获之利益，归之国家公用。"① 通过上述努力达到"由国家资本控制，能操纵整个国计民生的主导工业、生产资料、交通、银行等，从而带动和引导整个国民经济的发展"。② 同时，"孙中山也将以发展近代机器大工业来实现国家强盛及近代化视为实业救国的目标。辛亥革命后，他更加看重以机器大工业为代表的资本生产力在实业救国中的巨大作用，认为机器与民生有莫大关系"。③ 正如孙中山在《实业计划》中所提出："斯际中国正需机器，以营其巨大之农业，以出其丰富之矿产，以建其无数之工厂，以扩张其运输，以发展其公用事业。"④ 其中，电力作为公用事业的重要组成部分，在孙中山先生的实业思想里被认为是关键行业之一。这为以后南京国民政府较为重视电力事业的发展奠定了思想理论基础。

　　国民政府认为："电气事业为立国之命脉。凡百生产事业均利衡之。"⑤ "电力为各种工业之动力源泉，欲工业化，必先电力化，故电力事业，实为工业建设中重要一环，政府须有一贯之政策法规，以资遵循。同时又为独占性之公用事业，政府有监督之职责。"⑥ 因而，当局对电力事业十分重视，在组织机构方面，实行由中央统筹全局的策略。1928 年在南京成立的建设委员会主管全国电气事业行政、技术及管理，并附设有全国电气事业指导委员会、电气试验所、购料委员会等机构，以推动全国电业，尤其是国资电业的发展。在政策法规上，当局相继颁布了《电气事业

---

① 孙中山：《中国实业如何能发展》，《孙中山全集》第 5 卷，中华书局，2006，第 135 页。
② 朱英主编《辛亥革命与近代中国社会变迁》，华中师范大学出版社，2011，第 44 页。
③ 马敏：《孙中山与张謇实业思想比较研究》，《历史研究》2012 年第 5 期。
④ 孙中山：《建国方略·实业计划》，《孙中山全集》第 6 卷，中华书局，2006，第 250～251 页。
⑤ 胡敬修：《中国电气事业概况》，中国电业史志编辑室、湖北省电力志编辑室编《中国电业史料选编》（上），第 121 页。
⑥ 朱大经：《十年来之电力事业》，中国电业史志编辑室、湖北省电力志编辑室编《中国电业史料选编》（上），第 407 页。

条例》、《电业法规》、《电气事业取缔规则》和《注册规则》等，对国内各类电力企业加以整顿，"以维护电业投资者和生产者的利益，保障电力生产和经营正常进行。对促进电力工业发展的规范化、标准化有重要意义"。① 由此，建设委员会主导国家电力事业发展的格局初步形成。此后，全国主要城市均设立了电厂。"1928 年华资电力生产为 2.58 亿度，1935 年为 6.63 亿度，年平均增长 12.5%，装机容量平均增长率为 10%。从发电容量与发电度数来讲，这一时期中国华资电力均有稳步的增长，并逐步打破了外资对中国电力工业的垄断。"②

在电力"国家化"政策的主导下，当局对旧有公营电厂进行了整顿，如接办了"原北京政府办的南京电厂和常州戚墅堰电厂，加以扩建"。③ 其中南京电厂"原名'金陵电灯官厂'，创设于宣统元年 5 月间，宣统三年冬正式发电，其时仅装有 125 千伏安单相交流发电机三部，各用 165 匹马力蒸汽机引擎转动，住户用电乃以包灯计费，业务不甚发达。民国元年，改称江苏省立南京电灯厂。迨 1927 年国府奠都南京，将该厂接管，又改称'南京市电灯厂'，用户约有 3000 余户，用电日增，仍难应付。该厂曾将数处街道用户之收入微细者完全停电，并改用表灯制，但仍无济于事，灯光暗晦日甚，全市深感不便，市民莫不怨声载道。1928 年 4 月间，经中政会决议改隶建设委员会，始改称今名。自改隶建设委员会后，将陈旧不能用之机器拆除，并添置发电机多座。迨 1930 年，用户大增，乃拟扩充计划，发行 8 年短期电气公债，进行建立新厂。总共容量约 57000 千瓦，业务是逐步进展"。④ 该厂"论扩充之迅速及人才之集中，可称国内首屈一指。综理工程事项，成绩颇佳"。⑤ 其业务经营也取得了成效："从 1929 年 3 月起，使用本厂的电灯用户快速增长，至 1931 年 12 月，电灯用户已从原来的 3500 户增加到 13700 户，月均增长约 300 户。"⑥

---

① 刘克祥、吴太昌主编《中国近代经济史（1927～1937）》上册，第 336 页。
② 张福记：《近代中国社会演化与革命：新民主主义革命发生发展的历史根据研究》，人民出版社，2002，第 61～62 页。
③ 陆仰渊、方庆秋主编《民国社会经济史》，第 371 页。
④ 陈真编《中国近代工业史资料》第 3 辑，三联书店，1961，第 774～775 页。
⑤ 胡敬修：《中国电气事业概况》，中国电业史志编辑室、湖北省电力志编辑室编《中国电业史料选编》（上），第 140 页。
⑥ 恽震编《建设委员会电气事业专刊》，建设委员会图书馆，1932，第 52～53 页。转引自黄兴《电气照明技术在中国的传播、应用和发展（1879～1936）》，硕士学位论文，内蒙古师范大学，2009，第 74 页。

　　同时，南京国民政府也鼓励民营电厂的设立，以形成公营与民营电业并重发展的局面。当局认为，"数年来吾国农村破产，商业凋疲，故'实业救国'及'马达救国'，几为朝野一致之口号，其救济办法，无非劝人投资，多设工厂，使生产增加，安居乐业在生产之原动力，全恃电厂电力之尽量供给，始可达到增加生产之目的"。① 可见在这一时期，投资于电力的企业亦不少（重庆电力公司在这一时期得以筹备创办），民营电力事业也有了较大的发展。至抗战前夕，"我国民营电业，以数目言，占全国93%，以发电容量言，占72%。政府认为，故在事实上政府向来采取民营与国营并重之政策，以发展全国电业为目标，以供求相应为依归，以监督取缔防其弊，指导扶植其成"。② 在此期间，"国民政府根据《电气事业条例》及《电气事业取缔规则》，将原北京政府交通部立案发照的民营电厂加以清理整顿，进行重新注册，"③ 以此引导其按照国家电业政策的规范经营发展。在政府的整顿下，民营电企经历了一个相对较快的发展期。据统计，"至1932年止全国计有民营者470家（占比91%），公营者27家（占比5%），外资者21家（占比4%），合计518家；投资总额达311017670元。其中，民营资本为80849970元，涌现了一些在全国较为知名的民营电力企业，如杭州大有利官商合股商办电气有限公司、广州市商办电力股份有限公司、南昌开明新记电灯公司及武昌竞成电灯公司"。④

　　在此进程中，国民政府倡导电业准入的标准化与规范化。建设委员会厘定了相关规则，于"1930年9月公布施行后，所有新建电厂，限令采用交流五十周波方式及380或220之电压，旧有之不合标准者，亦逐渐改正，以作各厂联络供电之必要准备"。⑤ 在1931年合于标准者占81.6%，至1936年则增至85.7%。在推动电气工业化方面，当局要求经营电业者认识到发展电业不仅是为了普通居民及城市建设的电光照明，而且应促进

---

① 沈嗣芳：《发展民营电业之途径》，《电业季刊》第4期，1934年，第1页。

② 朱大经：《十年来之电力事业》，中国电业史志编辑室、湖北省电力志编辑室编《中国电业史料选编》（上），第408页。

③ 陆仰渊、方庆秋主编《民国社会经济史》，第371页。

④ 陈中熙：《三十年来中国之电力工业》，中国电业史志编辑室、湖北省电力志编辑室编《中国电业史料选编》（上），第348页。

⑤ 朱大经：《十年来之电力事业》，中国电业史志编辑室、湖北省电力志编辑室编《中国电业史料选编》（上），第408页。

工业电气化。"电厂为各种工业动力之母，工业之繁荣，端赖于电厂之供电，而电厂之发展，亦有赖于工业之用电，相依为命，共存共荣。在投资电力上，须有远大之目光，不断投资之能力，预计地方上之需要，扩充机量，以期供电安全，达到为工众服务之使命。"①

总之，在国民政府前期，我国电业得到了较快的发展。时人说："经九载之努力经营，至 1937 年，我国之电气事业，随达到了电力事业之阶段。"② 纵观全国，"战前 10 年间（1927～1937 年），中国现代化工业年均增长率为 7.6%，虽较 1912～1920 年的成长率为低，但基础工业在这一时期有长足的进展。其中，尤以电力工业最为突出。1926 年电力占中国现代工业 11.2%，而 1936 年已占 22.2%，电力为先行工业，电力工业的大幅度上升，预兆工业化的蓬勃开展"。③ 特别是"因电力的普及，手工业中的工场手工业一部分已转化为近代工业了"。④ 另据统计，"现代工业的发展从全国电力消费量上更能体现，1936 年的增长率高达 9.9%，工业耗电量在 1936 年第三季度激增了 16.5%"。⑤ 这足以证明电业对工业的促进作用。

但从当时社会经济状况来看，半殖民地半封建社会的现状仍没有改变，外国列强尤其是日本加快了对中国侵略的步伐，各列强凭借在华投资特权，加紧了对华商品与资本输出，严重阻碍了中国民族资本企业的发展。在电业领域，列强以强大的国力挤压中国民族电业，逐渐占据上风。例如，"1933 年，日本全面占领东北，于 1934 年成立满洲电业株式会社，迅速吞并东北各地发电厂，控制了整个东北的电力事业。全年使用电力达 516090 千瓦时（1933 年）"。⑥ 再以当时我国设置的电力企业之数量观察，按 1932 年底建设委员会公布的统计数字，全国共有 519 所发电厂，其中民营电厂为 472 家，虽"占设厂总数的 91%，但容量仅

---

① 朱大经：《十年来之电力事业》，中国电业史志编辑室、湖北省电力志编辑室编《中国电业史料选编》（上），第 448～449 页。

② 朱大经：《十年来之电力事业》，中国电业史志编辑室、湖北省电力志编辑室编《中国电业史料选编》（上），第 407 页。

③ 杨德才：《中国经济史新论（1840～1949）》，经济科学出版社，2004，第 474 页。

④ 吴承明：《论工场手工业》，《中国经济史研究》1993 年第 4 期。

⑤ 许纪霖、陈达凯主编《中国现代化史》，学林出版社，2006，第 390 页。

⑥ 孙瑜：《日本侵略者掠夺中国东北电力》，《中国社会科学报》2016 年 8 月 15 日，第 4 版。

占 35%，投资仅 26%。国家公营电厂数占 5%，容量占 14%，投资占 9%"。[1] 就容量与投资数额来分析，中国国内电厂不占优势。相对而言，"全国至少一半的电气事业是外国人经营，外资数占 4%，容量却占 51%，资本高达 65%"。[2] 从其资本额看，"1932 年全国估计电力工业总资本额 4.25 亿元，其中营业性电厂资本额约为 3.36 亿元，占 79%；中国资本电厂的资本额约 1.65 亿元，其中民营资本约为 1.5 亿元，公营资本约为 1500 万元；外资电厂资本额约为 2.6 亿元"。[3] "华资电厂平均资本 26.6 万元，而外资电厂平均达 1880 万元，相当华资电厂的 70.7 倍。"[4] 从地域分布来看，1936 年全国共有电厂 461 家，总发电量为 631165 千瓦，发电度数为 1725305 千度。其中，"江苏省发电厂达 107 家，发电容量为 125740 千瓦，发电度数为 318326 千度。该省有 33% 的人在电气照明营业区域内，有机会用电灯或可以看到电灯"。[5] 此外，浙江、广东、福建、湖北、山东、河北等省的电业也有一定发展。相对而言，僻处内地的四川发电厂仅 22 家，发电总容量 5172 千瓦，发电度数 10381 千度，"足证中国之电业大多分布于沿海沿江，内地则寥寥无几"，[6] 四川电力工业甚为落后。从甲午战争到抗战前夕，四川的电业发展程度不及全国平均水准，这与近代以来，尤其是民国时期四川军阀混战带来的政局动荡、民生凋敝、社会经济发展水平较为落后有关。

其实自甲午战争后，随着中国近代化程度不断加深，电业已经从沿海深入四川内陆。正如前文所述，早在清末，四川地区的重庆与成都两大都市已率先开启"电气之光"，尽管这还是十分微弱的光芒。

第二节　重庆开埠与电业的开启

重庆地处四川盆地东部，位于长江与嘉陵江交汇处，系中国西部最富庶的成都平原及云贵高原同长江中下游交往的必经通道。重庆这一优越的

---

① 陆仰渊、方庆秋主编《民国社会经济史》，第 370 页。
② 陈真编《中国近代工业史资料》第 4 辑，第 876~877 页。
③ 陆仰渊、方庆秋主编《民国社会经济史》，第 370 页。
④ 刘克祥、吴太昌主编《中国近代经济史（1927~1937）》上册，第 332 页。
⑤ 黄兴：《电气照明技术在中国的传播、应用和发展（1879~1936）》，硕士学位论文，内蒙古师范大学，2009，第 78 页。
⑥ 陈真编《中国近代工业史资料》第 4 辑，第 873~874 页。

地理位置，使其成为历史上的战略要地、长江上游的区域性军事政治中心、重要的商业与货物集散中心。① 随着长江航运对省外贸易发展所起的作用日益增大，重庆在明代就已经成为长江上游的商业中心。②

近代以来，中国在外力驱动的情况下走上社会转型道路。具体而言，自给自足的自然经济在外力的影响下逐步解体，同时西式近代经济得以生成与发展，明显的变化就是商业化的加速及其重要性的显现。在社会转型过程中，国内各城市或被动或主动地成为名实相符的商埠，其城市化对各方面的影响，亦逐渐明显。重庆的开埠及其近代化，也体现着这一路向。

19 世纪中叶以来，四川广阔的市场对英商产生了巨大的吸引力。开辟川江航运，深入四川内陆，开拓商品市场是英国等列强的战略目标。1876 年《烟台条约》规定宜昌开埠，英人"寓驻"重庆，这成为重庆开埠过程的起点，1890 年中英签订《烟台条约续增专条》，重庆于 1891 年 3 月正式开埠。其后重庆逐渐由一个封建的商业贸易城市向一个近代化的多功能工商业城市转变，③ 逐渐确立了长江上游商业中心之地位。近代化城市的出现与发展，与社会生产力和商品经济的发展密不可分。自清末开埠以后，四川进出口商品急剧增加。"输入物资以棉纱、棉布、棉花、五金器材等为大宗（其中国货约占 70%），输出货物则以生丝、桐油、猪鬃、药材、食盐为大宗。外贸急剧增长，推动了四川城乡商品经济的发展，为重庆近代工业的产生提供了市场、资金和技术条件。"④ 而重庆工业的产生与发展，使其逐渐成为近代四川的工业中心。

工业中心是赋予近代重庆城市的新功能。19 世纪末 20 世纪初重庆开启了近代工业化的进程。从 1891 年重庆开埠到 1911 年辛亥革命爆发期间，"西方各国势力纷至沓来，他们在重庆设领事馆、公司、商行、教堂、学校、医院，使重庆成为了西方列强在西南腹地的经济、文化侵略据点"。⑤ 其中，西方列强在重庆先后设立的洋行、公司有 49 家，工厂有 11 家。随着外国资本的渗入，在其高额利润和利权外溢的刺激下，一部分民

---

① 周勇主编《重庆通史》，第 460 页。另参阅隗瀛涛主编《重庆城市研究》，第 3 页。
② 隗瀛涛主编《中国近代不同类型城市综合研究》，四川大学出版社，1998，第 352 页。
③ 隗瀛涛主编《近代重庆城市史》，第 514 页。
④ 凌耀伦：《中国近代化与中国资本主义》，四川大学出版社，2011，第 129～130 页。
⑤ 周勇主编《重庆通史》，第 843 页。

族资本家的爱国热情得以激发。为挽救利权，发展工商业，他们也积极投身于民族资本主义工业，以"抵制外货、振兴实业"为要旨，积极创办民族资本企业。因而这一时期，从商业资本向产业资本转化的新式商业公司和工厂陆续在重庆出现。"1911 年以前，重庆的民族资本工厂已有 52 家"，[①] 其特点是"行业不多，厂的规模不大，设备简陋，使用动力低。但这已经表明重庆的工业已开始由小手工业或手工工场向机器生产发展了"。[②] 同时，重庆作为四川的经济中心、商品集散地，其城市社会结构发生了很大的变化，产生了各种社会经济组织。比较典型的事例是："伴随着甲午后维新思潮的兴起，商会组织开始在全国设立，1904 年以李耀庭为总理，正式成立重庆商务总会，成为四川第一个商会，在全国也是较早设立的总商会之一。"[③] 商会的设立表明"近代商业化其典型的表现即传统商业的转化与近代商业的兴起，商业的发展与商业网络的形成，这在客观上刺激了中国资本主义的发展，推动了城市的早期现代化"。[④] 重庆的早期现代化与工商业的快速发展，也"加速了农村人口向城市的聚集过程。特别是近代长江上游港口城市重庆的崛起，造成了近代四川人口重心东移的现象。这加速了重庆地区城市化的进程。清末重庆地区人口密度达到每平方公里 229 人，远远超过全省平均密度（154 人）"。[⑤] 至 1911 年，重庆城区总人口达到 25.3 万人，[⑥] 重庆已初步具备了近代中心城市所具有的人口规模效应。

综上所述，从 1891 年开埠至辛亥革命爆发期间，重庆处于从传统封

---

① 比较典型的企业有：1. 1891 年，川商邓云笠、李南城、卢干臣创办的森昌泰和森昌正火柴厂，这是重庆第一家近代民族工业企业。2. 棉织业：1900 年，印用卿率先在江北沙湾创办了吉厚洋布厂，使用 24 台木机织布，1905 年，开始使用铁轮机织布，带动了整个重庆棉织业的大发展。3. 1891 年，英商立德乐在重庆南岸创办了第一家洗房（猪鬃加工厂）。4. 煤矿：1904 年，英商立德乐在江北厅开办"华英合办煤铁矿务有限公司"，后江巴两县士绅桂荣昌、杨朝杰、赵资生等成立江北矿务公司，赎回了华英公司全部财产。5. 1906 年创办的鹿嵩玻璃厂是重庆第一家使用现代技术设备生产日用玻璃和美术玻璃的工厂。6. 皂烛业：1907 年重庆商人开办了祥合肥皂厂。7. 丝业：重庆蜀眉厂，1908 年创建于南岸界石乡，采用日本进口蒸汽缫丝机。

② 隗瀛涛主编《重庆城市研究》，第 16 页。

③ 周勇主编《重庆通史》，第 534～535 页。

④ 朱英主编《辛亥革命与近代中国社会变迁》，第 461 页。

⑤ 隗瀛涛主编《辛亥革命与四川社会》，成都出版社，1991，第 116～118 页。

⑥ 张荣祥：《20 世纪上半叶重庆城市——区域人口研究》，杨光彦、秦志仁主编《跨世纪的大西南——近现代西南经济开发与社会发展历史考察》，第 363 页。

建城市向近代工商业城市的转变过程中。值得关注的是，在以重庆为代表的区域中心城市实施对外开放后，"外国资本主义涌进中国，对中国民族资本主义的产生也起到了某种程度的客观示范作用。外国资本主义侵入开埠城市，在导致这些城市经济结构和运作方式发生变化的同时，也向中国人展示了近代科技文明、工业文明和市政文明。先进生产力的引进、扩散与传播，推动了中国近代经济的产生和发展"。①

电业是近代科技文明、工业文明及市政文明的代表。对于重庆这座开埠城市来讲，电业的开启亦伴随着城市的扩张及物质文明的发展。重庆近代电业与同步开启的近代工厂、近代金融、近代教育文化等使"重庆城市的经济功能由商业贸易中心向商业、工业、金融、交通等综合经济中心以及近代科学技术和信息中心转变，呈现了日益近代化的趋势"。② 这使得重庆在近代历史上逐步成为具有综合性功能的大城市。早在清末，重庆已经出现电灯，是四川最早出现电灯的地方。回顾历史，在1891年重庆开埠前后，煤油已传入四川，"因其远比桐油、菜油点灯光亮，故弃桐、菜油灯而点洋灯者逐渐增多"。③ 因此，洋油灯逐渐代替了桐油、菜油照明，但容易造成火灾。如1894年，重庆发生了毁灭性的大火，大火是因一盏煤油灯被打翻而引起的。根据官方的记录，1082幢住宅被毁坏，重庆的人口十分稠密，因此至少有1万人无家可归。用煤油灯照明的负面影响日益凸显，再加上社会风气的转变，遂使得电灯的应用成为必然趋势。

论及重庆电业的开启，须提及一位绅商四川巴县人——刘沛膏。1895年他在"上海南洋实业学校求学时，见外商在上海兴办电光公司，曾产生自办民营电气事业的志趣，刘回川后，乃积极筹划资金，谋办电厂，刘曾变卖了自己田产，凑得资本锭银十万两，并得亲商尹得钧投资七万两，创设了'工商事务筹备处'"，④ 着手筹备重庆电灯事业。在1900年，教职郭祖桓、廪生彭雨潭、职员傅毓璋和潘鸿清等也上禀四川商务总局，要求在重庆试办电灯。禀曰："职等窃见上海电灯，其明更甚煤油，并且有火

①　隗瀛涛主编《中国近代不同类型城市综合研究》，第26页。
②　王建西：《重庆建市与现代化进程》，杨光彦、秦志仁主编《跨世纪的大西南——近现代西南经济开发与社会发展历史考察》，第226页。
③　隗瀛涛、周勇：《重庆开埠史》，第101页。
④　四川省电力工业志编辑室编《四川电业志资料汇编1》，第28页。

之形，无火之质；既可收光明之效，又可免失慎之虞，实于地方大有裨益。况渝城商务日兴，各国纷纷云集。设本地舍此不办而外人亦必有办之者，利权旁落，诚为可惜。是以职等再四筹思，已集资万金，锐意试办。诚为塞漏卮，开利源，有益地方起见。"① 但是，四川商务总局怕惹麻烦一推了事，札示巴县政府："教职郭祖恒等请在重庆试办电灯，于地方民情有无障碍，详细查明，据实禀复核夺。"但一查几年，没有音信。② 直至1903 年，"刘沛膏邀请当时的商会会长赵资生，和曾任川东道台的云南人李耀廷入股，向川东劝业道呈准试办电厂。试办期中，觅得 100 千瓦直流柴油机发电机一部，装灯 40 ~ 50 盏，发电供李耀廷'府宅'生辰祝寿之用"。③ 同年，"在重庆南岸苏家坝铜元局，装了一台德科而牌小型直流发电机组发电，生产的电仅供这个厂使用"。④ 重庆成为四川最早出现电灯的地方，但还没有立即产生专营电业的近代企业。

直到 1908 年，重庆才产生专营电灯公司。市商会"总董张瑞堂、严宜之、曹漱珊三人主持公司事务，市商会集资筹建定名为重庆烛川电灯公司"。⑤ 公司创办之初，"成立董事会，由舒迪生、张瑞堂、高虞卿、曹漱枒、尹主之、伍香岩等人任董事，李裴如任总办，下设会计、机务等部门。职工有 50 多人"，⑥ 是一个规模较小的商办企业。该企业以"公司制"形式成立，系与时代背景有较大关联。"20 世纪初清政府实行新政，大力提倡发展工商业，长江上游商业贸易的发展达到空前的阶段，商业组织出现了变化，具有近代意义的商业公司的出现，多是由集股、股份等形式建立起来。"⑦ 烛川电灯公司顺应了时代的潮流，"所集股份，均系华商"，⑧ 旨在"振兴重庆工商业，仿效口岸，繁华市场"。⑨ 公司刚创立时发电设备"只有 100 千瓦的直流发电机一部，所发之电仅供工厂附近的

---

① 《四川商务总局饬查重庆试办电灯于民情有无疑阻札》（光绪廿六年六月廿六日），四川省档案馆编《四川保路运动档案选编》，四川人民出版社，1981，第 68 ~ 69 页。
② 周勇主编《重庆通史》第 442 页。
③ 四川省电力工业志编辑室编《四川电业志资料汇编 1》，第 28 页。
④ 四川省电力工业志编辑室编《四川电业志资料汇编 1》，第 39 页。
⑤ 四川省电力工业志编辑室编《四川电业志资料汇编 4》，第 91 ~ 92 页。
⑥ 四川省电力工业志编辑室编《四川电业志资料汇编 1》，第 114 页。
⑦ 王笛：《跨出封闭的世界——长江上游区域社会研究（1644 ~ 1911）》，第 264 页
⑧ 周勇、刘景修译编《近代重庆经济与社会发展（1876 ~ 1949）》，四川大学出版社，1987，第 209 页。
⑨ 四川省电力工业志编辑室《四川电业志资料汇编 1》，第 113 页。

少数住户和上半城（即今渝中区解放碑一带）的少数商家使用。且为火力发电，电压极不稳定。昏黄的点点灯火与重庆天空夜晚的星辰，形成了以后闻名于世的'山城夜景'的雏形"。[1] 至 1909 年 9 月，"公司集资到 30 万元，与英商安利洋行签订合同订购全部机械，其中锅炉、引擎系英国制造，电械、电料则由法国采购。购到设备后，公司先后安装发电机组 3 台，装机容量 500 千瓦。并在太平门附近觅定厂地，动工兴建厂房，开始投产供电。所发电量可供 16 支烛光电灯 16000 盏"。[2] 同年 "10 月，大机开始发电，愿照者颇形踊跃，光明异常"。[3] 公司核定电费，"包灯每月电费以 16 支烛光为 1 元，32 支烛光为 2 元的标准，表灯为每度 0.40 元"，[4] 较为经济实惠。因而，自烛川公司营业以来，"妨碍了电灯与小商店煤油的竞争"，[5] 煤油业遂感不及电业有竞争优势，用户多转向使用电灯："当年五月初十发电，乃开灯以来，荧之明星，朗若白昼，合郡人士，咸称利便，……纷纷报名。"[6] 烛川电灯公司的 "供电区域约 5 公里，为上半城、下半城、都邮街、陕西街等地。时用灯约五六百盏，每晚六时半至十二时半为开灯时间"。[7] 公司电力供应于少数住户，主要为商号和部分街道提供照明，市区在夜间实现了电灯照明。1909 年，公司向清政府商部呈准立案，取得了 30 年专利权。它开启了近代重庆电业发展的先河，是 "近代重庆资本主义性质的新式公用事业之始，使重庆成为四川第一个使用电灯的城市，也是全国最早使用电灯的城市之一"。[8]

重庆烛川电灯公司对清末民初的重庆社会产生了深刻的影响。"据《巴县志》记载，重庆在没有电灯以前，火警频繁，盗匪猖獗，社会治安欠佳。市民们一般使用油灯，每至夜间，便将店门紧闭，路人稀少，市面冷落。自装了电灯后，火警减少，出现了夜市营业，市民还互邀到

---

[1]　重庆市渝中区政协文史资料委员会编《重庆渝中文史资料》第 14 辑，内部刊行，2004，第 186~190 页。

[2]　隗瀛涛、周勇：《重庆开埠史》，第 101~102 页。

[3]　张学君、张莉红：《四川近代工业史》，四川人民出版社，1990，第 187 页。

[4]　重庆市地方志编撰委员会编著《重庆市志》第 3 卷，西南师范大学出版社，2004，第 337~338 页。

[5]　周勇、刘景修译编《近代重庆经济与社会发展（1876~1949）》，第 324 页。

[6]　张学君、张莉红：《四川近代工业史》，第 187 页。

[7]　四川省电力工业志编辑室编《四川电业志资料汇编 1》，第 114 页。

[8]　周勇主编《重庆通史》，第 442 页。

灯下玩乐纸牌，有时延至深夜"，[①] 市民的业余生活得到了极大丰富。而且自有了电灯后，近代新兴的娱乐方式——电影在重庆出现。而"重庆的电影放映，始于 1912 年。当时的希腊人赫希德从外带来放映机和影片数盘，在渝中区桂花街放映无声电影并由此吸引了部分观众观看，以后陆续有人在川戏夜场后加放电影"。[②] 由此可见，电力极大地丰富了重庆市民的夜间生活，使得人们活动更方便，行动更安全，生活方式更加多样化。毋庸置疑，这一时期重庆电力企业所生产的电力基本上是运用于居民生活的日常照明，几乎没有运用到工业领域。当时重庆工业发展水平较低，"只有少量的农产加工工业和利用外来原料的手工织布工场而已"，[③] 仍处于手工工场阶段。重庆的城市发展速度也比较缓慢，市区仍然以渝中半岛为主。从最能体现社会生产力核心要素的人口数量分析"1909 年重庆人口数为 245400 人，到 1934 年为 369396 人"，[④] 增长率较低。且当时重庆城市部分居民的现代化观念较弱，对电力的需求甚小，直到 1920 年代，"市民大都仍旧以油灯照明为主"，[⑤] 以至于到夜幕降临时，"人们行路多用手提灯笼、油壶或持松明、竹纤藤火把照明"。[⑥] 可见当时电灯照明在重庆并没有普及，这与深居内陆、相对闭塞的四川地理环境有较大关系。

第三节　民初四川政局变动对重庆电业的影响

一　军阀混战对重庆电力事业的影响

民国初期，西南地区军阀林立，社会处于无组织的状态之中，充斥着众多小专制集团。各军阀集团更是相互倾轧，进行混战，长达 20 多年的军阀混战给西南社会经济造成了巨大损伤。以四川为例，从 1911 年至 1933 年，发生大小战争 470 余次，大小军阀各据一方，自设防区，横征暴

---

① 四川省电力工业志编辑室编《四川电业志资料汇编 1》，第 1 页。
② 李禹阶、管维良主编《三峡文明史》，重庆出版社，2007，第 352 页。
③ 李紫翔：《胜利前后的重庆工业》，《四川经济季刊》第 3 卷第 4 期，1946 年，第 4 页。
④ 张荣祥：《20 世纪上半叶重庆城市——区域人口研究》，杨光彦、秦志仁主编《跨世纪的大西南——近现代西南经济开发与社会发展历史考察》，第 363 页。
⑤ 隗瀛涛主编《近代重庆城市史》，第 478 页。
⑥ 隗瀛涛主编《近代重庆城市史》，第 480 页。

敛，税卡林立，一件商品从南充到重庆仅百多公里就要经过三个防区、数十个税卡。[①] 这严重阻碍了重庆的经济发展。同一时期，重庆近代工业因受军政局势的影响，发展缓慢，电力事业也处于基本停滞的状态。[②] 中国工程师学会四川考察团考察了四川电业发展情况后，在其报告书中指出："原动设备陈旧不堪，为经过数次转售而来，年代有在 20 年代以上者，此种旧机，效率过低。而小电厂投资甚高，容量甚小，机件不堪应用，营业亦无从推广。"[③]

在官僚军阀的抑制之下，重庆烛川电灯公司仅有的 400 千瓦发电设备始终没有更新，公司亦不能求得正常发展。[④] 公司设备为蒸汽机、火车头式锅炉、直流发电机，供电范围仅限于附近几条街，电压低，灯光暗淡。由于经营不善，"在 1912～1913 年，烛川股东纷纷要求退股几致倒闭。旋由湖北军阀胡寅安出面接办，借其权势向铜元局调来锅炉两座和柴油机一台，勉强继续发电，维持六七年。1920 年由胡交其学生军阀曾子维接办两年。1922 年又租顶给商人黄丽生办理，增资 10 万元，又应付了九年。但设备线路已腐旧不堪，无法继续发电，当时对兴办公用事业，人皆视为畏途。鉴于对电灯的需要，当时（1926 年前后）政府曾指派专员到该公司检查，拟具整理方案，责成限期改进。又曾拟议由自来水公司兼办电灯，但效果甚微，一切原封未动，毫无起色"。[⑤] 尔后"荏苒六七年之久，公司债台高筑，设备未见改进，业务仍无起色"。[⑥]

总而言之，烛川电灯公司长期之惨淡经营与民初重庆地区政治不稳定有较大的关系。回到历史语境，自辛亥革命以后，皇权体制崩溃，而近代意义上的民主共和制尚未建立，地方黩武主义在中国尤其是内地四川得以衍生。重庆因其具有重要战略地位，成为各路军阀觊觎之处。张瑾指出："民初以来，重庆成为各派军阀抢夺的目标，其战略价值甚至超越军事政治的实力。因而在辛亥后，重庆政权不断更换。在军阀混战中，重庆常常

①　凌耀伦：《中国近代化与中国资本主义》，第 108 页。

②　四川省电力工业志编辑室编《四川电业志资料汇编 1》，第 36 页。

③　四川省电力工业志编辑室编《四川电业志资料汇编 1》，第 36～37 页。

④　四川省电力工业志编辑室编《四川电业志资料汇编 1》，第 114 页。

⑤　四川省电力工业志编辑室编《四川电业志资料汇编 1》，第 115 页。

⑥　傅友周：《记重庆电力股份有限公司》，中国人民政治协商会议四川省委员会、四川省省志编辑委员会编《四川文史资料选辑》第 4 辑，第 42 页。

处于此据必争，甲退乙来，几乎无一年之安生。"① 重庆的政局随军阀更迭而动荡不已。"从1912年至1926年巴县县长就有28位之多，反映出民初川东地区的政治不稳定。"② 政局动荡产生的负面效应是社会民生凋敝，有益于民生的电力事业欲想得到良性发展则无从谈起。

尽管如此，民国以来的城市现代化进程仍是一股不可阻挡的潮流。尤其是对于开埠已久的工商业城市重庆来讲，一般的市民仍能感受到电灯比油灯方便，且更明亮。"这一时期，各商业用户因营业需要，纷纷要求接线装灯。现代工业的发展，也迫切需要电力。在这种情况下，重庆迫切需要形成较为完善的电力工业。"③

二 川政统一与重庆电业发展

第一，不可否认，"历史的发展总是复杂多样的，即使军阀统治时期，西南地区也并不是只有破坏而没有建设，只有停滞和倒退而没有发展和进步，在某些特定时期和特定区域，经济开发仍然得到了一定程度的发展"。④ 20世纪20年代至30年代"许多军阀也打着爱国主义、民族主义的幌子，以使他们的行动合法化"。⑤ 在四川，1926年前后，以打倒列强、反封建为宗旨的国民革命轰轰烈烈地展开，这促使相对"标新"的四川速成系军阀从形式上效忠国民政府，以"革命军人"自居。在这样的历史背景下，四川军阀刘湘被国民政府任命为第21军军长、四川省善后督办入渝主政。"刘湘占据重庆这个西南最大的商业交通中心，扼住了当时陆路交通不甚发达的四川省的咽喉。据有这个城市的军阀就能对其敌手的主要税源进行征税或干脆切断。"⑥他的优势是明显的，其势力也是川省最大的。此时四川仍处于几大军阀争夺利益与权力的混战局面。对占有重要城市重庆、经济资源丰富、实力相对较强的刘湘来说，打破防区体制，实现

---

① 张瑾：《权力、冲突与变革——1926~1937年重庆城市现代化研究》，第78页。
② 张瑾：《权力、冲突与变革——1926~1937年重庆城市现代化研究》，第78页。
③ 何润生主编《中华人民共和国电力工业史·重庆卷》，中国电力出版社，2004，第6~8页。
④ 潘洵、杨光彦：《近代西南地区经济开发述论》，杨光彦、秦志仁主编《跨世纪的大西南——近现代西南经济开发与社会发展历史考察》，第30页。
⑤ 张瑾：《权力、冲突与变革——1926~1937年重庆城市现代化研究》，第89页。
⑥ 〔美〕柯白：《四川军阀与国民政府》，殷钟嵚、李惟健译，四川人民出版社，1985，第49页。

全川政局统一是首要任务，而他本人"不愿与南京国民政府在政治上纠缠过密"。① 因而，刘湘在 1932 年前后初步实现"川政统一"的目标后，建设四川、发展四川成为由他主导的地方政府的首要任务。这与刘湘相对"趋新"的思想有一定的关系。

1927 年以后的刘湘，以维护民族利益为口号，强调反对帝国主义，同时，其宣布"归顺"南京国民政府本质上是出于对自身利益的考虑，即披上革命的外衣以减缓革命浪潮的冲击，维持其统治秩序。刘湘采取了一系列推动地方经济发展的措施，其中也包括发展电业的措施。因为地方实力派"看到电这个商品，认为可以为他们的统治服务，能作为巩固政权的一种工具"。② 这"在相当程度上也获得重庆地方绅商的支持与认同"。③ 从另一个角度来讲，"刘湘强大的权威是重庆城市工商业人士依赖的基础"，④ 为重庆工商业发展提供了政治保障，营造了稳定的社会经济环境，并构建了"军 - 绅"政权的合作模式。于是，地方绅商重组和整顿重庆烛川电力公司、创建新型电力企业、发展工商经济的要求，得到了刘湘的认可和支持。

从某种程度上讲，"军阀官僚对其所投资的企业，虽然有利用他们的权力关系为本企业谋取政府的某些支持和保护的现象，但私人投资活动，不仅体现了当权者对资本主义经济利益的认同和追求而反映出他们的资产阶级化趋向，而且体现了中华民国和孙中山先生的民生主义精神所引发的'振兴实业潮流'"。⑤ 这在实现川统一后的刘湘身上亦有体现。1932 年11 月，刘湘明令："重庆市政府收购接管烛川电灯公司全部资产，并接受其专利权。1933 年 8 月 15 日，烛川电灯公司正式移交给重庆市政府。"⑥ 1934 年开始筹备重庆电力公司，重庆电力企业的建设工作得以重启。

第二，重庆烛川电灯公司已不适应 20 世纪 20 年代中后期重庆工商业经济的发展。"1920 年烛川电灯公司改组，并修订章程及电费标准。由于机器设备陈旧破败，私灯窃电严重，公司经营失败，亏损甚巨。1927 年，

① 〔美〕柯白：《四川军阀与国民政府》，殷钟崚、李惟健译，第 81 页。
② 何润生主编《中华人民共和国电力工业史·重庆卷》，第 6～8 页。
③ 张瑾：《权力、冲突与变革——1926～1937 年重庆城市现代化研究》，第 127 页。
④ 张瑾：《权力、冲突与变革——1926～1937 年重庆城市现代化研究》，第 133 页。
⑤ 虞和平主编《中国现代化历程》第 2 卷，第 394～395 页。
⑥ 何润生主编《中华人民共和国电力工业史·重庆卷》，第 6 页。

重庆商埠公署指令该公司另招新股，购置新的机器设备，限期进行整顿。以后发电设备虽经更新，街道市面照明也有所改善，但亏损仍未扭转，直至公司结束，折扣退股"，① 公司一直呈现不景气状态。1921 年重庆商埠公署成立，"筹划扩大城区、修筑马路、兴建码头的同时，委托重庆烛川电灯公司在都邮街、陕西街、朝天门、小什字等城区主要街道安装了街灯（公用灯 100 余盏）"。② "1926 年四川军阀混战暂告一段落后，重庆市面上呈现出短时的稳定状态，商业日趋繁荣，更彰显出电力设备和电力供应不敷使用的现象。虽然当时一些较大的企业如第 50 兵工厂、第一纺织厂、大渡口钢铁厂、第 34 兵工厂及自来水公司等，利用自己的发电设备，将多余的电力转供市民使用，仍然不能满足市场的要求。"③ 加之"烛川电灯公司资本微弱，设备简陋，1929 年的重庆大火中又烧毁部分发电设施"，④ 然"市府迭次振新，卒以无法改进，重庆近年市政欲张，工商发达，需用电力既急且巨，初拟由自来水厂附带经营，亦未举办，为应时势之需要跻市场之繁荣，实非从新创一伟大完整之组织，不克供给"。⑤ 因而重庆迫切需要组建一家新式电力企业以适应城市社会经济的发展。

第三，辛亥革命后重庆市政建设的近代化是 20 世纪 30 年代组建重庆电力公司的又一动因。辛亥革命是一场民族民主革命，推动了中国政治与经济民主化进程，也使得城市现代化建设成为一股不可阻挡的潮流和趋势。这表现在从"以王权和神权为中心的传统城市向着以物权为中心，以工商业为重心的现代化城市转变，形成了新的与城市经济功能相适应的现代化城市格局"。⑥ 因而，城市是一个以人为主体、具有经济性和社会性功能的复合体，在现代化进程中扮演着重要的角色。

近代城市社会的大变革要求重庆对城市功能做出相应调适，故当局对重庆市政建设比较重视。1926 年刘湘入驻重庆后，便着手开展重庆城市建设，其在拟定的《重庆市政计划大纲》中指出："重庆为四川交通实业

---

① 重庆市地方志编撰委员会编著《重庆市志》第 3 卷，第 337～338 页。
② 隗瀛涛主编《近代重庆城市史》，第 480～481 页。
③ 重庆市渝中区政协文史资料委员会编《重庆渝中区文史资料》第 14 辑，186～190 页。
④ 隗瀛涛主编《近代重庆城市史》，第 481 页。
⑤ 重庆市政府秘书处编印《九年来之重庆市政》，1936，第 67 页。
⑥ 朱英主编《辛亥革命与近代中国社会变迁》，第 488 页。

之中心，华洋杂处，商务繁盛，诚吾国西隅一大市场也。然市政窳败，街道之狭隘、沟渠之秽污、煤烟之蒸蔽。"① 1927 年当局将商埠改设为市政厅时，其所辖地域仅为两江上下游南北两岸 30 华里以内的市区，没有明确的边界，可见当时重庆市政建设十分滞后。为改变城市面貌，当局开启了重庆建市的现代化进程。1929 年 2 月，重庆从巴县分离，正式建市，编制为国民政府二级乙等省辖市。重庆建市以后，扩大了市区规模。市区界域已包括巴县城区及长江南岸弹子石、海棠溪等地和江北县江北镇、溉澜溪、刘家台、香国寺等地，形成旧城、南岸、江北这种地跨两江、三足鼎立的格局。② 新设立的重庆市"设江北市政管理处、南岸市政管理处，开始了重庆地跨两江的布局。到 1933 年，全市面积共有 187 平方公里"，③ "形成了现代重庆城市横跨两江、鼎足三分的基本格局，并开辟出自临江门沿嘉陵江经双溪沟达牛角沱、自南纪门沿长江经菜园坝抵兜子背、自通远门外经观音岩至两路口的三大块新市区"，而"昔日殡宫，皆成沃壤"。④ 到 20 世纪 30 年代初，重庆城区"面积增加了两倍左右，城市人口已有 30 余万，市容面貌也大为改观。在城市交通干道经过的地区，美丰银行、川盐银行大楼等高层建筑开始出现。繁华区域逐渐由两江沿岸向城市交通干道两侧转移"。⑤ 重庆城市空间的拓展亦要求相应的市政功能应予以完善，如"筹办自来水，以为清洁之饮料；改良电灯，以现全市之光明；添购电话，以灵各界之消息"。⑥ "然昔重庆的电力事业，只有烛川公司，而机器陈旧，经营不善，仅供给市民电灯一项，已感电力微弱，供不应求，至于生产之用，即付阙如。"⑦ 1932 年，川籍实业家胡光麃先生（1919 年毕业于美国麻省理工学院电机工程科）回到重庆时，"看到供应全市电源的重庆电灯厂仅有一台 300kV 发电机，而这台购自德国的老式机器因为机器和外线都很陈旧失修，容量太小，电压太低，虽有若无，路灯不亮，只见几缕红丝，于是胡氏对刘湘的第一项建议便是充实重庆的发电

---

① 张瑾：《权力、冲突与变革——1926~1937 年重庆城市现代化研究》，第 150 页。
② 张瑾：《权力、冲突与变革——1926~1937 年重庆城市现代化研究》，第 152 页。
③ 隗瀛涛主编《重庆城市研究》，第 22 页。
④ 隗瀛涛主编《中国近代不同类型城市综合研究》，第 365 页。
⑤ 重庆市地方志编纂委员会编《重庆市志》第 7 卷，第 7 页。
⑥ 杨光彦、秦志仁主编《跨世纪的大西南——近现代西南经济开发与社会发展历史考察》，第 236 页。
⑦ 《重庆电力公司概况》，《建设周讯》第 2 卷第 7 期，1937 年，第 7~9 页。

容量，改换全市的输电设备。他说电气动力是发展工业的基本条件，电灯照明对市容和治安更关重要。胡氏的'有了充足电源，才能吸引外间人们来此观光，继以资金和技术从事建设和生产一席话'深得治川热情极高的刘湘赞同，刘氏极以我言是，就责成重庆市长潘文华和刘航琛为电力厂正副筹备主任，并委托华西公司拟具全部计划"。① 当年（1932年）刘湘即指令重庆市政府"以24万元购买烛川电灯公司，并接收其专利；在1933年8月15日正式接管公司一切事务"，② 并筹建重庆电力股份有限公司，"以期实现整顿电气事业，以完成渝市繁荣之主要动力，庶形成现代化之市场雏形"。③

　　第四，从工业发展的进程看，20世纪20年代末，重庆工业门类逐渐齐全，电力需求较为迫切。开埠以后的"重庆发展成了长江上游之一大商埠，为川滇黔三省进出口贸易之总汇，户口稠密，商业繁盛，各种近代化之轻重工业，渐次推动，须用电力，尤为切要"。④ "19世纪70年代到20世纪20年代的半个世纪里，重庆已经发展成为四川及西南的商业、金融中心，具有近代资本主义性质的近代工业也初步建立。"⑤ 从20世纪20年代末至1936年，重庆工业行业"在火柴、缫丝、采煤、水电、玻璃、棉织、皮革以及钢铁、机械、化学等许多部门出现了近代工厂"。⑥ 在诸多企业中，日用轻化工企业仍为重庆近代工业发展的主流，但是大多数企业已逐步引进了机器设备，具有新式企业的特征。20世纪30年代前后重庆兴起的新式企业主要有：（1）重庆电力炼钢厂，最早筹建于1919年，由四川督军熊克武发起创办。1934年4月刘湘决定成立重庆炼钢厂筹备委员会，重组重庆炼钢业。（2）1935年刘湘组织创建四川水泥股份有限公司。（3）1933年起重庆陆续兴建了9家提炼煤油的炼油厂。（4）1932年，重庆设立油漆厂。（5）1935年重庆创办了唯一的一家生产酸类的广益化工厂。（6）1935年5月民族资本家吴蕴初将在上海创办的天厨味精

---

① 胡光麃：《近代中国史料丛刊续编　第62辑　逐波六十年》，台北：文海出版社，1974，第295～296页。转引自张瑾《权力、冲突与变革——1926～1937年重庆城市现代化研究》，第22页。
② 四川省电力工业志编辑室编《四川电业志资料汇编4》，第91页。
③ 《重庆电力公司一瞥》，《四川经济月刊》第7卷第5～6期合刊，1937年，第15页。
④ 《重庆电力公司一瞥》，《四川经济月刊》第7卷第5～6期合刊，1937年，第15页。
⑤ 周勇主编《重庆通史》，第842页。
⑥ 周勇主编《重庆通史》，第422页。

厂、天原化工厂、天利氯气厂迁至重庆江北。(7) 在煤矿供给方面，1928年重庆北碚成立了宝源矿业实业股份有限公司。1932 年成立天府煤矿股份有限公司。① (8) 1932 年重庆成立工程技术企业华西公司。(9) 实业家卢作孚先后在重庆创办了民生实业股份有限公司及北川铁路公司、三峡染织厂。特别是三峡染织厂，"是四川棉织工业中首先使用机器生产的企业，具有开辟性意义"。② 这些企业大多采用机械化生产，以电力为生产原动力。但 "烛川电灯公司机械陈旧，经营不善，其营业要目，仅以供给市民电灯用电一项，尚感电力微博，供不应求。至于供给电力，则付阙如，实为烛川电灯公司失败之最大原因"。③ 因此，在 20 世纪 30 年代初众多新式企业相继在重庆建立，对电力的需求日益迫切的背景下，当局主导地方民营资本成立了重庆电力股份有限公司。正如公司第一次临时股东大会报告书中所言："本公司之经营电气事业，得以在渝市日臻发展者，其最大因素，为本公司之企业，已合于现代渝市社会之一般的需要。故足以促进各种轻重工业之循序进展，而同时形成今日渝市社会之繁荣。是则本公司之兴起，有其备具之必然条件在，实亦为复兴渝市社会经济的当务之急，可断言也。"④

①　周勇主编《重庆通史》第 850、853～854 页。
②　张学君、张莉红：《四川近代工业史》，第 317 页。
③　《重庆电力公司一瞥》，《四川经济月刊》第 7 卷第 5～6 期合刊，1937 年，第 15 页。
④　《重庆电力股份有限公司资产负债表、损益计算书、财产目录、各项收入详表等》，重庆市档案馆藏，档案号：0219 - 0002 - 00003，第 8～9 页。以下档案如果未标明藏所，均为重庆市档案馆藏。

第二章 战前重庆电力股份有限公司的内部治理

第一节 公司的筹建与初期概况

如前文所述，在 1932 年以前，重庆烛川电灯公司生产规模小，系直流发电，以致电压常常不稳，严重影响市民的正常照明。至 20 世纪 20 年代中期，重庆城市化进程加快，越来越多的"市民则逐渐感受到电灯比油灯方便，且光度更明亮。实惠性更大，要求接装电灯"，[①] 尤其是"各商业用户因营业需要，纷纷要求接线装灯。现代工业的发展也迫切需要电力"，[②] 因而社会各界殷切盼望改善现状。在民间要求从速兴建电厂的呼声下，刘湘俯顺舆情，同意着手兴建。1932 年，他出任四川善后督办后，立即公布"四川建设三年计划纲领"和"国防基本建设大纲"，旨在推动重庆地区的社会经济发展。刘湘还对发展四川及重庆地区的动力资源事业做出了比较详细的规划，并筹备组建重庆电力公司。

1932 年，重庆市政府成立"重庆电力厂筹备处"，[③] 筹建重庆电力公司。"重庆电力厂筹备处"由重庆市市长潘文华任处长、川康银行总经理刘航琛任副处长，市政府秘书长石体元和美丰银行总经理康心如、工务局局长傅友周为筹委，分掌总务、财务、工务等事务。[④] 筹备电力厂的资金来源系"向川康银行认借 70 万元，四川美丰银行认借 30 万元"。[⑤] 筹集

---

① 何润生主编《中华人民共和国电力工业史·重庆卷》，第 6～8 页。
② 何润生主编《中华人民共和国电力工业史·重庆卷》，第 6～8 页。
③ 宁芷邨：《华西兴业公司始末》，中国民主建国会重庆市委员会、重庆市工商业联合会文史资料工作委员会《重庆工商史料》第 2 辑，第 59、62～64 页。
④ 重庆市渝中区政协文史资料委员会编《重庆渝中区文史资料》第 14 辑，第 186～190 页。
⑤ 傅友周：《解放前的重庆电力公司》，中国民主建国会重庆市委员会、重庆市工商业联合会文史资料工作委员会编《重庆工商史料》第 2 辑，第 180 页。

到部分资金后，筹委会亦积极购办锅炉机器及供电器材，将厂址地点设于重庆大溪沟古家堡，并委托华西兴业公司①承办全部工程。同时，"华西公司成立了电力工程处，调派电力、建筑等工程技术人员10余人进行设计、查勘、测绘"，②为电力工程建设提供支持。华西公司承办电力工程③的情形大致是："新厂工程是于1933年4月开工，6月厂房奠基，设备器材先后到渝，在中国工人、技术人员的辛勤劳动和杭州庄聚宝和英国制造厂家

---

① 华西兴业公司系一技术工程企业，于1932年9月在重庆创立。创办人是胡仲实、胡叔潜兄弟。按股份公司设立，有董事11人、监察2人，由董事互选5人为常务董事，并在常务董事中选1人为董事长，再选2人为常驻董事。甘绩镛为董事长（第21军军部政务处处长，代表刘湘股权，1935年刘航琛继任）；胡仲实、宁芷邨、刘航琛、康心如（四川美丰银行总经理）为常务董事；胡叔潜、傅常、邱甲（刘湘驻京汉代表）、潘昌猷（重庆市银行总经理，潘文华之弟）、张必果（第21军军部秘书长）等为董事。王绍贤（盐业银行协理）、胡浚泉（四川美丰银行协理）为监察人。股东有：市政府秘书长石体元，市政府工务局长傅友周，市政府财政局长陈怀先，第24军军长杨森代表田习之，聚兴诚银行董事长杨璨三。1935年政局发生变动，重庆行营成立，胡仲实邀请刘文辉、杨森等人投资。张伯苓亦入股。公司以发展西南实业为目标，积极组织技术力量，设计和承建各种基建工程，并代购、安装各种生产设备。华西开业后的第一桩业务是承办重庆电力公司，这是西南地区第一座比较新型的电力企业。胡仲实担任重庆电力公司常务董事，华西的工程师林伯川、程本臧、吴克斌亦先后派往该公司担任总工程师、工程师、协理等职务。因此，华西与重庆电力公司关系密切，特别是在技术工程上，华西严密地控制着重庆电力公司，凡属整修、扩建及代购机器等，都由华西提出建议或拟具计划，并负责承办。参阅宁芷邨《华西兴业公司始末》，中国民主建国会重庆市委员会、重庆市工商业联合会文史资料工作委员会编《重庆工商史料》第2辑，第59、62~64、68~69页。
② 张学君、张莉红：《四川近代工业史》，第361页。
③ 工程完成后，重庆电力公司接收电力事业。1935年5月2日，重庆电力股份有限公司董事会第四次会议上，议决：（1）公推董事周见三负责接收。议决：甲，旧厂机器派工程人员检查后由重庆各机械厂投标修理擦油装箱及出售。乙，所存废料如电杆、电线、废铁等应检查是否成材及其破坏程度分别提用及拍卖，打水机为整理电机之一部应全部合卖，不能摘卖。丙，厂房应保大险至保额若干请总经理酌办。（2）电话厅费应否照自来水公司电价计算案。议决：电话厅用电之量与自来水公司比较相差甚远且自来水公司电力电灯同装一表系为营业部在开创之初一时权宜办法不能援一为例，应照公司营业章程，电力电灯分别装表分别计价。（3）电话厅所装马达不合规定应否供电案。议决：照本公司章程规定之一马力以上之电动机须用三相马达应将必用三相马达之理由及马达之危险函知电话即如必以已购置7马力单相马达勉强供用以后发生烧坏机器等事本公司不负责任。（4）建筑电器修理室化验室红炉房校表室案。议决：函请华西公司依照即摊图式估计详细工程材料预算商同本公司总经理办理。对于铺设线路，由本公司派工程人员会同华西公司测勘，合同以外尚有若干线路所需材料工程数目及其价值详细计算交本会议再决。（5）添购变压器以作损坏掉损及增设线路之准备案。议决：照本公司工程人员所拟数量添购以作准备。参阅《重庆电力股份有限公司董事会第四次会议纪录》，档案号：0219-0002-00321，第9~12页。

派人技术帮助下，至 1934 年 7 月 20 日全部安装竣工，线路也敷设及半（只完成市区及江北一部分），7 月初试供近邻之自来水厂。"① 历经一年多的紧张建设，"是年 7 月 20 日，电力厂举行厂房落成暨发电仪式典礼"，② 电力公司电力开始供应全市。在供电之初期，"时因用电负荷不高，故以两机常开，一机备用，每日发电 16 小时，以 5280/380/220 伏电压供电，线路以两条从北区干路及两路口、南纪门环绕市区汇合于较场口开关站，一条从观音岩而下跨嘉陵江，建过江铁塔引线刘家台，供电江北"。③

公司初期发电设备按照 1000 千瓦容量标准投入使用，发电机及应用机械分别向华西上海分公司及国外订购。其中，透平机三部由英美方制造，锅炉三座均由英国拔柏葛公司供给，故供电器材多购自英美两国。④其装设的"拔柏葛水管式"锅炉三座均装有"自动加煤机"及助燃设备，共用每分钟 41000 立方尺之"引风机"一具。此外，还装有四种发电设备：锅炉给水设备、汽轮发电机、凝气管、电压设备。⑤

具体而言，1936 年，"公司变压设备为 39 具，其总能量为 2555 开维，尽属降压；其高压电压全系 5250 伏或 5000 伏。低压方面除一、二专用变压器外，全为 380 伏及 220 伏，其出品厂家大部属于英国茂伟厂及中国益中公司，尚有美国制品。变压器之能量最大者达 500 开维爱，最小者为 5 开维爱"。⑥ 线路设备方面有如下项目："1. 木杆 3614 根；2. 铁塔（扬子江，嘉陵江，电厂总站、分站各二座）8 座；3. 过江线 1.34 公里；4. 高压线路 40.16 公里；5. 低压线路（共计）85.69 公里（三相者 52.40 公里；两相者 2.16 公里；单相者 31.13 公里）。上列公里数字系指线路之长度，非为导线之长度。因接头及弧垂关系，导线之实长，须较线路之长度稍大。"⑦ 由此可见，公司引入安装的电力设施在当时系采用现代设备，颇为先进，特别是其采用了英国进口汽轮机，实现了火力发电，具有标志

① 四川省电力工业志编辑室编《四川电业志资料汇编1》，第 116 页。
② 重庆市地方志编纂委员会总编辑室编《重庆市志》第 1 卷，四川大学出版社，1992，第 31 页。
③ 四川省电力工业志编辑室编《四川电业志资料汇编1》，第 116 页。
④ 《重庆电力公司创立经过及最近业务》，档案号：0219-0002-00037，第 30 页。
⑤ 《重庆电力公司一瞥》，《四川经济月刊》第 7 卷第 5~6 期合刊，1937 年，第 20 页。
⑥ 《重庆电力公司资产负债表、损益计算书、财产目录、各项收入详表等》，档案号：0219-0002-00003，第 12~20 页。
⑦ 《重庆电力公司资产负债表、损益计算书、财产目录、各项收入详表等》，档案号：0219-0002-00003，第 12~20 页。

性意义。这改变了原重庆烛川电灯公司时期的直流电小型发电机微弱供应电力之落后状态。"其供电设备按照国民政府《电气事业电压定率标准规则》进行配置，计分为检验（遵照中央建设委员会公布之《安装内外线及电气设备规则》，注意用户用电安全，并协助重庆市政府取缔不良电工）、接电（由配电线路以达电表之线路，为电力厂用户直接相属之段。其设计与装置力求安全、经济、整齐可靠。市街铺面无后门通达里外全巷者，进线须由前门送入通衢。拉线皆沿杆交互降至对房接户线至墙以后，再左右分引自邻杆为止。凡 220 伏电灯用户皆照此布线，至电力用户则单独接入）两种配置方式"。①

　　自电力筹备工程完成后，重庆市政府遵照国民政府《公司法》及建设委员会公布的《经营电气事业人之规定》，办理注册立案手续，于 1935 年 1 月 1 日，正式建立"商办性质"的重庆电力股份有限公司。② 营业后不久，重庆电力股份有限公司接管了华西兴业公司代管的部分电力设备和职工，这使得其生产稳步上升，供电区域日益扩大，电力供应大为改善。其发挥的作用亦颇为显著。"1934 年 7 月开始发电时，供电区域仅为老城区、新市区及江北、南岸之二小部分。"③ 当月（1935 年 1 月），"新市区曾家岩、大溪沟、两路口至通远门片区实现路灯通电，年底旧城区七星岗经较场口、都邮街、陕西街、第一模范市场、新丰街、四牌街、镇守使署及苍坪街、大梁子片区也实现路灯通电。次年 2 月，上清寺至李子坝一带路灯通电。时通电路灯约 500 盏"。④ 这标志着重庆市区主要街道基本接通电灯。与此同时，1935 年至 1936 年间，公司相继建成兜子背、铜元局长江过江铁塔，开始引电供南岸使用，市区则向西延至浮图关、化龙桥；1937 年，江北与南岸的线路继续延伸，市区则继续向西延伸至沙坪坝。⑤ 这一时期公司的供电线路分布状况是："高庄输电为 5250 伏 3 相 50 周波，中点不接地式，长约 15 哩。（具体线路是：①城区线路；②南岸线路；③江北线路）低庄配电为 380/220 伏 3 相 50 周波，中点接地式，长约 40 哩（东至朝天门，南至南岸，西至化龙桥、浮图关、黄沙溪，北抵江北青

---

①　《重庆电力公司一瞥》，《四川经济月刊》第 7 卷第 5 ~ 6 期合刊，1937 年，第 21 ~ 22 页。
②　《重庆电力公司概况》，《建设周讯》第 2 卷第 7 期，1937 年，第 8 页。
③　《重庆电力公司创立经过及最近业务》，档案号：0219 - 0002 - 00037，第 30 页。
④　隗瀛涛主编《近代重庆城市史》，第 481 页。
⑤　四川省电力工业志编辑室编《四川电业志资料汇编1》，第 117 页。

草坝、董家溪）。"① 抗战爆发前夕，公司电力供应范围已基本覆盖重庆市区的核心区域（即今天重庆渝中区大部、沙坪坝区的一小部分、南岸及江北区的一小部分）。

　　需要说明的是，筹建后的重庆电力公司既是一个发电、供电企业，又兼具电业管理职能。其与"肇始于清末的小型电厂（烛川电灯公司）相比，不仅仅供给小范围之电灯，乃以供给电力为主，电灯为副业，故其名称遂改为电力公司"。② 重庆电力股份有限公司替代了其前身重庆烛川电灯公司，并依照"国民政府《公司法》由发起人造报经过账项，推定董事周季悔、监察胡汝航照章检查资本并呈请四川省建设厅派员检验，推定董事石体元审定《公司章程》，推定监察傅友周、董事胡仲实照章拟定全部营业计划"，③ 履行公司申请程序。1936 年 7 月，公司报请"南京国民政府中央建设委员会注册立案，12 月取得了电气事业营业执照，核准专利营业权 30 年"。④

第二节　公司组织机构的组建与运作模式

一　公司组织机构及管理体制

　　"在近代中国公司制度的演进过程中，股份有限公司始终处于发展的主流地位。"⑤ 股份有限公司制度的优势有："第一，股东的责任有限；公司所有的出资人都只以自己的出资额为限，对公司债务负有限清偿的责任；而公司则以自己的名义和自身独立的法人财产对外行使权利和承担义务。第二，股份有限公司的全部资产均等分为股份，即股票为股份所有权凭证。可自由转让、买卖，由此而在最大程度上实现了产业资本的证券化和流动性。第三，在股份有限组织的形式下，公司资本的募集和增加都更为容易，具有社会公众性表征。除发行一般股本外，可优先发行优先股或

①　《重庆电力公司概况》，《四川月报》第 9 卷第 2 期，1936 年，第 311 页。
②　朱大经：《十年来之电力事业》，中国电业史志编辑室、湖北省电力志编辑室编《中国电业史料选编》（上），第 352 页。
③　《重庆电力公司董事会第一次记录》，档案号：0219 - 0002 - 00320，第 1 页。
④　重庆市地方志编纂委员会编《重庆市志》第 4 卷（上），第 157 页。
⑤　张忠民：《艰难的变迁——近代中国公司制度研究》，上海社会科学院出版社，2002，第 322 页。

者是公司债。第四，在'股份有限'基础上形成的委托代理制的法人治理结构：股东大会为公司最高权力机关，股东大会选举出的董事、监事代表全体股东处理及其监督公司业务的进行，负责具体经营事务的总经理由董事会推出或聘任。总经理对董事会负责，董事会对股东大会负责，由此实现了资本所有权与使用权的真正分离。因而从制度安排上可以使公司所有者从社会中寻得最优秀、最合适的经营人员，实现公司经营发展的最优化。"① 正是上述优势，使得近代以来中国较有规模的企业往往采用股份制经营方式。重庆电力公司也不例外，特冠名为"股份有限公司"，依照国民政府1929年颁布的《公司法》相关条例组建。公司还根据国民政府《公司法》，制定了《重庆电力股份有限公司营业章程》（以下称《章程》或《公司章程》），对组织体系做出具体规定。如《章程》总纲第一条规定，"公司系民营集资创办，经市政府核定价格立约收买前烛川电灯公司继承其各项产业及专营权利，依法呈请经济部备案"。② 从法定意义上，该规定体现了公司是一个具有"民营性质"的集资企业。《章程》总纲第三条规定："本公司依照《公司法》中有关股份制有限公司的组织规定，故定名为重庆电力股份有限公司，自刊图记以昭信守。"第一章与第二章对公司的股份、股东及股东发起人权利做出具体规定；第六章涉及股东利益分配方案；第七章则规定了股东会召开方式。《章程》其余各章对公司的组织体系进行了具体说明，相关规定体现了近代股份有限公司所具有的一般特点。其具体情形如下所述。

首先，逐步健全公司各级组织体系。《重庆电力股份有限公司营业章程》对公司组织机构的设置与业务发展规则做出了具体规定，这是公司最为根本的法律文本。

《重庆电力股份有限公司营业章程》拟定了相应组织机构，明确了内部治理结构。至"1941年，公司重新修订章程后，采用权能分掌的原则，使其组织机构更为完善；计分为股东会、董事会、总公司以及各厂处和具有生产、职能两重性的工务科、业务科、会计科及总务科等执行机构"。③

公司组织结构为："最高层为股东大会，下设董事会与监察人；董事

---

① 张忠民：《艰难的变迁——近代中国公司制度研究》，第324页。
② 《重庆市社会局、重庆电力股份有限公司关于增加资本及请核发营业执照的呈、咨》，档案号：0060-0002-00140，第90~97页。
③ 四川省电力工业志编辑室编《四川电业志资料汇编3》，第147页。

会下设总经理、协理及总工程师室。总经理下设购料委员会（驻港办事处、驻昆办事处）和秘书室、稽核室。并设业务科，含江北办事处（工程股、营业股），沙坪坝办事处（工程股、营业股），南岸办事处（工程股、营业股）；电务科（线路设计股、线路维持股、线路施工股、表务股、用电股、抄表股）；厂务科［第一厂、第二厂、第三厂（管理股、修配股、事务股），设计股、化验股］，用电检查组（包灯股、取缔股）；业务科（营业股、票据股、收费股）；会计科（出纳股、簿记股、统计股），总务科（材料股、燃料股、购置股、庶务股）；稽核室（审核股、稽查股、统计股）；秘书室（人事股、秘书股）等中层机构。又由总工程师室联系江北办事处、沙坪坝办事处、南岸办事处、电务科与厂务科。"①

从公司内部治理结构看，重庆电力股份有限公司主要实行董事会下的总经理负责制，日常经营主要由总经理负责。具体而言，营业初期"董事会备函推选以聘任方式由刘航琛担任总经理"。② 抗战中期（1941 年）改由浦心雅担任总经理。"总经理承董事会之意旨，承担公司全部责任，指挥生产，实施管理，搞好经营，并考核进退各级职员；各科服务规程由总经理拟定，交董事会议决施行。"③ 以总经理为核心的管理体系的形成，为实现董事会议决的生产计划和经营目标提供了保障。这体现出近代股份公司制中总经理与董事会间的权能分掌原则。从公司各科室的设置看，重庆电力股份有限公司系生产经营一体化的企业。其下属的电务科负责发电与供电；业务科与会计科负责经营；总务科负责公司的日常经营。

1937 年后由于窃电案件频发，公司专门成立窃电取缔组，负责窃电整治，由公司总工程师室联系该小组。

1939 年，公司颁布《分区办事处暂行组织条例》，江北办事处、沙坪坝办事处、南岸办事处改由公司业务科管辖。

1940 年，根据管理工作的需要，增设了三个机构。一是人事委员会。董事会在 6 月 19 日开会决定成立人事委员会，由董事康心如主持，各级人员辅助，此为人事设计、考核及审定战时津贴的组织。二是稽核室。10 月 23 日，第 5 次董事会修正通过《稽核室组织规程》，成立稽核室，下设稽查、审核和统计三股，以加强对经济活动的管理、监督和统计工作，并

① 《重庆电力公司组织系统表》，档案号：0219 - 0001 - 00001，第 43 页。
② 《重庆电力公司董事会第 1 次会议记录》，档案号：0219 - 0002 - 00320，第 1 页。
③ 四川省电力工业志编辑室编《四川电业志资料汇编 3》，第 148 页。

对各厂、处工作人数和各种管理规则遵守情况、实施情况开展稽查工作。三是秘书室，下设文书股、档卷股及人事股。

1941 年公司成立电一煤厂（1945 年因连年亏损，撤销该机构），自产自用，以减少对天府、宝源等矿业公司的依赖。电一煤厂"独立经营，名为电一煤厂公司，依法办理矿区、矿照手续等，推刘航琛董事洽办。另由本公司发足资本 300 万元为电一公司股本，即以本公司董事监察为电一公司董事监察经理一职。仍请张儒倘担任，另聘矿工程师协助第一电煤厂，原有资产负债盘交电一公司接管"。①同年设置了子弟校，附属于公司。

1942 年 10 月 20 日，公司第 70 次董事会通过并颁布《购料委员会组织规程草案》，成立购料委员会，由工务、业务、稽核、会计和总务五科室正副科长、主任 7 人组成，总经理指定一人为主任委员，主要会审价格在 10 万元以上材料的购置问题。此次董事会审议通过了《重庆电力股份有限公司组织规程》。②1948 年的第 106 次董事会对该规程做了修订，使其组织机

---

① 《重庆电力公司第 70 次董事会决议录》，档案号：0219 - 0002 - 00047，第 21 ~ 26 页。
② 《重庆电力股份有限公司组织规程》文本内容：（1）公司设总经理 1 人，综理本公司全部事务；设协理 1 人，襄助总经理行使职权。设总工程师 1 人，秉承总协理负责处理工程事务。（2）设厂务科综理厂务，并设第一厂、第二厂、第三厂三个电厂，于江北、南岸、沙坪坝各设办事处。前项机构之增减、移并视业务之繁简与事实之需要，由总经理提请董事会议决。（3）本公司得应事实之需要延聘顾问及专员。本公司于必要时，得设立各种委员会，其组织另订之。（4）本公司设下列各科室：总工程师室、秘书室、稽核室、总务科、厂务科、电务科、业务科、会计科、用电检查组。（5）总工程师室之职掌为关于各科、处、组有关工程之指示、监督、改进及审核事项；关于扩充工程之设计、估值及工程进行期间之监督考核事项；关于配购材料之建议及审核事项；关于工程设备单独估计及审核事项；关于工程业务契约之审核事项；关于工程人员之指挥、调遣、考核事项；关于技术人才之联络及培育事项；其他关于工程事项。（6）总工程师室得设主任工程师，协助总工程师处理工程一切事务，并得设工程师、工务员，必要时得由总工程师秉承总经理临时指挥调度各厂、处人员办理该室事项。（7）秘书室之职掌为：关于印章之保管、启用及各科、室、组图章之刊发事项；关于文电规章之收发、编拟、审核、缮写、校对及保管事项；关于会议记录及通报事项；关于宣传及编译事项；关于职工进退、升调、考核的登记、通告及其他有关人事事项；关于职工保证的考核事项；关于总经理交办事项。（8）总务科之职掌为：关于薪工之领发、关于燃料、材料、物品之购运、收发、保管、盘存及登记事项；关于房地产之管理事项；关于警卫之管理事项；关于一切庶务及不属于各科室事项。（9）厂务科之职掌为：关于所属各厂有关工程之指示、改进、审核及报告事项；关于发电统计及成本计算事项；关于燃料、水质之化验事项；关于所属职工之管理及编造工账事项；其他关于机务事项。（10）电务科之职掌为：关于各办事处有关电务之指示、改进、审核及报告事项；关于通信线路即设备之施工、管理及修理事项；关于变压器及配电设备之管理、检查及修理事项；关于用户电表之校验、装置及修理事项；关于用户电气设备之检查及接电事项；关于所属职工之管理及编造工账事项；其他关于电务事项。（11）业务科之职掌为：关于各办事处有关业务之指示、改进、审核及报告事项；关于（转下页注）

构更为完善。

1942 年，公司生产发展达到鼎盛时期，规章制度与组织机构也较为完备。此时"公司地址位于市区中心民权路 63 号新厦办公，职工由 1935 年创办时 170 人，1936 年 223 人，至 1942 年发展到了 1258 人。其中职员 257 人，见习 27 人，技工 176 人，帮工 68 人，小工 572 人，学徒 60 人，勤杂 88 人"。[①] 公司已成为战时后方规模最大的电力企业。以后，公司职工数量稍有增加，至"抗战末期达到 1360 余人，但日渐表现出人浮于事的情况"。[②] 后公司"虽有较小幅度的机构调整，但变化不大，直至 1950

（接上页注②）业务之接洽及推广事项；关于业务之调查及统计事项；关于用户记录及抄表事项；关于电费之计算及经收事项；关于电料商号之注册事项；关于其他业务事项。(12) 会计科之职掌为：现金之出纳及单据之保管事项；关于账目之登记及预算、决算之编造事项；关于股票事项；其他关于会计事项。(13) 用电检查组之职掌为：关于无表及避表用电之取缔；关于窃电用户应赔电费之计算征收事项；关于窃电案件之交涉及诉讼事项；关于窃电之调查统计事项；关于欠费剪火之协助事项；关于本公司职工用电之管理事项；关于协助检查宪警之调遣与联络事项；关于所属职工之管理及编造工账事项；其他有关电检查事项。(14) 各室设主任 1 人，各科设科长 1 人，组设组长 1 人，秉承总协理办理各该室、科、组事务，并得视事务繁简，酌设秘书、助理秘书、副主任、副科长、副组长，辅助主任、科长、组长办理该室、科、组事务。(15) 各室、科设股处理事务，每股设股长 1 人，秉承该室主任、该科科长、副主任、副科长，分掌该股事务，事务较繁之股，得设副股长。(16) 各科组设工程师、工务员、科员、见习生，视各该科组事务之繁简配派之。(17) 各厂之职掌为：关于发电设备之运用、改进、管理、检查及修理事项；关于燃料之节用报告事项；关于发电记录事项；关于所属职工之管理及编造工账事项；其他有关厂务事项。(18) 各厂设股处理事务，每股设股长 1 人，秉承主任或副主任分掌该股事务。(19) 各厂设工程师、工务员、科员、见习生，视各厂事务之繁简配派之。(20) 办事处设主任 1 人，主持该处事务，事务较繁之处，得酌设副主任。处内设股处理事务，各股设 1 人，秉承主任分掌该股事务。参阅四川省电力工业志编辑室编《四川电业志资料汇编 3》，第 161～164 页。

①　四川省电力工业志编辑室编《四川电业志资料汇编 1》，第 126 页。

②　四川省电力工业志编辑室编《四川电业志资料汇编 3》，第 143 页。重庆电力公司后趋于管理混乱与抗战后公司人浮于事的境地有较大关联。1945 年 8 月，国家总动员会议、市政府、经济部联合考核之改进意见称，公司除总公司设五科、二十余股，复分置三厂三办事处，此庞大之组织因有其事实的需要，无可厚非。但欲切实节约以解倒悬，未尝不可从事归并裁汰，借资紧缩。如科设科长、副科长，股复设股长、副股长，其副科长有酌留必要，副股长之设未免断近浮滥。以职工人数，总额已达 1360 余人。为数不可谓大，其中各厂技术员工固多各有其用。唯总公司方面总务一科有 60 余人，业务一科竟又达 108 人之多，而传达室复多至 6 人，"厨役"多至 13 人，办公室"茶役"几达 40 人，似均可酌情裁减。但刘航琛认为，裁减 200～300 人当非不可能，只是格于各方人情，不得不设法安置，勉为负担。可见，电力公司人浮于事，以致公司人多无事可做，一些人请假任意游荡。这是战后公司经营面临困境的重要原因。参阅四川省电力工业志编辑室编《四川电业志资料汇编 1》，第 138 页。

年被西南军委会所接管"。①

其次,公司人事管理体制体现出近代股份公司制度的一般特征。董事会是人事管理的最高权力机构,它通过"对总经理、协理和总工程师等高级职员的任免与考核,人事管理制度的审批,组织机构的审定,对一般职工招收和裁遣的核定等方式行使其用人权"。② 公司较为注重人力资源的开发与管理,一方面是注重吸引电力技术人才,将其作为革新电力技术、为公司创造利润的主要力量;另一方面完善人事管理体系,尤其注重人力资本的投资与管理,如创办职工子弟校、设置图书室和话剧团等,目的在于提高职工的文化程度,丰富职工的业余生活,营造企业文化氛围。

为强化人事管理,公司做了以下工作:

第一,制定了《职工考绩办法》、《职工福利委员会组织规程》、《职员任免规则》、《职工服务规则》、《职工请假规则》、《职工薪俸规则》、《职工奖惩规则》和《职工抚恤及医疗规则》等规章制度,规范了公司的人事管理原则。

第二,人事管理方式体现出尊重知识、尊重人才的表征,特别在人员招聘中具有一定的层次性。公司为了提高技术水准,特别注重电力技术人才引进,任人唯贤。工程技术人员由总工程师室直接聘任,要求"应具备的条件是,国内外大学机电系或机械系毕业者;曾在电力厂或机器厂担任技术工作,服务期在 5 年以上者;高等工业学校毕业者"。③ 这项政策为提高公司生产技术、推动经营发展奠定了良好的人力资源基础。除工程技术人员外,公司一般的职员实行任用制度,由总经理遴派到各科室。"任用制"较为稳定(职员实行固定的月薪制),使得一些职员凭借关系而入职公司,掺杂了人情因素。如当时的"重庆行辕主任的侄孙进入公司工作,公司内部的协理的舅子经协理介绍到了购置科担任采购员,总工程师的侄子、董事的孙子特推荐到公司工作。甚有些高级职员将其亲友同乡推荐到公司工作,如总经理刘航琛介绍同乡亲友入公司,形成了所谓的'泸州帮'现象"。④ 这使得日后公司出现"臃肿"情形,产生了较大的负面影响。此外,公司对普通工人的招聘则采取雇佣制,以雇佣小工、学徒或

---

① 四川省电力工业志编辑室编《四川电业志资料汇编 3》,第 151~158 页。
② 四川省电力工业志编辑室编《四川电业志资料汇编 3》,第 139 页。
③ 四川省电力工业志编辑室编《四川电业志资料汇编 3》,第 165 页。
④ 四川省电力工业志编辑室编《四川电业志资料汇编 3》,第 166 页。

凭借各种社会关系临时聘用工人等方式招聘人员到公司工作，其薪资则按日薪计算。

第三，制定严密的职工值勤、请假制度。在工作时间安排上，一般职员实行 8 小时工作制。发电厂和变电站等职工则采取轮流值班或包干值班的办法，并对考核职员与工人实行严密的考勤制度。请假也细分为事假、病假、婚丧假、生育假等项，亦要求职工按制度履行请假手续，不得无故旷工。

第四，为促进经营绩效，公司对职工实行奖励激励机制。如 1942 年 5 月制定的《重庆电力公司职员薪俸规则》，其中"明确要求实施年终考绩，于每届全年决算后择成绩优良者晋级加薪，依照薪俸等级表酌晋一级或一级以上"。① 在 1945 年的临时董事会上，将公司的考绩细分为："工作效率"和"学识操作"两项，考核成绩作为职员和工人晋级加薪的依据。

第五，形成了较为完善的福利制度。如 1943 年，公司根据经济部《职工福利委员会组织章程》，制定了《公司职工福利委员会章程》，以执行机构——职工福利社负责公司员工的福利工作。福利项目计有："安排职工宿舍、建立职工食堂、设立职工子弟校、交谊厅、图书馆等设施；成立业余京剧社和川剧社，丰富公司员工的娱乐生活；组织供应低价生活必需品，补助电价；安排职工集体参与人寿保险。"② 这些福利项目丰富了公司职工的业余生活。此外，福利制度也体现在职工的医疗与抚恤上。公司颁布了《职工疾病医药规则》、《职工疾病住院医治规则》及《职工恤养规则》等章程。在职工因工受伤或患有部分疾病时，可由"公司医务室免费提供医药，须住院时，经报请总、协理核准者，所有住院医药费用，由公司负担 60%。如 1948 年，职员王祥章因病住院花掉医药费 50 万元，公司给予了报销 60% 的医药费；总务科传达室郭玉柱患喉疾，住院医药费 473.5 万，也得以报销其 60%。在特殊情形下职工的医药费可由公司完全负担。如 1948 年 2 月 1 日，业务科工人朱如兴在白骨塔工作时触电受伤后获得医药费 1650 万元全由公司负担。同年 4 月 27 日，工人马春生、王正权在李家沱拆线时，从电杆上跌落受伤，所花医药费公司全部予以报

---

① 四川省电力工业志编辑室编《四川电业志资料汇编 3》，第 166 页。

② 四川省电力工业志编辑室编《四川电业志资料汇编 3》，第 228～229 页。

销"。① 在抚恤政策上，公司一般会对死亡的职工给予一定的抚恤金。如公司第三厂工人"况绍云因清洗锅炉而触电去世时，公司给予了丧葬费46659 元，抚恤金150350.5 元，是因在物价高涨的情形下，公司拨给其家属 10 万元作为特别抚恤金"。② 在"公司职工服务期 10 年且年逾 50 岁，精力已衰、不堪任事的情况下，可自请退职，给予赡养金和退职金"。③该资金可作为员工养老之用。

总之，公司制定了一系列较为完善的人事管理规则，建立了较为完备的人事管理体制。尽管在抗战后期，公司出现了人浮于事的境况，但这套人事管理体系对公司的有效运转发挥了积极的作用。

二　股东成员及股东大会的分析

重庆电力股份有限公司是一个冠名"股份有限公司"的企业，以核定股本为资产基础。按照《公司章程》的规定，其"股本总额最初拟定为法币 200 万元，以 100 元为一股，共计 2 万股。关于认股方面，除由四川省政府入官股 30 万元外，其余 170 万元之股本，概由发起人认募足额"。④《公司章程》第一章第七条规定："本公司股本概以现金一次缴纳，不得以劳力及财产作股。"第八条规定："本公司股票为记名式，分一股、十股、一百股三种，各附息单为支取息金之据。"⑤ 在股东及发起人权利方面，第二章第十一条规定："本公司开股东会时，到会股东每一股有一议决权，在 11 股以上者，每二股有一议决权，加入股数及代表股数过多者，其议决权不得逾全股总数五分之一。"⑥ 这体现出大股东与小股东之间"形式"上的权利平衡，亦符合 1929 年颁布的《公司法》第 129 条所规定的"股东股权平等原则性"。

1935 年 1 月 25 日公司召开成立大会，计"应有股东 36 户，计 2 万

---

① 四川省电力工业志编辑室编《四川电业志资料汇编 3》，第 230～231 页。
② 四川省电力工业志编辑室编《四川电业志资料汇编 3》，第 232～233 页。
③ 四川省电力工业志编辑室编《四川电业志资料汇编 3》，第 232 页。
④ 《重庆电力公司一瞥》，《四川经济月刊》第 7 卷第 5～6 期合刊，1937 年，第 17 页。
⑤ 《重庆市社会局、重庆电力股份有限公司关于增加资本及请核发营业执照的呈、咨》，档案号：0060－0002－00140，第 90～97 页。
⑥ 《重庆市社会局、重庆电力股份有限公司关于增加资本及请核发营业执照的呈、咨》，档案号：0060－0002－00140，第 90～97 页。

股；到会股东29户，计18000股、9295权"。① （见表2-1）

表2-1　重庆电力股份有限公司创立股东详况

户名	姓名或代表名	住址	股数（股）	股银（万元）	已缴股银（万元）	责任	股份以外出资之种类及其以财产出资之价格	缴银日期	备注
澄记	刘甫澄（刘湘）	李子坝	1500	15	15	有限	无	1935.12.29	
珩记	刘航琛	白象街	1500	15	15	有限	无	1935.12.29	当选董事
武记	郭文钦	白果巷	1500	15	15	有限	无	1935.12.29	当选监察人
枢记	周季悔	大溪沟	1000	10	10	有限	无	1935.12.29	当选董事
信记	卢作孚	民生公司	1000	10	10	有限	无	1935.12.29	当选董事
阮记	何北衡	曾家岩	1000	10	10	有限	无	1935.12.29	
爵记	吴晋航	曾家岩	1000	10	10	有限	无	1935.12.29	补额监察人
华记	胡仲实	赛家桥	200	2	2	有限	无	1935.12.29	当选董事
胡叔潜	胡叔潜	华西公司	200	2	2	有限	无	1935.12.29	
宁芷邨	宁芷邨	咆台街	100	1	1	有限	无	1935.12.29	
邱丙乙	邱丙乙	华西公司	100	1	1	有限	无	1935.12.29	
甘典夔	甘典夔	公园路	200	2	2	有限	无	1935.12.29	当选董事
傅真吾	傅真吾	华西公司	100	1	1	有限	无	1935.12.29	
张必果	张必果	黄家垭口	100	1	1	有限	无	1935.12.29	
刘航琛	刘航琛	白象街	1000	10	10	有限	无	1935.12.29	当选监察人
潘昌猷	潘昌猷	曾家岩	100	1	1	有限	无	1935.12.29	
美记	胡汝航	五福宫	1000	10	10	有限	无	1935.12.29	当选监察人
美记	周见三	马蹄街	1000	10	10	有限	无	1935.12.29	当选董事
美记	曾禹钦	小梁子	1000	10	10	有限	无	1935.12.29	
石体元	石体元	曾家岩	50	10	10	有限	无	1935.12.29	当选董事

① 《关于检呈重庆电力股份有限公司设立登记文稿上四川省建设厅的呈》，档案号：0219-0002-00193，第12-14页。

续表

户名	姓名或代表名	住址	股数（股）	股银（万元）	已缴股银（万元）	责任	股份以外出资之种类及其以财产出资之价格	缴银日期	备注
陈怀先	陈怀先	曾家岩	40	0.5	0.5	有限	无	1935.12.29	当选董事
傅友周	傅友周	小较场	40	0.4	0.4	有限	无	1935.12.29	当选监察人
杨伯昌	杨伯昌	千斯门顺城街	50	0.5	0.5	有限	无	1935.12.29	
康心如	康心如	紫家巷	1070	10.7	10.7	有限	无	1935.12.29	当选监察人
市政府	张必果	黄家垭口	3000	30	30	有限	无	1935.12.29	
潘文华	潘文华	曾家岩	200	2	2	有限	无	1935.12.29	当选董事
郑记	郑平	正阳街	50	0.5	0.5	有限	无	1935.12.29	
唐子晋	唐子晋	五福宫	100	1	1	有限	无	1935.12.29	
范绍增	范绍增	上清寺	100	1	1	有限	无	1935.12.29	
珩记	珩记	川康银行	500	5	5	有限	无	1935.12.29	
刘间非	刘间非	永龄巷	50	0.5	0.5	有限	无	1935.12.29	
森记	张必果	黄家垭口	200	2	2	有限	无	1935.12.29	
源记	甘典夔	公园路	200	2	2	有限	无	1935.12.29	
溥记	郭文钦	白果巷	200	2	2	有限	无	1935.12.29	
复记	胡汝航	五福宫	500	5	5	有限	无	1935.12.29	
直记	傅友周	小较场	50	0.5	0.5	有限	无	1935.12.29	
共计	36	—	20000	200	200	—	—	—	—

资料来源：《关于检呈重庆电力股份有限公司设立登记文稿上四川省建设厅的呈》，档案号：0219 - 0002 - 00193，第 12~14 页。

以上是公司初创时期股东构成概况，就发起人数看符合 1929 年《公司法》规定 7 人以上准则；就认缴股份看，发起人认缴股份明显超过公司总资本的 20%，单个的发起人认缴股份（最低额为 0.4 万元）也高于或等于公司总资本的 2%。而"股东发起人的社会影响与行业的特点，对股份来源具有明显影响"。① 另表 2-2 可反映公司股份历次变动情况。

---

① 李玉：《北洋政府时期企业制度结构史论》，社会科学文献出版社，2007，第 37 页。

表 2 − 2　重庆电力股份有限公司股份历次变动情况（1）

单位：万元

投资户性质	投资户名称	投资金额（万元）	股份	占总额百分比（%）	说　明	备　考
公股	四川省政府	30	3000	12		
	中央银行	—	—	—		
	中国银行	20	2000	8	内有信记转来 4 万、鹏记 1 万	
	交通银行	—	—	—		
	四川省银行	—	—	—		
	刘航琛	2	200	0.8	由唐记之户转来 1 万元	担任川军第 21 军财政处处长、四川省财政厅厅长、公司总经理
	小计	52	5200	20.8		
公私合营股	川康殖业银行	44	4400	17.6		
	川盐银行	51	5100	20.4		
	华西公司	5	500	2		
	中兴公司	—	—	—		
	聚兴诚银行	13	1000	5.2		
	小计	113	11300	45.2		
怀疑股	哲记（刘安哲）	16	1600	6.4	各户怀疑款原因详报告第四项	
	英记（耿含英）	0.03	3	0.012		
	程本臧	—	—	—		
	范绍增	1	100	0.4		
	小计	17.03	1703	6.8112		
不明股	周啸岚	1	100	0.4	以下八户未来登记，不明身份	股东登记存疑股份
	龚煜南（袁玉麟）	0.2	20	0.08		
	何傅静愚（何竹波）	0.1	10	0.04		
	保安堂（古耕虞）	0.1	10	0.04		
	宁芷邨	0.5	50	0.2		
	胡子移	0.5	50	0.2		
	袁玉麟	1	100	0.4	各户 0.5 万元	
	郑记（丁次鹤）	0.5	50	0.2		
	小计	3.9	390	1.56		

投资户性质	投资户名称	投资金额（万元）	股份	占总额百分比（%）	说　明	备　考
私股	美丰银行	31	3100	12.4	内有康心如1万转来	
	重庆银行	9	900	3.6		
	南开中学	6	600	2.4		
	小计	46	4600	18.4		

注：1933～1937年公司原始投资资本总额250万元，股份25000股，每股100元。全书所有数据如无特别说明者，皆为原始数据，部分可能存在计算错误，为尊重文献资料，笔者不做改动。

资料来源：《重庆电力公司重估财产总结报告》，档案号：0298-0001-00399，第6~7页。

由表2-2可知，公司股东主要有华西公司、川康殖业银行、川盐银行、政府官员。如表2-2所示，战前公司拥有资本250万元，其中，公股52万元，为四川省政府、中国银行及刘航琛（以官方身份）的投资，仅占公司资本总额的20.8%。公私合营股113万元，占公司资本总额的45.2%，公私合营股的投资户均为地方商办企业，"民营"属性较突出。怀疑股、不明股具有私股属性，加上私股共计约67万元，占公司资本总额的26.8%。

从个人股东情况看，"刘湘、刘航琛、郭文钦、周季悔、卢作孚、何北衡、吴晋航、胡仲实、胡叔潜、宁芷邨、邱丙乙、甘绩镛、傅真吾、张必果、潘昌猷、胡汝航、周见三、曾禹钦、石体元、陈怀先、傅友周、杨伯昌、康心如、张必果、潘文华、郑平、范绍增、刘间非等股东均以4000元至15万元不等的资金投资于公司股份中"。[①]上述多数股东系川康殖业银行、美丰银行等银行董事成员，华西公司、民生公司等公司负责人及地方政府官员。如刘湘为四川省政府主席，刘航琛除官方身份外也系川康殖业银行董事，甘绩镛系第21军政务处处长，康心如系美丰银行董事长、刘湘代表，吴晋航系和成银行董事长，潘昌猷系重庆银行经理，张必果系川康殖业银行董事、第21军军部秘书长（1935年7月任重庆市市长），

---

① 《关于检呈重庆电力公司设立登记文稿上四川省建设厅的呈》，档案号：0219-0002-00193，第12~14页。

范绍增系第 21 军第 4 师师长，胡叔潜与胡仲实系华西公司创办人，卢作孚系民生公司总经理，胡汝航系美丰银行董事，宁芷邨系重庆平民银行总经理、刘文辉代表，何北衡系川康殖业银行董事长、川江航政处处长，傅友周系重庆电力公司监察人，石体元系重庆电力公司协理，周季悔系川康殖业银行协理，郭文钦系刘湘部参谋长。另表 2－2 中不明股投资户古耕虞系猪鬃行业的古青记商号，衷玉麟系川康殖业银行董事。从个人股东身份看，其多为地方实力派或与其有紧密关系的商人，之所以投资该公司与电力能促进工商经济发展，产生经济效益，以及股份的利益分享有关。

再言之，股东是股权主体行使者，作为"公司以股份形式拥有出资人所有权的出资者，同时也是公司的最终所有者"。① 其所有权从两个层面来实现："一是依法参加股东大会，议决公司的重大经营问题"，② 行使表决权；二是股东依据所持股份享有股息红利，具有利益分配权。具体来看，重庆电力股份有限公司股东的利益以其既有资本为基础、按《公司章程》的相关规定进行分配；其方式是按照"系官息照章程 8 厘"，③ 在每年总结算时所有利益之"余存纯益按百分率比例分配，实行以 5 分为酬劳发起人、10 分为酬劳董监人、25 分为酬劳办事人、60 分为股东红利"④的方案进行利益分配。

股东大会是股份有限公司治理结构中的最高权力机构，也是股东行使决议权的机构。"按照《公司营业章程》第七章第三十一条及第三十二条规定：1. 本公司每年开股东大会一次，于总结算后由董事会召集之。2. 本公司于必要时经常董事会之决议或有股本总数二十分之一以上， 股东之请求者均得召集临时会。"⑤ 从具体情形来看，一方面，重庆电力股份有限公司股东大会作为股东行使权力的机构，开展对"公司章程的修订、资本变动、公司债的募集以及公司重大投资方向的确定等重大事项的

---

① 张忠民：《艰难的变迁——近代中国公司制度研究》，第 419 页。
② 江满情：《中国近代股份有限公司形态的演变——刘鸿生企业组织发展史研究》，华中师范大学出版社，2007，第 61 页。
③ 《重庆电力公司董事会第 7 次会议纪录》，档案号：0219－0002－00321，第 19～20 页。
④ 《重庆市社会局、重庆电力公司关于增加资本及请核发营业执照的呈、咨》，档案号：00060－0002－00140，第 90～97 页。
⑤ 《重庆市社会局、重庆电力公司关于增加资本及请核发营业执照的呈、咨》，档案号：00060－0002－00140，第 90～97 页。

讨论，这些议题必须在股东常会或股东临时会上讨论通过"；① 另一方面，重庆电力股份有限股东大会对公司重大经营情况进行议决，并交由董事会进一步讨论、实施。故股东大会是"股份制公司正常运作的重要基础机构与制度保障设施的平台"。②

股东大会是股东议决事项的重要机构。在会上，股东对股权处置有决策权。例如，在公司股东会上讨论市政府改派监察人选时，股东均认为："市政府只系股东之一，依法只能派某一代表，中途不能改派监察人员，破坏公司法规，由总经理商请市府自动撤回此提议。"③ 又如在审议关于"市政府抽售股本 10 万元，加入公共汽车公司并令饬本公司从速注册案时"，公司股东议决，"本公司股本仅可让卖，惟须先问市府声明。在本公司即发之临时股款收据，须俟市府收发筹备处每月所给收据交还或立案方能补发函于注册案，须由市府报省府转请完毕"，④ 即须经过相关程序才能注册。这体现了股东系按公司的章程执行议决事项来行使相应权力。同时，在股东大会上，股东有获取公司经营信息之权利，可对公司事务进行表决，其中重要议题之一是对公司的资本问题讨论议决。

1936 年 7 月 10 日，重庆电力股份有限公司举行了第一次临时股东大会。⑤ 这次大会主要讨论了公司的资本问题。大会到会股东股数为 17780 股，户数为 37 户，股权数额为 6990 权，符合法定开会人数。在临时股东大会上，主席吴受彤指出，此会并非常年股东大会，开会的缘由是本公司自去年 2 月成立以来因营业发达，用户激增，原设发电机电力现已渐感不敷，若使不谋扩充，因陋就简，势必蹈前烛川电灯公司之覆辙，然欲购机器以谋扩展，但公司现尚负债，未偿其资金之来源，不得不请各股东商议措集资金之议题。会上，股东议决的解决办法是：（1）增加股本；（2）扩充新机与发行公司债 200 万元。

此次大会上，刘航琛总经理代表股东报告了增加股本之理由："公司原备有 1000 千瓦发电机 3 部，平时发电至多只用 2 部，当以一部作为预

---

① 张忠民：《艰难的变迁——近代中国公司制度研究》，第 421 页。
② 刘洪彪：《民国时期重庆市自来水股份有限公司的建立与经营管理（1932～1949）》，博士学位论文，四川大学，2010，第 98 页。
③ 《重庆电力公司董事会第 11 次会议纪录》，档案号：0219 - 0002 - 00321，第 32～36 页。
④ 《重庆电力公司董事会第 11 次会议纪录》，档案号：0219 - 0002 - 00321，第 32～36 页。
⑤ 临时股东大会是公司在遇到一些重大事项时，为议决某些必要的事情而临时召集的股东会议。

备，自开始营业起迄至 1936 年 6 月止电灯电力电热用户已达 9300 户之多，机力发电总量最高负荷纪录 1900 余千瓦，即通常负荷 1600 千瓦上下。现南岸线路于本年 5 月完成开始供电，此后用户当必日益增多，而发电量若不急谋增高，势必供不应求，公司营业将大受影响。本人有见于此，曾在公司第 10 次董事会议提议添置机器设备以谋发展，嗣后接四川水泥股份有限公司来函谓该公司约计 1937 年 4 月开工，每日需用电力约 1000 千瓦瓦特，本公司既负重庆市区供电使命，对该公司所需电力自当负责供给。所以，新机设备更应急行添置，刻不容缓，故须购 4500 千瓦特设备两部，需法币 78 万元，连同开运安装各费至多 120 万元即足即可。大会说明货款分期交付约可缓付两年，利息为 6 至 8 厘。当在沪订立合同后交付订金，机器于是年 10 月交一部，另于 11 月再交一部。订立合同原文已详为提请董事会公议。"[1] 刘航琛从公司业务扩展、急需新机、所需资金等角度，提议公司应及时增加股本，并发行公司债。

公司董事周季悔、监察胡汝航（二人系公司第 12 次董监联席会议上公推的人选）在股东会上审查订立合同时，也表达了这一时期"因外币涨跌无定，赊期过远，若外币上涨，公司必遭损失，不如交付现金"的观点。他们认为交付现金可享扣回子金之利益，其筹集现款之方当不外乎增加股本与发行公司债两种形式。本公司股本现金为 180 万元，若再增加 70 万元共为 250 万元，加两年折旧金即足付所购新机价款一大部分。至于公司债发行额度，他们以为不如一次性发足 200 万元，一劳永逸，除偿还本公司旧债外，尚余约一百数十万元以之作第二步扩充新机计划，亦仅足敷用。为了进一步说明扩充新机的必要性，董事周季悔、监察胡汝航相继说明审查合同内容情形，如锅炉系英国拨柏葛厂出品，电机系英国茂伟厂出品，各厂皆系世界最有名之机器厂，品质精良，用去法币 78.3 万余元，价值亦不为昂贵。他们认为，此次刘航琛总经理在沪订购机械采取投票方式，一切措施适为允当，且将合同及要函 13 件均提交到董事会，经审查认为满意，应请各股东投票赞成。

会议最后事项如下。由主持股东大会的主席吴受彤请各股东对以下提案加以表决。"1. 增加股本案，议决情况是：全体股东表决通过增加股本 70 万元，惟会内旧股东认股须以 7 月底为限，交股则以 8 月底为限，若逾

---

① 《重庆电力公司第一次临时股东大会决议录》，档案号：0219 - 0002 - 0001，第 4~5 页。

7月底不认股，即由董事会向外招募。2. 拟购新机案，议决情况同样是全体股东举手通过，惟订购新机合同须照抄一份存董事会备查。3. 发行公司债定额 200 万元。加以表决。"① 股东按《公司法》及《公司章程》行使议决权，表决结果是全体股东同意发行公司债。股东大会就此结束。

从议决事项执行情况看，增加股本一案有了落实。结合史实，1936年底经董事会批准决议增资 70 万元。新股款实际"增加商股 50 万元，共为 250 万元，于 1937 年 5 月 8 日收齐足额"。② 至此，"重庆电力公司资本升为 250 万元，但扩充新机和改进线路共需 300 万元，新增资本仍不敷甚巨"。③ 到抗战时期，公司再次进行了增资活动。

接下来对此次临时股东会议决事项进行解读。大会执行主席要求各股东增股，并将时间限制在"于 7 月底前，若到时不认股则由董事会向外招募"，但这违反了《公司法》规定的对于认购人延缴股款的期限从原来的 1 个月延长到 2 个月的原则。④ 而公司第一次临时股东大会于 1936 年 7 月 10 日召开，至 7 月底则不足 1 个月。同时，股东会提议发行公司债券 200 万元，缘于部分股东（实际为股权较多的董事）认为："发行公司债券每年虽支付息金，但比起所发的股红利却要少得多，债券资金投入生产，会给企业增加更多的利润。"事实是，会上提议发行公司债是一些大股东考虑到这能分配到更多的利益，"原拟发行公司债券未成，后被迫向四行贷款 200 万元解决融资问题"，⑤ 则是政治社会因素所致。因而在分析股东会上股东议决权益时，应注意把握其实际情形。法理上的股份公司应体现"股东在公司法人治理结构中的地位和权益所在"，⑥ 但在实际运行中，股东权益往往趋于形式化，一些小股东表决权趋于弱势化。受传统因素的制约，"股权平等、分权制衡原则在大多数情况下未能得到确认，公司的治理结构更多的体现在制度的形似方面"。⑦

---

① 《重庆电力公司第一次临时股东大会决议录》，档案号：0219 - 0002 - 0001，第 4 ~ 5 页。
② 《重庆电力厂近况》，《四川月报》第 10 卷第 2 期，1937 年，第 185 页。
③ 四川省电力工业志编辑室编《四川电业志资料汇编1》，第 118 页。
④ 张忠民：《艰难的变迁——近代中国公司制度研究》，第 79 页。
⑤ 四川省电力工业志编辑室编《四川电业志资料汇编1》，第 118 页。
⑥ 张忠民：《艰难的变迁——近代中国公司制度研究》，第 420 页。
⑦ 高新伟：《中国近代公司治理（1872 ~ 1949 年）》，社会科学文献出版社，2009，第 273 页。

三　公司董事会议决制的实施

按照国民政府《公司法》规定，公司董事须从持有公司股份的股东中产生。重庆电力股份有限公司按照公司法人治理结构，组织了董事会（权力机构），并以董事会组织为载体，定期举行董事会议、讨论公司重大事务。

1935 年公司股东创立大会上公推刘航琛为主席，再由刘航琛请各股东投票选举董事："潘文华得 6450 权、石体元得 6420 权、胡仲实得 6400 权、周见三得 6265 权、周季悔得 5975 权、康心如得 5550 权、刘航琛得 4495 权、陈怀先得 2040 权、卢作孚得 5100 权。傅友周得 880 权、吴晋航得 530 权、何北衡得 80 权，以上 3 人为候补董事。按照《公司章程》第十二条规定：股东入股至 200 股者有被选董事权，故以上 12 人为董事。"① 1936 年 1 月 20 日，公司第一届董事会成员产生，有潘文华、石体元、胡仲实、周见三、周季悔、康心如、刘航琛、陈怀先、卢作孚（1 月 22 日选出），推"潘文华为公司董事长（战时刘航琛曾代理董事长——笔者注）"。②

按《公司章程》规定，"股东大会选举产生董事会，董事会设董事 12 人，由股东记名投票公举 12 人代表股东；由四川省政府指派一人代表官股。并由各董事互选董事长 1 人，常务董事 2 人，董事任期为 3 年，期满得连举派连任"。③ 公司自产生第一届董事会后，于 1937 年增选宁芷邨、何说岩、吴受彤为董事（因资本增为 250 万元，故新增人选），董事增至 15 人。至 1939 年，公司董事会成员进行了换届，组建了第二届董事会，成员有潘文华、石体元、胡仲实、周见三、周季悔、康心如、刘航琛、宁芷邨、何说岩、浦心雅、潘昌猷、徐广迟、潘益民、王君报、冯一飞，共计 15 人（此时资本增加为 500 万元，故新增人选）。

1942 年，公司董事会再次换届，组建了第三届董事会，成员有潘文华、石体元、胡仲实、周见三、周季悔、康心如、刘航琛、宁芷邨、石竹轩、浦心雅、潘昌猷、徐广迟、潘益民、王君报、尹志陶，

---

① 《关于检呈重庆电力公司设立登记文稿上四川省建设厅的呈》，档案号：0219 - 0002 - 00193，第 15～17 页。

② 《重庆电力公司董事会第 1 次记录》，档案号：0219 - 0002 - 00320，第 1 页。

③ 《重庆电力公司一瞥》，《四川经济月刊》第 7 卷第 5～6 期合刊，1937 年，第 17 页。

共计 15 人（此时，公司资本增加为 2500 万元，加新股 500 万元，共计 3000 万元）。

1945 年公司组建了第四届董事会，成员有潘文华、石体元、胡仲实、周见三、周季悔、康心如、刘航琛、宁芷邨、程本藏、浦心雅、潘昌猷、徐广迟、郭景琨、刘敷五、杜悔和，共计 15 人。

1946 年公司组建了第五届董事会，成员有潘文华、石体元、胡仲实、周见三、田习之、康心如、刘航琛、衷玉麟、程本臧、张叔潜、潘昌猷、赵雨圃、杨晓波、刘敷五、徐寿屏，共计 15 人。①

据《公司章程》第三章规定，董事系由"股东记名投票公举，任期 3 年，期满得连举连任"，董事会选举"董事长 1 人，常务董事 4 人，其任期与董事同"。第四章规定，"董事长、常务董事均得代表公司主持一切事务，但有重大事件时须由董事会会议决之"。② 如公司创建初期，董事会在审议公司股本问题时，"公司股本股份 2 万股、每股国币 100 元已如数认定；应缴股款 200 万元已如数通过；股东并无以金钱外之财产抵作股款者；发起人潘文华等 7 人应得之特别利益尚属适当，众无异议"。③ 由此可见，董事会是股东大会议决事项的执行机构，也是负责具体事务执行的权力决策机构。

名义上作为最高权力机构的股东会与下设的董事会是一体的。根据《公司法》规定，重庆电力股份有限公司每年在营业决算后应召集股东召开一次股东大会（按规定有一定比例的股东出席即可召开）。股东大会有权选举董事及常务董事。公司公推出的常务董事（石体元、石竹轩、潘文华、潘益民、浦心雅、周见三、康心如、胡仲实、刘航琛、徐广迟、宁芷邨、郭景琨担任过常务董事）均担任过股东大会主席主持会议工作，会议则按照大会程序讨论公司的决算情况、财务状况、营业额等，然后商讨利益分配问题，即营利分配、股息的分配等事宜。在大会上，股东会对公司的经营问题及股本、股息问题提出相关的意见并就此进行讨论，股东大会主席应做出回应。最后的环节是，会上通过的决议案由全体股东举手表

① 《重庆电力公司历届董事名册（1949 年 12 月造）》，档案号：0219 - 0002 - 00285，第 297 页。
② 四川省电力工业志编辑室编《四川电业志资料汇编3》，第 147 页。
③ 《关于检呈重庆电力公司设立登记文稿上四川省建设厅的呈》，档案号：0219 - 0002 - 00193，第 15～17 页。

决。就股东大会机制本身而言，股东大会是公司股东利益分配的有效平台，也是解决公司资本问题的有效路径。重庆电力股份有限公司创办之初，"公司资本定为 200 万元，实收 180 万，1936 年增资 70 万（实增 50 万），1938 年复增资 250 万，合计 500 万元。设 5 万股，每股 100 元。凡入股在 40 股以上的才有被选董事权，在 10 股及以上的有被选监察人权。股东会每年召开一次，于总结算后由董事会召集，如有必要时经董事会的决议或者有股东总数 1/20 以上股东之请求时得召集临时会。股东会的内容一般都是听取董事会的总结算报告；分领股息和红利（如当年有盈余）；同时每三年选举一次董事会；每年选举一次监察人"。① 这表明股东会具有审议与批准董事会报告、选举董事会成员的职权。

公司董事会一般会按照股东大会的议定事项进一步议决。如第二次董事会对股东大会议决事项"股本认募足额之议题"做了进一步讨论，并初步议定公司股本按初定股本 200 万元（实收 180 万元），计分为 2 万股，每股 100 元，议定公司"股本总额 200 万元中，除由重庆市政府认官股 3000 股计国币 30 万元外，其余均由发起人认募足额。对股权认定作了限制，认为此系公用事业，关系市民生活极巨，故关于股票之过户，有不得转让于非中国人之限制，以免利权外溢，或者为外人所辖制"；② 对公司的股票管理采取"股票之登记发行过户领息等事项概由会计科管理，在开办时间事务较繁时则由总务科临时指定公司其他职员襄助"的办法。③ 再如，1935 年 8 月 2 日召开的第七次董事会讨论股权分配问题。石体元董事提出议决事项之缘由："据朱小佛科长报告，公司股东会上所议决的除由市府拨来四川省金库收款据 171559.91 元外尚差资本额 40 余万元，可否照章程内所载 200 万元之股额如数募足以资整理。根据股权利益分配方案，建委会规定不超过 80%，今章程即定股东官息 8 厘，红利 70 分，并与建委会规章相符可否收官息或红利成分减少以符实章程，因而，按照石董事的提议，董事会议决如下：第一，股款照章募足 200 万元。第二，对于利益分配，官息仍照章程既定 8 厘不变，红利可由 70% 减为 65%，饬 5 厘即提存公司特别公债供给金以致建委会规定相符。"④ 同时，董事会讨

① 四川省电力工业志编辑室编《四川电业志资料汇编 3》，第 147 页。
② 《重庆电力公司概况》，《四川月报》第 9 卷第 2 期，1936 年，第 307～311 页。
③ 《重庆电力公司董事会第 2 次会议纪录》，档案号：0219-0002-00320，第 2～5 页。
④ 《重庆电力公司董事会第 7 次会议纪录》，档案号：0219-0002-00321，第 19～20 页。

论的具体事项有："1. 处理窃电规则案，经董事会议决，修正通过。修正要点是按照章程第四章第 12 条原文之主管长官四字因本公司非同官厅可改为主管人员。2. 奖金分配原则，按第十七条（3）项原案中 14% 之奖金增为 16%，第（4）项从 6% 增为 8%，第（5）项 20% 减为 16%，余均照其施行。讨论因华西所包全部工程专设完竣后的财务问题，由董事会函请刘总经理（刘航琛——引者注）克日收工务科组织成立遴选员办理以便勘收华西既包全部工程而定每月经费预算数目。"[①] 1935～1946 年重庆电力股份有限公司董事会议决和讨论事项详见表 2－3。

表 2－3　1935～1946 年重庆电力股份有限公司董事会议决和讨论事项

日期	会次	议决事项	讨论事项
1935.1.22	1	公司组织机构设置案	
1935.3.20	2		本会办事人员设置案；本公司股票管理案；总经理提职员薪级表案；本公司办事细则案；电灯营业章程案；电力营业章程案；电热营业章程案
1935.4.12	3	敦聘大律师胡汝航为本公司常年法律顾问案	电力营业章程通过案；电热章程通过案；戏院茶楼餐旅馆及其他场所或营业不稳固之户电费应半月一收以防倒骗案；讨论用户接户总线敷设章程草案；讨论街线补助费章程草案；讨论职工抚恤规则案；讨论职工奖惩规则案；讨论窃电规则草案；总经理提修正职员薪级表案
1935.5.2	4		
1936.9.19	13		营业章程尚多未合且既定电力及电灯价均为太高，业经添酌给市社会经济情形暨本公司营业状况另行改订案；关于注册表式营业区域面积及工程各部分只有未合只饬一并遵照改正遵办案
1936.10.30	14	报告涉及收买大溪沟厂侧地皮及地上建筑物价格经过案；报告收买南岸电站案	

①　《重庆电力公司董事会第 7 次会议纪录》，档案号：0219－0002－00321，第 19～20 页。

续表

日期	会次	议决事项	讨论事项
1938.2.16	27	四行借款经过案	
1938.3.21	28	四行借款情形案	营业章程修改案
1938.4.20	29	购置材料情形案	年度收支预算
1938.5.20	30	报告向四联总处借款经过及支付情形案	拟请扩充新机案；上海光华大学谢副校长霖浦函请公司捐助该校在蓉建筑上学院讲堂费用案；军政部兵工署重庆炼钢厂筹备处函请添置输电线路设备案
1938.6.21	31	电流用户增加机力不胜负荷新机尚未订购应如何应付案	
1938.7.20	32	临时各项捐款案	修正公司职员薪级表案
1938.7.25	临时董事会	行营令饬迁移电机一部分以防空袭案	
1938.8.20	33	遵奉行营训令拟具迁移机器办法案	
1938.9.20	34	修正职员薪级表；公司奉令迁移之1000千瓦瓦特两部新机业向政府申请补助案	
1938.10.3	临时董事会	宝源煤矿业公司上炭违约函请加价案	
1938.10.20	35		讨论续订购炭合同案；复议电费加价；新购电机及让售新旧机案
1938.12.17	临时董事会	公司前呈工矿调整处恳转四行联合总办事处借款案	
1940.1.20	47	报告1939年度12月份收支报表案	1939年度决算案；讨论临时借款案；讨论移装1000千瓦电机案；讨论石协理辞职案
1940.2.20	48	报告1940年度1月份营业情形案；报告本月底应付各款情形案	请核定召集常年股东会日期案；请审定渝鑫即大鑫购买1000千瓦旧机案
1940.3.20	49		经济部批答本公司电费加价施行日期讨论事宜案
1940.4.20	50	奉重庆市政府令拟具节约供电办法案	讨论拟发行公司债分债各种债务案；讨论兵工署商请让售杨家沱土地案；讨论添订锅炉房出灰机案

续表

日期	会次	议决事项	讨论事项
1940.6.20	51	公司续向四行借款100万元案	本公司应否投资开采煤矿事业解决燃煤案；向经济部提请增加电价案
1940.7.19	52	本公司向政府接洽加价或出租案；公司奉命拆移4500千瓦机炉1部案	讨论战时津贴案
1940.9.20	53	7~8月份收支状况案；投保外线、兵险经过案	
1940.10.21	54	投保兵险及平安险经过案；空袭损失案；本月17日总厂被炸情形及修理经过案；经济部核准增加电表保证金及接电校验等费案；鹅公岩发电厂案；人事进退报告案	租用龙章纸厂发电案；建筑办公室及宿舍案；职工警卫公役因公受伤待遇规程案；节约储金案
1941.1.20	55		会计年度决算案
1941.2.20	56	请求政府补助轰炸损失经过案	
1941.8.20	59	报告四、五两月份收支概况案；加电价经过案	
1941.11.7	临时董事会	公司存海防新锅炉一座、存美国4500千瓦发电机一部应即设法脱售案；请求政府补助费案	讨论资产增值及增加股本案
1941.12.16	61	报告10月及11月会计月报案；关于1941年度职工年终奖金案	
1942.2.23	63	报告1941年12月会计月报案；报告鹅公岩工程进展情形及总厂加设保护设备案	讨论1941年度盈余分配案
1942.3.20	64		1941年度职工政绩案；临时动议；工人代表提出6项建议案

续表

日期	会次	议决事项	讨论事项
1942.5.21	65	报告招募新股情形案；公司发电成本超过政府核定电价甚巨，向经济部呈请加价案；报告向四联总处申请借款600万元案；报告一厂防护设备工程进行情形案	
1942.6.20	66	报告5月会计月报案；报告第三厂锅炉洞保护工程案	申请川康兴业公司投资1000万元案；审议本公司各种规定案
1942.7.20	67	四川省政府更换股东代表案；报告第三厂锅炉洞工程保护案；议决申请川康兴业公司投资1000万元案	临时动议：工人请求调整附加工资与一般津贴讨论案
1942.8.20	68	6~7月会计月报案；增加电价实施经过案；建筑第三厂职工宿舍案；经济部核准追加迁建工程预算300万元并介绍向四联总处仍以附加电费偿还案；第一发电厂保护工程及第三厂锅炉洞保护工程进行情形案；修建都邮街房屋情形案；航运存印度及锡兰器材情形案；敷设公司各厂各处通讯网情形案；本公司员工盗卖器材及贪污各案办理经过案	审查各种规则案；提请再借款购储材料案；捐建职工子弟校舍案；认加华安煤矿公司新股案；临时动议：未认股本223万9000元应为何办理案
1942.9.21	69	报告8月会计月报案；向交通银行订立500万元透支契约案；请准四行购料款2500万元案；订购各项器材经过案；实际燃煤煤价增加拣选费20%案	巴县电力公司商请入股案

续表

日期	会次	议决事项	讨论事项
1942.10.20	70	公司与交通银行签订2500万元购料押款案；向印度购电表2622双案；第一煤厂办理经过及独立经营案	电费催收困难需讨论解决办法案
1942.11.20	71	全年年终职工一律待遇案	
1942.12.21	72	加给天府公司运煤津贴案；2.关于在英4500千瓦透平机案；愿请节约用电分区停电经过案；电力不敷，应如何设法补救案；用户对公司各种补助费应如何规定案；燃料不继，应如何补救案	
1942.12.31	临时董事会	公司业务案	
1943.1.20	73	1942年度盈余分配案	
1943.2.20	74	呈请增加电价办理经过案；关于节约用电为减少门灯广告，禁用电炉、电烙、电吹等案	
1943.3.20	75	遵照股东大会决议自本月20日起开始发给1942年度股息案；改定折旧准备比率案；向交行增订透支500万元案	
1943.4.20	76	迁建借款200万元已经清偿案	拟请政府自1月份起按月补助600万元案；应召召开临时股东会议案
1943.5.20	77	公司增加电费经过案；开辟人和湾防空洞案；公司与交行签1000万元透支契约案；存运材料内运案；保兵险经过案；1943年度职工考绩结果案	

日期	会次	议决事项	讨论事项
1943.7.20	78	报告呈请核加电价并补助亏损案之办理经过案；报告呈奉经济部核准改订电价保证金、电表押金、赔表费、接电费、换表费、移表费、校表费等金额及计算办法案	向交通银行增订透支1000万元案，增为2000万元可否公决案
1944.4.27	临时董事会	馈水原运输情形案；调整电一煤厂情形案；路灯管理欠费案；用电检查组检查报告及处理窃电用户办法案	取缔组裁撤人员之特别退职全案；大溪沟第一厂工友请择地建筑工人宿舍案；职工外勤津贴调整案
1945.2.20	85	战时生产局成立重庆电力监理委员会案；公司呈请生产局向美洽购机炉器材案；电煤厂复工案；中央银行借款5000万元案；1944年度员工贷金奖金案；公司各发电厂负荷均重恢复轮流停电案；受理第一、三两厂劣质煤案；自2月4日起燃煤加价，本公司请求核加电价案	
1945.4.2	临时董事会（到会人数不足法定人数，拟作假决议）	请政府随时合理调整电价以维现状案；拟请政府配给足量与不掺石块、泥沙之煤以维发电案	
1945.5.21	86	调整电价案；交通银行透支额增为1亿元案；交通银行抵押借款1000万元案；中国农民银行改派陈勉修为本公司董事案	职工考绩案；调整职工房贴、办公费、交通费、出勤津贴案；学徒傅彦予投效驻印军请援智识青年从军例予以优待案

续表

日期	会次	议决事项	讨论事项
1945.7.20	87	政府核发 5 个 1000 千瓦电机接洽案；本公司1943 年、1944 年度营业税案	请准四联总处指定行局贴现 2 亿元案；职工投保人事保险及修改职工保证规则案；重庆电车公司请求投资案；修改本公司抚恤规则案
1945.12.21	91	四联总处核准购料借款 1亿元案；向四联总处申请抵押借款 6 亿元案	
1946.3.1	临时董事会	1945 年度决算案	
1946.4.22	93		临时动议：请按月收入总额摊提坏账损失准备金5% 案
1946.5.20	94	报告解决职工请求增加薪津经过案	职工投保团体人寿伤害保险每人保额 10 万元保费由公司与福利社各负担半数案
1946.7.9	临时董事会	增收电费保证金案	职工要求除去粮食类计算指数案；调整职工办公费及出勤津贴案；讨论核准四联总处贷款 34 亿元购置新机案
1946.7.22	95		工友请求照上月实得数字发给工津案；知识青年志愿从军人员张毓渊、傅彦予家属请求公司继续予以优待案
1946.8.16	96		职工请求 8 月薪津暂照 6 月实发数发给案

资料来源:该表根据重庆市档案馆藏重庆电力公司部分董事会记录存档整理而成。

就表 2-3 看，除"在战时轰炸期间特殊情形下的董事会集会不易，兹拟用书面报告 5 天一次"，[1] 一般来讲，公司每月会召开一次董事会。表 2-3 中的董事会议决事项及讨论事项充分体现了董事会是公司法人治理结构中最高层面的经营管理决策机构，其职能是：向股东会做工作报告，执行股东会决议，组织董事会成员讨论、议决公司业务生产、财务收支及经营绩效等事项。同时，股东会也授权董事会成员审议公司财务报告、审定经营计划，做出决策。

按法理解释，股份有限公司作为社团法人之一，其"股东大会为公司

---

[1] 《重庆电力公司董事会第 52 次董事会决议录》，档案号：0219-0002-00322，第 11~13 页。

最高意思之机关",① 讨论公司重大事务。股东大会虽为公司治理结构中的最高权力机构,代表股东意志和利益,但是它对外不能代表公司,对内不能处理业务,不能直接干预公司的经营决策和具体经营,只能通过投票表决程序,赞成或否决决策事项,对公司经营管理进行间接影响。实质上,股东会只是实现股东整体利益的载体而已。尽管它"在公司治理结构中的地位最高,但离公司的实际经营决策权最远"。② 相对而言,实际处理具体业务及做出经营决策的是董事会。但董事会处理具体业务及做出经营决策,并不是行使股东的权力。而是"接受全体股东以及股东会议的委托代理,履行全体出资者的资本所有权的委托代理关系"。③ 在委托代理制下,采用"执行机构–经理制度"的近代股份公司组织体系得以形成。而当时的重庆电力股份有限公司也大致按照上述内部治理结构运转。

四　建立监察机构,形成公司监察体系

按照一般形态公司组织机构的设置原则,重庆电力股份有限公司建立了监察机构,并推选出监察人。其方式是"设监察5人(后增设候补监察1人——笔者注),仍由股东以记名投票公举5人,由股东大会选举产生。四川省政府指派1人。任期1年,期满得连举派连任"。④ 其具体情形如下所述。

1935年,公司在股东创立大会上即选举了监察人,按照股东50股者可被选为监察人选的规定,选举监察人的结果是:"张必果得6450权、郭文钦得5645权、甘典夔得5645权、胡汝航得5360权、傅友周得1505权,以上5人当选为监察人。吴晋航得1280权、胡叔潜得755权、潘昌猷得505权,以上3人为候补监察人。"⑤ 1936年公司按以上选举结果组建了第一届监察机构,至1949年,共产生了14届监察人。⑥ 具体监察人如下:

1. 1936年第一届监察人:张必果、郭文钦、甘典夔、胡如航、傅友周。

① 谢霖:《公司法要义》,商务印书馆,1934,第81～82页。
② 张忠民:《艰难的变迁——近代中国公司制度研究》,第423～424页。
③ 张忠民:《艰难的变迁——近代中国公司制度研究》,第432页。
④ 《重庆电力公司一瞥》,《四川经济月刊》第7卷第5～6期合刊,1937年,第18页。
⑤ 《关于检呈重庆电力公司设立登记文稿上四川省建设厅的呈》,档案号:0219－0002－00193,第15～17页。
⑥ 《重庆电力公司监察人名单》,档案号:0219－0002－00285,第298页。

2. 1937 年第二届监察人：何恩容、郭文钦、甘典夔、胡汝航、傅友周；增选一人：尹国镛（资本由原股 180 万元增为 250 万元，当年 5 月 8 日临时股东会选出）。

3. 1938 年第三届监察人：何恩容、郭文钦、杨璨三、胡汝航、石竹轩、尹国镛。

4. 1939 年第四届监察人：何恩容、郭文钦、杨璨三、郭松年、傅友周、尹国镛、李薯。

5. 1940 年第五届监察人：何兆青、石竹轩、杨璨三、席文光、陈怀先、尹国镛、李薯。

6. 1941 年第六届监察人：何兆青、石竹轩、杨璨三、席文光、傅友周、尹国镛、李薯。

7. 1942 年第七届监察人：何兆青、何说岩、杨璨三、席文光、傅友周、尹国镛、李薯。

8. 1943 年第八届监察人：胡子昂、何说岩、杨璨三、席文光、傅友周、尹国镛、梁平。

9. 1944 年第九届监察人：胡子昂、何说岩、杨璨三、席文光、傅友周、尹国镛、梁平。

10. 1945 年第十届监察人：何北衡、石竹轩、杨璨三、伍剑若、傅友周、尹国镛、梁平。

11. 1946 年第十一届监察人：何北衡、石竹轩、杨璨三、伍剑若、傅友周、赵雨圃、段育英。

12. 1947 年第十二届监察人：何北衡、石竹轩、杨璨三、伍剑若、傅友周、赵雨圃、杨晓波。

13. 1948 年第十三届监察人：何北衡、石竹轩、杨璨三、伍剑若、傅友周、徐广迟、陈辉祖。

14. 1949 年第十四届监察人：何北衡、石竹轩、杨璨三、伍剑若、傅友周、徐广迟、陈辉祖。

公司监察人设为 5~7 人，"由股东记名投票选举，任期一年，期满得连选连任。监察人承担单独执行监察公司财产、账据及营业情况等任务"。[1]

---

[1]　四川省电力工业志编辑室编《四川电业志资料汇编 3》，第 148 页。

同时，"监察人得单独执行监察公司财产账据、营业情形"。① 从以后公司的实际运行看，监察人侧重于审查公司股东会年度结算账目及董事会结算账目，如在审议董事会提交大会的账目后，会上即作说明："会计月报案，查阅表报无讹存查。"② 此外，监察人也对公司的日常事务进行审议。如在1935年5月公司第4次董事会上，监察人胡如航审查《职工奖惩规则》、《职工抚恤规则》和《职员薪级表》后，"议决照审查意见修正通过，但对职员薪级表审议案中，认为每上一等之最低级金额似不应比下一等之最高级金额为多"，③ 即要求董事会予以调整、规范。

总之，重庆电力股份有限公司在形式上按照国民政府颁布的《公司法》所规定的公司法人治理结构之原则进行制度安排。公司设置了股东大会、董事会、监察机构、总经理室及总工程师室等机构，明确各机构具体职权与关系，在形式上建成了权责统一、有效运转的近代公司法人治理结构。

第三节　公司经营属性分析

章程是一个企业有效运行的制度基础，是企业规范运行的文本准则。重庆电力股份有限公司的《公司章程》规定："本公司系民营集资创办，经市政府核定价格立约收买前烛川电灯公司继承其各项产业及专营权利，依法呈请经济部备案。"④ 仅从文本上看，公司是民营性质的企业。公司业务经营由绅商自主开展，股本多依靠"商股"筹集，带有"商办性质"。但从公司实际筹建与股权分配的情况来看，重庆电力股份有限公司是具有"官商合办"性质的企业，四川军阀通过股权参与、资本投入的形式来参与企业的收益分配。因而仅从《公司章程》文本分析，认定公司为民营性质的企业并不是特别准确。实际上，公司集资者一部分来自军阀集团，公司经济利益在很大程度上与地方实力派相关。

---

① 《重庆市社会局、重庆电力公司关于增加资本及请核发营业执照的呈、咨》，档案号：0060-0002-00140，第90~97页。
② 《1945年7月20日重庆电力公司第87次董事会记录》，档案号：0219-0002-00327，第24~29页。
③ 《重庆电力公司董事会第4次会议纪录》，档案号：0219-0002-00320，第9~12页。
④ 《重庆市社会局、重庆电力公司关于增加资本及请核发营业执照的呈、咨》，档案号：0060-0002-00140，第90~97页。

曾担任公司监察人的傅友周回忆："公司创办之初，1932年，市府以24万元的代价收买了烛川电灯公司全部财产，准备另购新机建设新厂，紧接着又经四川省善后督办公署指令成立筹备处，并经督办刘湘委派以市长潘文华为首的筹备处负责人员（均为兼职——笔者注）。从这些情况看来，新电厂系'市办'性质可以说是没有疑议的。"① 电力事业关系社会民生领域，关系城市社会经济发展，带有公用性质。因而，公司由市政府专设筹备处进行筹备，具有"市办"性质。

从资金来源看，公司主要资金系川康殖业银行与四川美丰银行提供，这对于建厂成功，发挥了积极作用。"新厂投入生产后，由于电力充足，昼夜供应，既安全又方便，大受市民欢迎，同时许多工厂又纷纷改用电力开动机器，以代替手工操作，因而在发电后短短半年内，用户就达7000户以上，成为当时最有希望的新兴工业，引起了不少人的垂涎，迥非当时其他工业投资可比。因之产生了由市办电力厂到'商办'性质组织公司的演变。"②

时任公司监察人傅友周认为："川康与美丰银行从自身利益出发，意图是如下四点：第一，电力企业是十拿九稳的赚钱生意，决不能放弃投资的机会，而且必须投得多，才能掌握到手。第二，贷款100万元，显示出两行资金的雄厚，无形中增加了两行对外的信誉，能更多、更广泛地吸收存款，积极扩展业务。其实这100万元不是一次全部拨出，而是边用边支，需经过一段较长的时间，才能陆续提取完毕。对两行资金的周转，并不会有多大的影响。第三，两行既与电厂在经济上发生这样密切的关系，将来电业业务开展以后，一切收支当然名正言顺由两行受托办理，这对两行资金的调剂和进一步发展存放业务，极为有利。第四，贷出之款，既有利息照收，又有物资保证，可谓稳妥之至。万一电力厂办不好，或者市面发生不景气现象，机器厂房总是存在的，因此贷款仍有着落，无须担虑会遭遇到什么不测风险。且刘航琛本人又是官僚，他所主持的川康殖业银

---

① 中国民主建国会重庆市委员会、重庆市工商业联合会文史资料工作委员会编《重庆工商史料》第2辑，第179～186页。傅友周，1887年生，祖籍江西，出生于重庆。1926年任重庆商埠督办公署工务处处长。1927年11月任重庆市政厅工务局局长，1935年7月辞职。以后又任华西兴业股份有限公司顾问、重庆商业银行所属华昌煤矿总经理和重庆电力股份有限公司董事、监察人。

② 中国民主建国会重庆市委员会、重庆市工商业联合会文史资料工作委员会编《重庆工商史料》第2辑，第179～186页。

行，刘湘等投有巨资，所以在资金、业务种种方面的利益与地方军阀官僚分不开。"① 根据傅友周的回忆，当时公司有较大的发展空间，为投资方所看好。

1935 年 1 月 1 日，当局宣布结束市办重庆电力厂筹备处工作，正式设立重庆电力股份有限公司，并推选刘航琛、潘文华、石体元、康心如、傅友周、胡仲实、胡叔潜 7 人为发起人，着手进行公司的成立工作。新公司成立时，资本总额定为 200 万元法币，计分 2 万股，每股 100 元。在由发起人筹募认缴的 120 万元中，川康、美丰两行把原来借出的 100 万元转为认缴股本，小股民认缴 20 万元；余下的 80 万元系经当时商会同意，刘湘批准，由成渝公路货股征收处附征 "电力工业股本" 而来。不久，刘湘明令：所征货股查已经商帮转嫁与消费者，应作为官股；此项官股只作 30 万元，其余 50 万元作为 "对商股的补助已示提倡"。所谓对商股的补助，看起来有些费解，而其真实含义，就是化公款为私款，后刘湘、潘文华②、刘航琛、郭文钦（刘湘所部参谋长）、甘典夔（刘湘属下，市财政处处长）等人，都以私人名义占有股款达 40 余万元。而真正的私股，包括南开中学基金投资 10 万元在内，尚不足 30 万元。③

回顾四川近代历史，军阀往往通过地方银行资本渗入城市各新兴企业中。如 1930 年，"刘航琛从禁烟款项拿出 60 万元，是以刘湘名义入股，另加商股，开办川康银行。刘航琛则运用所掌握的地方军阀财政大权，扶植川康，壮大其经济力量"。④ 在刘湘的支持下，川康殖业银行呈现营业情况良好的局面。"因此该银行一面积极经营，一面又积极筹设发电厂。重庆电力厂在创办之初所需用的款项，概由刘航琛和康心如两位负责，由

---

① 中国民主建国会重庆市委员会、重庆市工商业联合会文史资料工作委员会编《重庆工商史料》第 2 辑，第 179 ~ 186 页。刘航琛，1897 年生，四川泸县人，时任军阀刘湘第 21 军财政处长，同时担任川康殖业银行总经理，具有亦官亦商的身份，后担任重庆电力股份有限公司股东会主席、总经理，四川省财政厅厅长。抗战时期，控制了川康平民商业银行与川康殖业银行。
② 潘文华，1885 年生，四川仁寿人，国民党高级将领，二级陆军上将。曾为川军刘湘幕僚，1926 年任重庆商埠督办，1929 年任重庆市首任市长，在担任市长期间积极筹建重庆电力股份有限公司、重庆自来水股份有限公司等。
③ 中国民主建国会重庆市委员会、重庆市工商业联合会文史资料工作委员会编《重庆工商史料》第 2 辑，第 179 ~ 186 页。
④ 中国民主建国会重庆市委员会、重庆市工商业联合会文史资料工作委员会编《重庆工商人物志》，第 236 页。

川康、美丰两银行出具期票若干张付与华西公司"，① 用作电力公司工程建设方面的资金。其中，"200 万资本中，川康银行和四川美丰两行的投资达 100 万元"，② 占 50% 以上。因此，公司经营者的身份带有军绅合作性，其以担任官府职务的"商人"身份出面经营。从企业形态看，虽然公司一部分筹集资本来源于商股，但其决策、经营权受制于亦官亦商的人员，故其并不是真正意义上的民营公司形态。尤其是公司存在吸纳军政要员入股的情况，是"一种颇具中国特色的企业'寻租权力'以换取军政势力庇护的生存之道，也是在近代中国特殊国情下许多民族资本主义工商企业都曾普遍采取的无奈之举"。③

综上所述，重庆电力股份有限公司具有投资主体多元化的特点，除四川省政府官股外，有川康殖业、川盐、美丰、重庆、聚兴诚等民营商业银行投资，也有华西、中兴公司等地方企业投资，还有南开中学基金投资及国办中国银行投资。总之，公司以资本社会化方式融资，"民营属性"的表征明显。

第四节　战前公司业务状况

一　抗战前公司经营带有营利性

创办企业的目标是收回成本，获得利润，取得经营效益。1933~1934 年，公司初期投入创业经费 200 万元，其中电力工程由华西兴业公司承办。从公司 1935~1937 年的营业情况看，其初期创业经费成本早已收回，业务也取得了一定绩效。

从表 2-4 可以看出，公司经营初期投入了较多的生产成本。而投入的资金为公司实现对外营业、获得收益奠定了基础。据档案记载，"公司成工程之较重要者，为添设自厂房经石庙子至沙坪坝之 14 开维线路，计

---

① 胡光麃：《近代中国史料丛刊续编　第 62 辑　波逐六十年》，第 296 页。转引自张瑾《权力、冲突与变革——1926~1937 年重庆城市现代化研究》，第 228 页。

② 中国民主建国会重庆市委员会、重庆市工商业联合会文史资料工作委员会编《重庆工商史料》第 2 辑，第 179~186 页。

③ 李瑞：《形似而神非：民国成都启明电气公司股份制特点简析》，《西南民族大学学报》（人文社科版）2009 年第 6 期，第 293 页。

表 2 – 4　公司创业概算

项　目	经费（元）
（一）发电设备费	900000
（二）输电配电设备费	500000
（三）用电设备费	280000
（四）业务设备费	120000
（五）流动资金	150000
（六）其他创业事务费	50000
总　计	2000000

资料来源：《关于检呈重庆电力股份有限公司设立登记文稿上四川省建设厅的呈》，档案号：0219 – 0002 – 00193，第 19 页。

长约 13 公里。南岸各区已于 1936 年度供电，输电电压原为 5 开维，系由市中区路分出，经两路口至兜子背过江。1937 年添设了由石庙子至扬子江铁塔之 14 开维线路，并将自南岸铁塔至龙门浩之已敷设 5 开维线路加以改换，适于输送高压电流。又龙门浩设临时分站一所，1937 年 10 月初，厂内升高变压器装置完后 14 开维线路开始输电。惟自石庙子至沙坪坝一段，因分电站未建，及变压器未到之故，暂时接于早设至化龙桥之 5 开维线上，临时供给沙坪坝中央大学、交通部电台等处之用。按照预定计划，该年度拟完成渝市北区之 5 开维线路，因该区马路迟未开工，暂缓进行，故 5 开维线路添设不多。复因供电区域扩大，用户日增，低压线路随之增加，本年度计增设三相线路 312 公里、单相线路 1733 公里"。[①] 待从 "1934 年 7 月 20 日起，电力厂全部工程完竣，开始供给用户用电以后，当时为推动业务进展，及应重庆市民需要起见，由筹备处成立营业部以专司业务方面之进行事宜。主其事者为康心如、胡仲实、石体元等"。[②] 营业部成立后，积极开展对外营业事务。营业情况是建立初期，每日供电 18 小时，在 1935 年底，已改为日夜供电，最高负荷为 1600 千瓦，发电量 6093700 度，"用户达 9300 多户之多"。[③] 是年底，公司年发电量为 6093700 度，是 "烛川电灯公司的 10 倍，得到了丰厚的

---

① 《重庆电力公司 1937 年度报告》，档案号：0219 – 0002 – 0004，第 27 ~ 35 页。
② 《重庆电力公司一瞥》，《四川经济月刊》第 7 卷第 5 ~ 6 期合刊，1937 年，第 16 页。
③ 《重庆电力公司概况》，《四川月报》第 9 卷第 2 期，1936 年，第 311 页。

回报"。① 这表明相对于烛川电灯公司，重庆电力股份有限公司"通过使用先进的机器设备，生产规模因此而扩大，获得了规模经济效益"。② 就电力用途而言，公司初期电力主要用作照明，但随着电力在重庆市区的进一步推广及工业化进程的推进，1936 年电力供应逐步实现从以照明为主向居民照明、工业用电并举的格局转变。这一时期，公司经营所发挥的积极作用凸显，推动重庆"工商业日趋发达，工厂相继兴起，用电日有增加，1936 年的发电量已有供不应求之趋势"。③ 例如，1936 年"新建的四川水泥厂投产后即需要电力 1000 千瓦时，已占公司发电容量的 50%；公司决定扩充资本，再装新机。同年向英国茂伟公司和拨柏葛公司订购4500 千瓦发电机设备两套，1937 年在大溪沟扩建，1938 年则先后竣工发电，发电容量增至 12000 千瓦"。④ 重庆电力股份有限公司生产情况详见表 2 - 5。

表 2 - 5　重庆电力股份有限公司生产情况

年份 项目	1932	1933	1934	1935	1936	1937
发电容量（千瓦）	400	400	3000	3000	3000	7500
发（供）电量（千度）	—	—	—	—	6093.7 (5833)	8151.4 (7876)
售电量（千度）	—	—	—	2897	4898	6784
最高负荷（千瓦）	—	—	760	1660	2380	2190

注：括号内数字为供电量。

资料来源：四川省电力工业志编辑室编《四川电业志资料汇编 1》，第 112 页。

表 2 - 5 说明，组建后的重庆电力股份有限公司，无论从发电容量还是售电量来看，较烛川电灯公司皆有质的飞跃。自营业以来，"用户激增，因系昼夜供电，市民用电既属便利，而各工厂尤为乐用。尽购用电力，价格低廉，而于工场原动力又可减少发电方面之一切设备。故当时电力厂筹

---

① 重庆市渝中区政协文史资料委员会编《重庆渝中区文史资料》第 14 辑，第 186 ~ 190 页。
② 杨德才：《中国经济史论（1840 ~ 1949）》，经济科学出版社，2004，第 111 页。
③ 中国民主建国会重庆市委员会、重庆市工商业联合会文史资料工作委员会编《重庆工商史料》第 2 辑，第 181 页。
④ 四川省电力工业志编辑室编《四川电业志资料汇编 1》，第 39 ~ 40 页。

备处营业部之营业情形，最可乐观。足征渝市电气事业之发展，尤其备具之条件，以促成市民物质享用之需要。固不仅经营电气事业人之借以自负"。① "受当时的外汇影响，负债过巨且子金示复太大，迄今毫无利息可言；而给市汽油价值较电价高出数倍，故市民只乐于用电。"② 重庆电力股份有限公司 1935 年收入概况参见表 2 - 6。

表 2 - 6　重庆电力股份有限公司 1935 年收入概况

（一）电灯	收费方式	年收（元）
（甲）表灯制 全年用电约 604000 度	每度 1 角 4 分至 2 角 8 分	
计特价灯 360000 度	每度 1 角 4 分	50400
普通灯 244000 度	每度 2 角 8 分	68320
（乙）路灯 1000 盏	每盏每月 1 元 2 角	14400
（二）电力		
全年用电约 168000 度	每度 6 分至 1 角 2 分	
108000 度	每度 6 分	6480
60000 度	每度 1 角 2 分	7200
（三）电热		
全年用电约 120000 度	每度 9 角	108000
（四）其他（业务手续收入及其他）		
计检验费、接电费、杆线补助费等	月收约 1000 元	12000
总　　计		266800

资料来源：《关于检呈重庆电力股份有限公司设立登记文稿上四川省建设厅的呈》，档案号：0219 - 0002 - 00193，第 19 页。

从表 2 - 6 可以看出，公司 1935 年收入达 27 万元，除去各项开支外，盈余 33894.41 元。③ 因市民乐于用电，重庆电力股份有限公司之营业区域大为扩展，分为：重庆区（由新市区之西端，已扩充至浮图关，一面伸长至化龙桥），江北区（自相国寺延长至董家溪）及南岸区（至铜元局、玛瑙溪、海棠溪、上龙门浩、下龙门浩一带）。④ 由此可见，公司实现了营业区域从渝中半岛向新市区的扩展。公司营业区域扩展后，尤其是南岸、

① 《重庆电力公司一瞥》，《四川经济月刊》第 7 卷第 5 ~ 6 期合刊，1937 年，第 16 页。
② 《重庆电力公司董事会第 13 次会议纪录》，档案号：0219 - 0002 - 00321，第 39 页。
③ 《重庆电力公司概况》，《四川月报》第 9 卷第 2 期，1936 年，第 311 页。
④ 《重庆电力公司一瞥》，《四川经济月刊》第 7 卷第 5 ~ 6 期合刊，1937 年，第 22 页。

江北等片区过江铁塔相继建成后，电力负荷急剧上升。1936 年 6 月的负荷在 1600～1900 千瓦浮动，年底统计已有电灯用户 10392 户、电力用户 96 户、电热用户 37 户，最高负荷达 2830 千瓦，全年发电量达 609 万度。当时各行各业对电力的需求甚为旺盛，用电大户除重庆自来水公司等企业以外，又有铜元局、轮船修理厂等单位用电。这一时期，电力用户量迅猛增长，至"1937 年全市使用电灯达 12353 户、电力 130 户、电热 74 户，最高负荷达 2910 千瓦，发电量 815 万度，所有发电机组即已满载运行"，[1]公司已初具生产规模，"成为全川 31 个电厂中规模最大的厂家"，[2] 其资本总额达到了 250 万元，甚至"比当时全省电力资本总数（除重庆电力股份有限公司资本之外的资本总额——笔者注）156.22 万元还多"。[3]就设备与经营规模来说，重庆电力股份有限公司为当时西南地区最大的电企。

从供电类型看，其营业要目为："电灯、电力与电热三种。用户向公司购用电流者均系'安表制'，电表种类及安培数量由单相 15 安培起至三相 100 安培止。电流售价系照电表实用抄见度数计价，无底度取费。每月用电度数为：电力：每度电价：1 到 500 度为 1 角 2 分；501 到 1000 度为 1 角；1001 到 1500 度 9 分；1501 度以上超出之度数为 8 分。电灯：每度 2 角 8 分；临时用户装订电费为每度 3 角。电热：每月每度电价是 1 至 1000 度为 9 分；1001 度以上超出度数为 8 分。公司为提倡工业用电，实行优惠电价政策，即公司使用电力数量多者，尚可照规定电力价格，订立特别用电契约，使减轻工厂用电费用，降低工业用品之成本。"[4]

具体来看，公司 1936 年度的业务情形如下："（一）发电：1. 发电总量 6093700 度。2. 馈电总量 5832991 度。3. 厂用电量 260709 度。（二）给电：1. 电灯用户：103920 户，其中甲：本市区 96510 户，乙：江北区 6080 户，丙：南岸区 1330 户。2. 电热用户：（共计）37 户、本市区 37 户。3. 电力用户：96 户，甲：本市区 89 户；乙：江北区 2 户；丙：南岸区 5 户。4. 路灯：1388 盏。（三）售电：1. 全年售电总电度数：489837433 度。2. 各项电费总收入数：87001859 元。3. 每度电平均售价：

---

① 四川省电力工业志编辑室编《四川电业志资料汇编 1》（，第 50 页。
② 隗瀛涛主编《近代重庆城市史》，第 200 页。
③ 周勇主编《重庆通史》，第 852 页。
④ 《重庆电力公司一瞥》，《四川经济月刊》第 7 卷第 5～6 期合刊，1937 年，第 22～23 页。

18 弱。4. 电灯每度平均价：25 强。5. 电力每度平均价：7 强。6. 电热每度平均价：9 弱。7. 路灯每度平均价：4 强。（四）损益计算：1. 收入总数：906189.23 元。2. 支出总数：519592.81 元。3 盈余金额：（包括前期盈余滚存）417104.99 元。"①

1937 年度公司业务发展较好。据《重庆电力公司 1937 年报告书》载，"发电情况：a. 发电总量 1936 年为 6093700 度，1937 年为 8151410 度；b. 馈电总量：1936 年为 5832991 度，1937 年为 7876394 度；c. 厂用电量：1936 年为 260709 度；1937 年为 275016 度；d. 用煤总量：1936 年为 875245 吨，1937 年为 1357625 吨；j. 最高负荷：1936 年为 3830 千瓦，1937 年为 2910 千瓦"。②这说明在发电量上，1937 年较 1936 年的发电量有较大增长。

再看给电情况："1936 年统计情况：a. 电灯用户：甲、本市区 9651 户，乙、江北区 608 户，丙、南岸区 133 户。b. 电热用户：甲、本市区 37 户。c. 电力用户：甲、本市区 89 户，乙、2 户，丙、5 户。1937 年统计情况：a. 电灯用户：甲、本市区 11255 户，乙、江北区 729 户，丙、南岸区 369 户。b. 电热用户：甲、本市区 71 户，乙、江北区 1 户，丙、南岸区 2 户。c. 电力用户：甲、本市区 120 户，乙、2 户，丙、8 户。"③"售电数：1936 年为 489837433 度，1937 年为 678407109 度。2 年各项电费总收入国币数：1936 年 87001859 元，1937 年 106147640 元。"④"收入部分：1936 年电费收入：870018.59 元，业务手续费用：13186.90 元。其他杂项收入：22983.74 元。合计为 9061891.22 元。1937 年电费收入：1061476.40 元，业务手续费用：12103.00 元。其他杂项收入：31290.72 元。合计 1140870.12 元。支出部分：1936 年发电费用为 206090.74 元，供电费用为 99573.78 元，营业费用：37756.03 元，管理费用：176172.26 元。合计：519592.81 元。1937 年发电费用为 300596.40 元，供电费用为 82546.84 元，营业费用：64988.95 元，管理费用：260716.6 元。合计：708850.65 元。盈余部分：1936 年为 417104.99 元，净出金额为 222475.05 元。1937 年为 404154.22 元，净出金额：168495.60 元。所得

① 《重庆电力公司概况》，《建设周讯》第 2 卷第 7 期，1937 年，第 7~9 页。
② 《重庆电力公司 1937 年度报告书》，档案号：0219—0002 - 0004，第 27~35 页。
③ 《重庆电力公司 1937 年度报告书》，档案号：0219 - 0002 - 0004，第 27~35 页。
④ 《重庆电力公司 1937 年度报告书》，档案号：0219 - 0002 - 0004，第 31 页。

税：1936 年为 14256.70 元。"①

二　公司在经营绩效上取得盈利的同时，也面临着成本增加、业务扩展的新问题

从公司 1935～1937 年的业务情况来看，营利性表征明显。毋庸置疑，作为一个企业来说，扩展业务、谋求发展是其市场价值所在。但在这一价值主导下，公司在 1937 年前后面临新问题，主要是既有资金不能满足业务扩展所需，导致负债经营。

为解决上述问题，1936 年 4 月，公司总经理刘航琛亲赴上海与英国英利洋行协商，决定"以 78 万国币向英国茂伟公司、拨柏葛厂订购 4500 千瓦新型汽轮发电机两部"。②但时值外汇升值，导致花费增加，购机问题一时无法解决。至 1937 年 7 月 20 日，公司召开第 22 次董事会，会上董事"衷玉麟报告本公司此次添购新机扩充厂房总计需款预算为 190 余万元，后次决议谨增加资本 70 万元，所差甚巨，况原有设备复相差 70 余万元，本年度内各月到期合同付款又皆由借贷而来，每月子金数平均每月约付洋 1 万余元。如以营业收入论较之上年度各有增加，平均每月约收入洋 9 万余元；但支出方面仍有相当增加，平均每月约付洋 6 万余元，若折旧在内、股息未计每月平均约盈余洋 26000 余元，不过此项盈余现已完全拨付于债款利息"。③而众多董事认为："公司现负债达 120 余万之巨，兹国战爆发，重庆金融奇紧之际公司债发行既不可能，银行界报资不可靠，到期合同及借款又必须照约偿还，总协理所摊以全部资产呈请委员长（重庆行营——引者注）向中央银行、中国银行、农民银行三行保证贷款 120 万元以渡难关一节，诚为救济良图应予追认，惟一纸陈诉窃凭行营不照真象。"④其实，公司向四行贷款的请求并非本意。前文已述，公司临时股东大会上曾提议发行公司债券 200 万元，但是国民政府财政部在回应其发行公司债的请求时做出的批示却是："公司成立不久亦未经过检查，所请发行公司债券一事未便批准，暂可向中、中、交、农四行洽商贷款。"⑤

---

① 《重庆电力公司 1937 年度报告书》，档案号：0219-0002-0004，第 35～39 页。

② 四川省电力工业志编辑室编《四川电业志资料汇编 1》，第 118 页。

③ 《重庆电力股份有限公司董事会第 22 次会议纪录》，档案号：0219-0002-00321，第 69 页。

④ 《重庆电力股份有限公司董事会第 22 次会议纪录》，档案号：0219-0002-00321，第 71 页。

⑤ 中国民主建国会重庆市委员会、重庆市工商业联合会文史资料工作委员会编《重庆工商史料》第 2 辑，第 187 页。

故当初股东会上议决的发行公司债券 200 万元的决议并没有被政府批准。不仅如此，全面抗战爆发后，公司因资金匮乏，故始终向四联总处借贷资金来缓解经营压力。

综上所述，按 1929 年南京国民政府颁布的《公司法》，重庆电力股份有限公司是以营利为目的而设立之团体。[1]无论从其组织结构、运作模式还是经营情况来看，公司均带有近代股份制公司的表征，该组织形态到民国时期已发展成为一股潮流。其中，按该组织形态就组建的重庆电力股份有限公司极大地推动了战前重庆工商经济的发展。需要说明的是，尽管按照现代化股份企业模式组建的重庆电力股份有限公司在 20 世纪 30 年代就成立了，但从全国来看，四川地区的电业发展水平是比较低的。（参见表 2 - 7）到全面抗战爆发时，重庆电力股份有限公司现有的发电容量已完全不能满足国民政府内迁重庆后城市民生发展和抗战国防工业生产之所需。

表 2 - 7　1932 ~ 1936 年四川与全国电厂数量、发电容量

单位：千瓦

	1932 年		1933 年		1934 年		1935 年		1936 年	
	厂数	容量（千瓦）	厂数	容量（千瓦）	厂数	容量（千瓦）	厂数	容量（千瓦）	厂数	容量（千瓦）
四川	24	1959	19	1580	24	5611	22	5176	36	7270.9
全国	463	478703	458	496138	460	542399	—	585424	—	585424

资料来源：四川省电力工业志编辑室编《四川电业志资料汇编1》，第 3 页。

如表 2 - 7 所示，南京国民政府时期的四川电力工业甚为落后，无论从电厂数量还是从发电容量来看，均不及全国平均水平，尤其是发电容量仅为全国发电总量的 0.3% ~ 1.2%，而且电力主要用于照明。一般来讲，"电力与现代工业即为母子关系，而战前四川的电力事业之不发达，即可想后方工业之落后"。[2]就重庆电力股份有限公司而言，至 1937 年，其发电容量也仅为 3000 千瓦，远远不能满足后来成为战时首都的重庆的电力需求。故时人指出："战事一旦发生，敌骑纵横我濒海地区时，彼此我国

---

① 张忠民：《艰难的变迁——近代中国公司制度研究》，第 78 页。
② 《抗战时期后方工业鸟瞰》，经济部统计处印《后方工业概况统计》，1943。唐润明主编《抗战时期大后方经济开发文献资料选编》，第 622 ~ 623 页。

几乎全无电气事业可言矣!"[1]

上述观点得到了事实的印证。1937 年全面抗战爆发后，我国沿海地区纷纷沦陷，战前主要分布于我国沿海城市的电力工业被日军摧毁。"我国电业之萌芽，摧残殆尽。据估计，在中日战争第一年，中国发电所之损失约达 8 千万元。"[2]

---

① 孙玉声：《抗战八年来之电气事业》，唐润明主编《抗战时期大后方经济开发文献资料选编》，第 692 页。

② 沈雷春、陈禾章编《近代中国史料丛刊三编　第 20 辑　中国战时经济志》，台北：文海出版社，1975，第 75 页。

第三章　抗战环境与公司经营发展

第一节　重庆战时中心地位与资源现状

1937 年 7 月 7 日，日本发动全面侵华战争，近代中国历史进入全面抗战时期。当年下半年沿海各省市纷纷沦陷于日寇铁蹄之下，日军的侵略给中华民族带来了深重的灾难。"国民政府兹为适应战况，统筹全局，长期抗战起见，于 1937 年 11 月 20 日宣布移驻重庆。"[①] "从国家与地方的格局来看，抗战爆发后的重庆在地域涵义上已不再是川省和川人之重庆，而是抗战中国的新都。"[②] 重庆开始担负起抗战大后方中心的责任。

随着抗战局势的发展，国家形势日益严峻，抗战由初期的战略防御阶段转入相持阶段。国民政府为巩固后方根据地，恢复民族经济，激发后方各阶层人民的抗战意志，坚定抗战信念，凝聚人心，决定将重庆从行政院院辖市升格为中华民国战时首都。1940 年 9 月 6 日，重庆正式被国民政府确定为陪都，明令中称："四川古称天府，山川雄伟，民物丰殷，而重庆缩毂西南，控扼江汉，尤为国家重镇。政府于抗战之始，首定大计，移驻办公。风雨绸缪，瞬经三载。川省人民，同仇敌忾，竭诚纾难，矢志不渝，树抗战之基局，赞建国之大业。今行都形势，益臻巩固。战时蔚成军事政治经济之枢纽，此后自更为西南建设之中心。恢闳建置，民意金同，兹特明定重庆为陪都，着由行政院督饬主管机关，参酌西京之体制，妥筹

[①] 重庆市档案馆、重庆师范大学合编《中华民国战时首都档案文献　第 1 卷　国府迁渝、明定陪都、胜利还都》，第 5 页。

[②] 蒋宝麟：《抗战时期中央大学的内迁与重建》，《抗日战争研究》2012 年第 6 期。

久远之规模，借慰舆情，而彰懋典。"① 因而抗战时期的"重庆是继承了综绾全国军事、政治、经济和文化的责任，负起了抗战司令台的使命，更担任着收复首都，驱除倭寇的神圣工作，也具备了陪都应有的条件。而它的一举一动，又好如人身的头脑，它的影响不但可以到达各个城市，更可以传播到国土上的每一个角落！所以建立重庆为陪都，就是坚决抗战到底，也就是复兴民族的具体体现"。②

随着重庆在大后方中心地位的确立，其城市化进程亦突飞猛进。城市的近代化从根本上讲是生产力的近代化。抗战时期的重庆在当时特殊的历史条件下，迎来社会化大生产的契机，实现了从战前地区性商业中心城市向战时全国性综合功能中心城市的转化。这一时期，沿海各省人口亦随之纷纷西迁西南后方。大量的人口、工矿企业、金融机构、文化教育机构等也涌入重庆市，使得战时重庆"因内迁产生的带动力，工商业盛极一时，城市的经济综合功能迅速扩大，对国家的经济和社会进步发出了强大的辐射推力"。③ 因而，重庆的资源承载压力不断加大，对电力的需求日益增加。这一趋势主要体现在以下几个方面。

首先，战时重庆的工业因内迁企业增多而迅速发展，工业用电需求增加。抗战前，国内工业主要集中在沿海地区。沿海地区"集中了全国80%以上的工厂，结构上以轻工业为主，重工业寥寥无几，比例严重失调；广大西部地区长期动乱，工业极端落后"。④ "后方诸省，在战前全国3935家工厂中，仅占237家；在38000万元资本中，也仅占有1600万元；在42万工人中，仅占有3300人。此项厂数、资本及工人数字，在全国占取的相对地位，亦仅为6.03%、4.28%和7.24%，并且多为纺织工业、日用品的化学工业和供照明用的电气事业。在全国的地位既无足轻重，而在地方经济上，无论从产品的数量或新的生产方式言，亦似极少影响的。"⑤尽管在1931年九一八事变以后，随着中日民族矛盾的逐步上升，国

---

① 重庆市档案馆、重庆师范大学合编《中华民国战时首都档案文献　第1卷　国府迁渝、明定陪都、胜利还都》，第58页。

② 重庆市档案馆、重庆师范大学合编《中华民国战时首都档案文献　第1卷　国府迁渝、明定陪都、胜利还都》，第69页。

③ 隗瀛涛主编《近代重庆城市史》，第32页。

④ 周勇主编《重庆通史》，第1004页。

⑤ 重庆市档案馆、重庆师范大学合编《中华民国战时首都档案文献　第4卷　战时工业》，第97页。

民政府开始将经济建设与国防建设结合起来，开始注意开发西南，建设后方基地，但因四川军阀盘踞，中央势力并无实质性地进入大后方，直至1935 年国民政府才设立重庆行营，实质性地控制了四川及其他西南地区，并着手对西南地区进行开发和建设，在一定程度上也推动了重庆的工业发展。全面抗战爆发后，国民政府为更好地发展后方工矿业，巩固后方经济基础，于"1938 年 6 月先后颁布《工业奖励法》、《特种工业保息及补助条例》、《工矿业赞助暂行条例》、《非常时期工矿业奖助审查标准》等一系列奖励工业发展的政策和措施"，① 推动了战时大后方工业经济的快速发展。抗战初期"重庆的钢铁、电力、水泥等投资巨大的重工业企业先后投产"，② 使得重庆工业经济提升到新的发展水平。因而，直到抗战爆发后，重庆工业经济才有了质的飞跃。相较战前重庆工业体系以日用轻工业为主的特征，战时重庆重工业体系已逐渐形成。可见，为适应战争需要，国民政府借助产业政策并通过投资与管制，使战时重庆的工业经济结构与产业结构发生了明显变化。其突出的变化表现为："1. 突出国防军事之需要，发展重工业，特别是冶金业、制造业，采取工矿并举的方针。重工业因获得优先发展和重点投资而发展较快。2. 与重工业产业关联较为密切的能源工业、金属采矿业等基础工业也获得发展。3. 产业门类由比较单一向比较齐全、布局由过分集中向相对分散方向发展。这种变化不仅有利于中国的抗战，而且也有利于中国近代工业化水平的提升。"③

战时重庆工业实现跨越式发展与国民政府实施的工业西迁政策是分不开的。抗战初期，国民政府工矿调整处及迁川工厂联合会负责组织内迁后方工厂事宜，尤其是到 1938 年武汉沦陷后，内迁工厂均以四川特别是重庆为主要目的地。同时，"为了吸引更多的民营厂矿迁到重庆，四川省政府也制定了不少优惠政策，创造了较好的条件"，④ 如制定了《迁川工厂用地评价实施办法及评价标准》，以及在税收、地契方面出台优惠政策，吸引众多工厂入渝。"重庆，以往已有一些工业，如纺织、制革、面粉、火柴、肥皂等。沿海工厂的迁入，使重庆格外繁荣起来，嘉陵江沿岸成为工业区，烟囱林立，钢铁厂、机器厂、化工厂、面粉厂以及庆新、裕华、

---

① 陈廷湘主编《中国现代史》，四川大学出版社，2010，第 389 页。
② 周勇主编《重庆通史》，第 1005 页。
③ 杨德才：《中国经济史新论（1840～1949）》，第 488～489 页。
④ 周勇主编《重庆通史》，第 1006 页。

豫丰、大成等纺织厂都建立起来，至 1939 年 1 月，迁入的工厂已有 50 余家，各种新事业工厂，有如雨后春笋。"① 据统计，抗战中有 400 多家工厂迁移到重庆及其附近沿长江和嘉陵江一带地区，加上为满足抗战需要，新建了一批工厂，至 "1945 年底重庆工矿企业增至 1694 家，占大后方工业企业总数的 28%；资本额为 2726338 元，占后方工业资本总额 8490929 元的 32.1%"。② 根据 1942 年 9 月的统计，重庆的 "工厂有 1612 家，资本额达到了 178569708.36 元，占全市资本总额的 26.2%"。③ 可见战时重庆工业在后方占有重要地位。在区域分布上，化龙桥至磁器口沿江一带为重庆工厂最密之地区。此外，重庆新开 "长江南岸自单子石至大田坎沿江一带为新工业区，增开长江北岸至唐家沱沿江一带为新工业区"。④ 伴随着新工业区的开辟，重庆的工业门类和结构也发生了变化。（参见表 3 - 1）

表 3 - 1　战时重庆工业概况

单位：家，%，元

业 别		总计	冶炼	机器	五金	电器	化学	纺织	服饰	饮食	印刷	杂项
厂数及所占比例	厂数	1690	26	464	117	88	447	173	52	216	49	58
	比例	100	1.5	27.6	7	5.2	26.4	10.2	3.1	12.7	2.9	3.4
资本及所占比例	资本	2726338	466051	416375	277882	87248	855993	246349	38180	145090	80420	112750
	比例	100	17.1	15.3	10.2	3.3	31.3	9.1	1.3	5.3	3	4.1

资料来源：《中华民国战时首都档案文献　第 4 卷　战时工业》，重庆出版社，2008，第121 页。

从表 3 - 1 可以看出，抗战时期的重庆工业企业中，机器与化学等

① 魏宏运：《抗战初期国民政府经济政策透视》，张宪文等编《民国档案与民国史学术讨论会论文集》，档案出版社，1988，第 456 ~ 457 页。

② 李紫翔：《胜利前后的重庆工业》，《四川经济季刊》第 3 卷第 4 期，1946 年，第 5 页。

③ 重庆市档案馆、重庆师范大学合编《中华民国战时首都档案文献　第 4 卷　战时工业》，第 78 页。

④ 重庆市档案馆、重庆师范大学合编《中华民国战时首都档案文献　第 1 卷　国府迁渝、明定陪都、胜利还都》，第 91 页。

重工业占较大比重，而轻工业所占比重较小。这是"国民政府以军事工业为中心，优先发展重工业的指导思想所致"。① 这样的指导思想对改变重庆工业的结构、门类具有重要意义。这使得重庆"初步建立了门类比较齐全、力量比较雄厚的工业基础，形成了抗日战争时期我国最重要、最集中的重庆工业区"。② 尤其是"从上海、武汉等处内迁的446家工厂以及12万吨左右的器材，是发动后方工业普泛建立的一个原动力，是推动重庆建立完备工业体系的基础。而一个地区的工业建设是需要具备多方面的高度经济条件，举凡机械、动力、劳力、原料、销场和交通、金融等都须由适当配合"。③ 从这个意义上讲，工业与电力的关系十分密切，电力的使用与机械的使用成正比例增长。抗战时期，在重庆工矿企业数量迅速增加、工业快速发展的形势下，企业对电力的需求日益增长。据统计，"抗战期间，分布在市区、南岸、江北、沙坪坝等主要供电区的企业有1175家，已占企业总数的86.7%"。④ 对此，重庆电力股份有限公司也逐年提高发电容量，尽力满足战时工业发展需求。

其次，重庆成为大后方中心城市后也增加了对民用电力的需求。这主要体现在抗战前夕"重庆人口约42万人（1935年统计），1937年抗战爆发后人口迅速增加，当年达47万人，1941年突破70万人，1943年超过90万，1945年达到1255071人"，⑤ 重庆成为后方第一大都市。衡量城市化的重要指标是城市人口的增长率，而战时重庆已发展成为一个极其繁荣的大都市。1940年后当局更是设立陪都建设委员会以推进城市的现代化建设。这时"现代化的机场、港口在重庆出现，电力、电话、电灯、自来水、公共汽车等公用事业得到进一步发展，市内公路交通得到改善，先后扩建和新建了经纬马路6条，新开支路10条。初步形成了比较完善的城市道路系统。在市区干道两侧，各种新式建筑林立。银行、饭店、影剧院、咖啡店、舞厅、图书馆、医院、办公大楼、工厂、学校、教堂等，给

---

① 周勇主编《重庆通史》，第1042页。
② 隗瀛涛主编《近代重庆城市史》，第30页。
③ 重庆市档案馆、重庆师范大学合编《中华民国战时首都档案文献　第4卷　战时工业》，第97页。
④ 重庆抗战丛书编纂委员会编《抗战时期重庆的经济》，第306页。
⑤ 重庆市地方志编纂委员会编《重庆市志》第1卷，四川大学出版社，1992，第744~775页。

重庆城市建筑送入了新的内容"。① 值得一提的是，战时重庆"商业贸易异常繁华，城市空间突破了原来城墙范围，从朝天门到南纪门，沿南城一带形成了一个长达 7 里的商业繁荣的下半城，道路两旁，商店、旅社、货摊、茶肆林立，人来车往，十分热闹。大量的商人、小贩聚集重庆，也推动了旧城街道和房屋的改进。陕西街一带富家大商较多，道门口、悬庙街、白象街、新丰街、三牌坊、鱼市口、商业场等处均是非常繁华殷富的地段。重庆的服务性行业旅馆、饮食、服装等都随着商业贸易的扩大而发达"，② 这要求电力为城市的繁荣提供支撑。

最后，重庆成为大后方文化中心也增加了对电力的需求。"重庆地域的'中央化'必然会使此地教育文化的'国家化'伴随而生。"③ 抗战时期，重庆成为大后方文化教育中心，人才荟萃，形成了文化教育事业的繁荣局面，尤其是大批高校内迁入渝，为重庆文化发展注入了新的元素。据统计，全国"战前 108 所专科学校中，迁入重庆的达 36 所，占战前高校总数的 34%"，④ 其中就有中央大学、复旦大学等著名高校。众多高校师生的日常教学科研及生活需要相应的市政设施配套。此外，还有一批中小学也迁到重庆。针对上述情形，重庆电力股份有限公司在学校和文化团体较为集中的沙磁区设立了变电站，以满足各类学校及文化团体的用电需求。不仅如此，人口内迁及形成的文化中心效应也促进了市民科学文化的近代化和思想意识的近代化，即"人的素质的近代化"。⑤ 在此效应下，"战前重庆上层社会与下层社会对峙的封闭格局被突破。一些需要较高教育程度的行业，如商业、工业、交通、公务、自由职业等，其从业人员已占重庆总人口的 48.87%，充分证明重庆此时已经形成了一个接近总人口半数的市民阶层，向着大都市的阶层人口构成不断过渡"。⑥ 需要说明的是，市民阶层的形成，促使市民提高了现代化的生活意识，增加了对现代

---

① 隗瀛涛：《近代重庆城市史》，第 36 页。

② 隗瀛涛：《中国近代不同类型城市综合研究》，第 360 ~ 361 页。

③ 蒋宝麟：《抗战时期中央大学的内迁与重建》，《抗日战争研究》2012 年第 6 期，第 127 页。

④ 常云平：《陪都时期重庆内迁高校概述》，杨光彦、秦志仁主编《跨世纪的大西南——近现代西南经济开发与社会发展历史考察》，第 299 ~ 301 页。

⑤ 隗瀛涛：《近代重庆城市史》，第 32 页。

⑥ 郝明工：《试论中国抗战陪都文化的形成》，杨光彦、秦志仁主编《跨世纪的大西南——近现代西南经济开发与社会发展历史考察》，第 317 页。

化公用事业的需求。这也促使重庆"市政和公用事业的急剧扩大,各方面皆急需用电。如自来水用电、住宅照明、路灯照明、机关和商店照明、医疗机构用电以及其他方面用电"。①

总而言之,战时重庆城市综合性功能逐渐形成,尤其体现在人口的迅猛增加与工业的快速发展使得城市规模不断扩大。市区范围"除传统的两江半岛外,延伸西至沙坪坝、东迄涂山脚下,南抵大渡口",② 形成了特有的组团式格局,"城市面积到 1940 年时已达 300 平方公里"。③为此,社会各界期盼重庆电力股份有限公司扩大发电容量。

公司管理层认为应努力扩展业务,以满足城市各界用电需求。其装机容量在最初营业时为 2000 千瓦,到抗战爆发时,公司"向英茂伟订购4500 千瓦汽轮机发电机组 2 台,拨柏葛 24.95 吨/时锅炉 2 套并扩建大溪沟电厂,先后于 1937 年 12 月和 1938 年元月竣工,装机容量达 1.2 万千瓦"。④ 较战前而言,其装机容量增加了 5 倍。同时,公司也努力提高输送能力、扩大供电范围。公司在 1938 年"建成 13.8 千伏输电线路39.59 公里、5 千伏输电线路 90.12 公里,配电线路 (380/220 伏)151.27 公里;建成变电站 4 座,其中玛瑙溪变电站容量 1500 千伏安,沙坪坝变电站容量 500 千伏安,铜元局变电站容量 225 千伏安,龙门浩变电站容量 500 千伏安;配电变压器 143 台,容量 18354 千伏安,木杆5594 基,铁塔 6 座;供电范围 40 多平方公里"。⑤ 到 1942 年,公司为进一步适应城市发展及战时环境,实施了迁建工程,其第三厂(鹅公岩发电厂)发电投产。其线路"一路以 5.25 千伏直送化龙桥、沙坪坝地区,另一路经 2250 千伏安变压器升压 14 千伏送南岸李家沱一带"。⑥ 至此,公司形成了"大溪沟发电厂主要供应市中区及小龙坎、江北一带,南岸分厂主要供应弹子石、牛角沱,上至龙门浩,三厂(鹅公岩电厂)主要供给化龙桥、磁器口以至山洞;另一线向兜子背过江至南岸,往西

① 重庆抗战丛书编纂委员会编《抗战时期重庆的经济》,第 306 页。
② 周勇:《重庆·一个内陆城市的崛起》,第 277～278 页。
③ 周勇:《重庆通史》,第 887 页。
④ 《重庆电力工业志》编委会编纂《重庆电力工业志 (1906～1985)》,内部刊行,1995,第 12 页。
⑤ 四川省电力工业志编撰委员会编《四川省电力工业志》,四川科学技术出版社,1994,第 167 页。
⑥ 四川省电力工业志编辑室编《四川电业志资料汇编 1》,第 125 页。

至李家沱，下游至龙门浩"① 的供电格局。其供电范围已达 200 余平方公里，基本覆盖了战时重庆城市区域。

因供电范围扩大，公司用户数量快速增长。据统计，1938 年"全年用户总数为 16557 户"②，较"1937 年的 12457 户及 1936 年的 10525 户"③ 有较大增长。用电度数"1938 年计 14155361 度，比 1937 年增加 8525836 度"，④ 增长十分明显。因此，"陪都所在社会公用电光、电热亦弥关重要"。⑤ 综合比较抗战前后发电度数，1936 年"公司全年发电度数为 6093700 度，到抗战后的 1943 年度发电总额为 60623929 度"，⑥ 增长近 9 倍。从用电量情况分析，1935 年公司正式营业时的售电量仅"349 万千瓦时，1937 年增至 678 万千瓦时，1938 年攀升至 1415 万千瓦时。而从 1939 年到 1945 年间，不断上升，最高峰值达 4890 万千瓦时"。⑦ 从售电结构分析，以 1943 年为例，公司"当年电灯售电 13104442.73 度（约占 29%）；电力售电 29337727.73 度（约占 65%）；电热售电 2105093.61 度（约 6%）"。⑧ 这说明战时公司售于工业生产的电力度数远远超过了照明用电度数，公司所售电力主要为重庆的工业生产服务。

此现状给电力供应量有限的公司带来了极大的挑战。这体现在"时至抗战间的高峰期重庆总需 20000 千瓦，而公司实际供应 11000 千瓦容量，因而重庆常闹电力不足，不得不分区停电"。⑨ 可见，在战时重庆市区范围扩大，人口数急剧上升，工业迅猛发展，造成全市用电量激增之情形下，重庆的电力供需矛盾极其突出。公司尽管努力扩充发电设备，增加发电容量，扩大供应范围，满足社会各界用电所需，但仍不能有效解决战时长期存在的电力供需矛盾。1936～1938 年重庆电力需求增长情况如表 3 - 2 所示。

---

① 《重庆电力供应问题》，《西南实业通讯》第 7 卷第 5 期，1943 年，第 59 页。
② 《关于检送重庆电力公司第三届常年股东大会会议决议录致石体元的函》，档案号：0219 - 0002 - 00105，第 18 页。
③ 《重庆电力公司 1937 年度报告书》，档案号：0219 - 0002 - 0004，第 27～353 页。
④ 《关于检送重庆电力公司第三届常年股东大会会议决议录致石体元的函》，档案号：0219 - 0002 - 00105，第 18 页。
⑤ 中国第二历史档案馆编《中华民国史档案资料汇编　第 5 辑　第 2 编　财政经济（五）》，第 245 页。
⑥ 《重庆电力公司第七、九次股东会会议议程》，档案号：0219 - 0002 - 00105，第 174 页。
⑦ 《重庆电力工业志》编委会编《重庆电力工业志（1906～1985）》，第 100 页。
⑧ 《重庆电力公司第七、九次股东会会议议程》，档案号：0219 - 0002 - 00105，第 174 页。
⑨ 陈真主编《中国近代工业史资料》第 3 辑，第 1284 页。

表 3 - 2　1936～1938 年重庆电力需求增长情况

单位：千瓦

年份	1936	1937	1938
电力需求	3000	3000	12000

资料来源：四川省电力工业志编辑室编《四川电业志资料汇编 1》，第 6 页。

1944 年重庆用电结构如表 3 - 3 所示。

表 3 - 3　1944 年重庆用电结构

用电行业	用电度数（度）	所占比重（%）
兵工	468548	23.21
纺织	353883	17.53
水泥	296141	13.33
炼铜、炼钢、电镀	252928	12.52
自来水	232352	11.51
机器、铁工、翻砂	119117	5.90
米厂	56291	2.82
食品工厂	54067	2.68
电台	48738	2.41
化学工业	47872	2.37
机关、银行、学校	24757	1.23
印刷	20290	1.00
报馆	7040	0.35
染织、弹花	6468	0.32
其他	56895	2.82
总　计	2018990	100

资料来源：四川省电力工业志编辑室编《四川电业志资料汇编 1》，第 52 页。

从表 3 - 3 可以看出，战时重庆电力主要应用于兵工、纺织、水泥、炼铜、炼钢、电镀等重工业领域，其用电度数所占比重高达 66.59%，自来水因具有民生性质，也占到 11.51%。1939 年与 1944 年重庆工业行业所需电力比重如表 3 - 4 所示。

表 3 - 4　1939 年与 1944 年重庆工业行业所需电力比重

单位：%

行　业	1939 年	1944 年
兵工	26	23.21
纺织	18	17.53
水泥	9	13.33
自来水	13	11.51
电台	3	2.41
工业试验机关	4	1.23
印刷、碾米及其他	27	30

资料来源：四川省电力工业志编辑室编《四川电业志资料汇编1》，第 131 ~ 132 页。

1935 ~ 1945 年重庆电力股份有限公司售电中照明用电、动力用电情况如表 3 - 5 所示。

表 3 - 5　1935 ~ 1945 年重庆电力股份有限公司售电中照明用电、动力用电情况

单位：万度

年份	售电量	照明用电	动力用电
1935	—	174.6	114.4
1936	—	131.8	65
1938	1415	536	869
1941	—	602.6	1616
1944	4896	1633	3030
1945	4363	1674	2559

资料来源：四川省电力工业志编辑室编《四川电业志资料汇编1》，第 51 页。

由表 3 - 5 可知，抗战时期重庆用电结构逐渐发生变化：照明用电所占比重下降，而动力用电所占比重上升，且在售电量中占较大比重。这表明，抗战时期的重庆成为大后方工业基础较为雄厚的中心城市。

综上所述，电力无论是对居民的日常生活，还是对工业生产皆十分重

要。战时重庆作为陪都,军政机关及工厂较多,用电需求量较大,电力不足的问题十分突出。

1938 年 5 月 18 日重庆电力股份有限公司发布的季度工作报告切实反映了电力供需矛盾:"现发电量行将售罄,亟待扩充新机情形。查新添两部 4500 千瓦透平发电机,全部工程业经次第装设,现时开用一部,仍一部作为备件,综计现有机力连同原有三部 1000 千瓦机力计算。系留一部 4500 千瓦作备件外能售电量共为 7500 千瓦,目前日夜发电,总量白昼为 2400 千瓦,夜间为 3500 千瓦至 3700 千瓦,现省外工厂多数迁渝甚已向公司订立用电契约,又有决定购用公司电流正在商洽中的部分企业照上列各厂用电流数量及公司目前每日负荷总量计为 11370 千瓦,全将备件之 4500 千瓦电机一部全开用发电,亦仅相当。为策发电安全,计实有再为添设 4500 千瓦电机一部,补作备件之必要。因上列各厂用电计划至快,本年下半年至迟次年晚春即需巨量实际供给,似此情形则补购备件,因此刻向外国厂家订购至达,须照在乃能运港,如运渝,明年底可以安装存储。若势不刻缓,不能再迟延,复查以后为再有厂家继续向公司接洽用电,则殊难应付。"①

第二节　敌机轰炸重庆对公司营业的影响

从 1938 年开始,日军对大后方展开了空袭。而"重庆为战时首都,亦即对日抗战的司令塔,抗战神经的中枢",②成为日军轰炸的首要目标。"从 1938 年 2 月 18 日至 1943 年 8 月 23 日间,日军集中了侵华陆军和海军的主要航空兵力,对重庆进行了长达 5 年半之久的轰炸",③陪都各界饱受苦难。据统计,1938 年 10 月 4 日到 1943 年 8 月 23 日间,重庆"市区被炸毁房屋达 15450 栋又 24959 间"。④其中,1939 年的"5·3"和"5·4"大轰炸异常惨烈。"日机投掷大量燃烧弹,市内多处着火,延烧甚烈。重

---

① 《关于检送向中央、中国、交通、农民银行贴放委员会办理借款经过及支付情形至董事会的函》,档案号:0219 - 0002 - 00107,第 135 ~ 140 页。
② 周开庆:《四川与对日抗战》,台北:商务印书馆,1987,第 73 页。
③ 潘洵主编《抗战时期西南后方社会变迁研究》,第 265 页。
④ 潘洵、周勇主编《重庆大轰炸档案文献·抗战时期重庆大轰炸日志》,重庆出版社,2011,第 401 页。

庆自空袭后，随即起火。人烟稠密之地，木建房子全部被烧，人民无家可归者达二十万人。"①当时整个城市"到处是焦土烟火，死尸枕藉，甚至树枝电线上也挂着断臂残肢。两天之内，死伤无辜市民达到前所未有的8000余人，这是完全意义上的无差别轰炸，是非人道的恐怖屠杀行为"。②"5·3"、"5·4"大轰炸明显带有以摧毁城市建筑、设施，轰炸平民，扰乱城市金融和商业，达到造成更严重的社会恐慌之目的。重点目标是重庆商业、住宅集中、人口密度最大的老城区下半城，以朝天门—陕西街—望龙门—太平门—储奇门一带为中心。使得下半城27条主要街道有19条被炸成废墟，包括当时银行林立的金融区陕西街被炸得七零八落，商业繁荣地区的商业场、西大街和新丰街一带几乎全部炸光。"③ 战时重庆屡受敌机轰炸的情形，在美国《时代周刊》记者白修德和贾安娜合著的《重庆——风云际会的焦点》一书中有较为全面的反映：在惨烈的轰炸下，"城市公共设施受损严重，电力系统破旧，没有材料修理。电话系统还剩余的东西，是马路上成堆的乱电线，有时好几天没有电灯，因为电线炸断了修，修了又被炸断了"。④ 白修德在目睹"5·3"、"5·4"大轰炸的惨状后曾这样描述：因电力设施遭到轰炸，"城里没有电灯，只有正在熊熊燃烧的大火，没有水来灭火，大火在老城的街巷上上下下延烧。当火烧到竹棚户时，听得见竹节被烧得噼里啪啦地响。到处是闹嚷，女人在哀号，男人在痛苦呼叫，奶娃哭声凄厉。有人坐在地上前仰后合地哭诉……我看见有人从坡上的小巷中冲到正街上来，他们的衣服着了火，不断在地上打滚想把身上的火扑灭。在我的房间里，我发现一具尸体，她是被炸弹炸时的气浪从屋外抛进屋里来的，脸已被炸坏了，肋腔也被炸烂了，从被炸掉了皮的乳房，可以看得出这是一个女人……"⑤ 而日本报纸则报道："敌都大半化为漆黑一团，弥漫着凄惨的气氛，尤其4日（1939年5月4日——笔者注），日本空军大举空袭，重庆市区的一半一

---

① 潘洵、周勇主编《重庆大轰炸档案文献·抗战时期重庆大轰炸日志》，第125页。
② 潘洵、周勇主编《抗战时期西南后方社会变迁研究》，第266页。
③ 潘洵、周勇主编《重庆大轰炸档案文献·抗战时期重庆大轰炸日志》，第105页。
④ 靳明全：《重庆抗战文学区域性》，重庆出版社，2012，第94页。
⑤ 〔美〕白修德：《重庆大轰炸目击记》，江家骏译，《西南师范大学学报》1995年第5期。转引自刘重来《有日本军阀在世上是全人类的耻辱——中外历史名人关于重庆大轰炸下市民心态纪实》，周勇、陈国平主编《给世界以和平——重庆大轰炸暨日军侵华暴行国际学术讨论会论文集》，第546页。

片黑暗；市区自来水、电都断了。"①

　　另一次较为严重的是"1940 年'8·20'大轰炸，被炸房屋为数至大，一时无从估计，全市精华，几已全付一炬"。② 敌机"无差别的狂轰滥炸，使我万千同胞骨肉横飞，使我数十万居民流离失所，使我百万间崇楼高阁化为丘墟"。③ 这些景象惨不忍睹，给市民的生存环境带来极大的负面影响。日军的罪行罄竹难书，给重庆人民带来了深重的灾难。

　　电力是关系国计民生的基础性产业，重庆电力股份有限公司的电力供应直接关系陪都经济社会发展和市民生活。但在战争环境下，日机为破坏公用设施，摧毁城市的正常运转，多次对电力设施带有目标性地进行疯狂轰炸，使得重庆电力股份有限公司散布在市区各个街巷的各种设备，如发电设备、电线线路、电表、电杆等严重损毁，并引发供电中断，公司付出了惨重代价。

　　自 1939 年 1 月 15 日起，公司迭遭轰炸，损失甚巨。当年"以 5、6、7、8 计四个月为甚。10 月以后，敌机虽曾飞临市空，未受损害"。④ 1939年公司被炸情形如表 3-6 所示。

表 3-6　1939 年公司被炸情形

月	日	被炸地点	备　考
5月	3、4日	劝工局、韦家坝院、七星岗、金汤街、中一路、兴隆街、莲花池街、德兴街、保节院、安乐洞红十字街、柴家巷、鸡街、塞家桥、都邮街、华光楼、会仙桥、苍坪街、天官街、中营街、米花街、至诚街、石板街、黄桷街、大阳沟、戴家巷、江家巷、韭菜园、铁板街、新丰街、大梁子、西四街、征收局巷、东升楼、一字顺城街、左营街、储奇门、段牌坊、金沙岗、白象街、人和湾、神仙口、黄学巷、陕西街、灯笼巷、打铁街、镇守使、花街子、绣璧街	—

① 杨玉林：《"重庆大轰炸"下的重庆电力公司》，周勇、陈国平主编《给世界以和平——重庆大轰炸暨日军侵华暴行国际学术讨论会论文集》，第 173 页。
② 潘洵、周勇主编《重庆大轰炸档案文献·抗战时期重庆大轰炸日志》，第 135 页。
③ 潘洵主编《抗战时期西南后方社会变迁研究》，第 266 页。
④ 《重庆电力公司 1939 年历次被敌机炸毁财产直接、间接损失情形［备忘录］（1940 年 1月）》，唐润明主编《重庆大轰炸档案文献·财产损失》，第 138 页。

续表

月	日	被炸地点	备　考
5 月	12 日	江北	
	25 日	一牌坊、新丰街、黄学街、道门口、大什字、小什字、陕西街、新街口、公园、打铁街、长安寺、都邮街、模范市场	本公司办公处房屋被震倒塌
6 月	9 日	小梁子、道门口、商业场、新丰街、太平门	—
7 月	5 日	演武厂、奎星楼、油市街、较场口、老街、百子巷、善里街、黄家垭口、第一模范市场、地母街、毛草坡、车家巷、纸码头、瓦厂湾	—
	6 日	字水街、水巷子、观音岩、罗家湾、神仙洞、东水门、曹家巷、海棠溪、瓦厂湾	本公司南岸办事处中爆炸燃烧弹各一枚
	24 日	三洞桥、刘家台、学田湾、大田湾、铜鼓台、方家什字、来龙巷、红岩洞、李子坝、化龙桥、鹅公岩	—
	31 日	玉带街、段牌坊、金紫门、储奇门、守备街、十八梯	—
8 月	2 日	兜子背、浮图关、新市场	—
	3 日	黄家垭口、四德里、打枪坝、黄家园	—
	4 日	牛角沱	—
9 月	1 日	童家桥、沙坪坝、土湾、中大、小龙坎、化龙桥	—
	3 日	沙坪坝、小龙坎、土湾	—

注：在"8·23"和"8·26"等数次空袭中，公司无损失，故未将其列入表内；"1·15"被炸地点为三门洞、国府路。

资料来源：《重庆电力公司1939年历次被敌机炸毁财产直接、间接损失情形［备忘录］(1940年1月)》，唐润明主编《重庆大轰炸档案文献·财产损失》，第138页。

如表3-6所示，在"5·3"、"5·4"大轰炸[①]中，公司遭受的破坏最为严重，多处电力设施被炸毁。据统计，被炸电力器材"价值达158459.76元；且这两天的损失，约占当年全部直接损失的38%，约占公

[①] 1939年5月3日，日机开始对重庆实施"五月攻势"，日机将燃烧弹投掷到重庆城区，重点目标是繁华的商业中心，明显带有摧毁城市建筑、设施，轰炸平民，扰乱城市金融和商业，造成严重社会恐慌之目的。参阅潘洵、周勇主编《重庆大轰炸文献·抗战时期重庆大轰炸日志》，第104～111页。

司股本金（500万元——笔者注）的3.17%，极大的损失了公司的元气"。① 同时，公司的办公场所也惨遭轰炸。1939年7月14日的报告中载："职工陶纯武窃查自本日奉派至南岸查勘办事处，同鲁淳扬（公司职工——笔者注）驰往该处视察该处已全部炸成瓦砾，当即向附近建华制漆厂工人陈金林侦询7月6日晚被炸之情形；据该工人□称，是夜敌机先投燃烧弹一枚，后又投炸弹一枚，各方水龙无法施救致将办事处全部焚毁。"②

据统计，1939年"重庆市区被炸21次，重庆电力公司及设备被炸18次，被炸频率约为85.7%"，③ 计"直接损失达417147.25元。因轰炸而支出之疏散费用等项为69411.3元，至于可能估计之间接损失例如生产额减少及可获纯利额减少以及费用增加等项约计为130余万"。④

1940年，日机对重庆市区的袭击有增无减。从5月26日至9月4日，日军实施了陆海军航空兵协同进攻重庆的"101号"空中作战计划，对重庆的袭击呈现轰炸规模大、持续时间长的特点。日机"连续不断地实施狂轰滥炸，造成重庆'闹市为墟，伤亡山积'的惨状"。⑤ 公司的损失亦相当惨重。报告显示："渝市于1940年5月26~29日四天连续遭受敌机轰炸，在沙坪坝、小龙坎、土湾、化龙桥、牛角沱、中三路、张家花、江北等处的供电器材及用电设备均受重大损失。"⑥ 6月10日至12日，日机"分4批轮番袭渝，攻击目标为市街"。⑦ 公司办公处再遭日机袭击："曾家岩办事处于12日下午1时10分被敌机投掷炸弹后，经理室、会计科、总务科办公室被炸坏，业务科办公室亦震毁，知还山馆用电组亦被震动。"⑧ 7月

① 杨玉林：《"重庆大轰炸"下的重庆电力公司》，周勇、陈国平主编《给世界以和平——重庆大轰炸暨日军侵华暴行国际学术讨论会论文集》，第173页。
② 《关于报送查勘重庆电力公司南岸办事处被炸情形的呈》，档案号：0219 - 0002 - 00023，第105页。
③ 杨玉林：《"重庆大轰炸"下的重庆电力公司》，周勇、陈国平主编《给世界以和平——重庆大轰炸暨日军侵华暴行国际学术讨论会论文集》，第173页。
④ 《重庆电力公司第四届股东常年大会纪录》，档案号：0219 - 0002 - 00105，第42页。
⑤ 潘洵：《抗战时期日军轰炸重庆研究》，博士学位论文，四川大学，2010，第279页。
⑥ 《关于报送1940年5月26日至29日被炸供电器材损失上经济部的呈》，档案号：0219 - 0002 - 00222，第131页。
⑦ 潘洵、周勇主编《重庆大轰炸文献·抗战时期重庆大轰炸日志》，第193页。
⑧ 《重庆电力公司为6月12日敌机炸毁房屋情形呈市政府文》，唐润明主编《重庆大轰炸档案文献·财产损失》，第163页。

5 日，"菜园坝木杆 33 根被炸"。① 7 月 16 日、31 日及 8 月 9 日 "城内、南岸及江北三地供电设备损"。② 更为严重的是 8 月 19 日和 20 日，日本海军分别投入 137 架、152 架轰炸机 "使用新型凝固汽油弹分 4 批轮番轰炸市区"，③ 导致 "两日内城区被炸被烧，公司供电设备损失达 628812.7 元"。④ "8 月 20 日，海棠溪等地被炸；9 月 12 日，石庙子南岸等地被炸；9 月 13 日，国府路曾家岩等地被炸；9 月 15 日，空水沱上清寺等地被炸。"⑤ 此外，"9 ~ 10 月市中山四路、国府路、金汤街、中山一路、新市街等地，大量路灯、电线等市政设施也遭受严重破坏"。⑥

据统计，1940 年的 "'101 号'大轰炸"造成公司供用电设备被炸达 34 次，被炸频率约为 97.1%，几乎次次都有损失。损失数额自 1940 年 5 月 26 日起至 10 月 26 日止 "所受轰炸直接损失 2714549.63 元。9 月底以前损失计 2622463.41 元"。⑦ 10 月 22 日，公司向重庆市营业税处呈报："首先，损失数几乎接近于公司的股本金额 500 万元的一半左右。其次，造成的间接损失（如拆迁费、防空费、救济费并可能带来生产额减少）估计约 60 万元。并请求当局予以免税。"⑧ 而四联总处关于公司的稽核报告是："1940 年轰炸直接间接影响于业务者亦甚巨，所受损失高达 446 万余元。"⑨

1941 年，日军采用批次多、时间长的疲劳轰炸战术，对重庆实施了 "102 号"战略大轰炸。电力公司亦遭敌机轮番轰炸，损失惨重。1941 年

---

① 《重庆电力公司为补报 7 月 5 日及 6、7 月份敌机炸毁木杆、用电设备损失报告表呈市政府文（1940 年 8 月 8 日）》，唐润明主编《重庆大轰炸档案文献·财产损失》，第 229 页。
② 《关于报送 1940 年 7 月 16 日、31 日，8 月 9 日敌机轰炸重庆电力公司损失情形上经济部、重庆市政府的呈》，档案号：0219 - 0002 - 00222，第 119 ~ 120 页。
③ 潘洵、周勇主编《重庆大轰炸文献·抗战时期重庆大轰炸日志》，第 239 页。
④ 《重庆电力公司为报 8 月 19、20 日敌机炸毁供电设备损失报告表呈市政府文》，唐润明主编《重庆大轰炸档案文献·财产损失》，第 272 页。
⑤ 《关于报送 1940 年 8 月 20 日，9 月 12 日、13 日、15 日被炸损失情形及请注销电字第 1610 号文件多报损失费上经济部的呈》，档案号：0219 - 0002 - 00222，第 26 页。
⑥ 潘洵、周勇主编《重庆大轰炸档案文献·抗战时期重庆大轰炸日志》，第 268 页。
⑦ 杨玉林：《"重庆大轰炸"下的重庆电力公司》，周勇、陈国平主编《给世界以和平——重庆大轰炸暨日军侵华暴行国际学术讨论会论文集》，第 173 页。
⑧ 《关于查明 1940 年 5 ~ 9 月遭受空袭损失致重庆市营业税处的函》，档案号：0219 - 0002 - 00217，第 3 ~ 4 页。
⑨ 《关于检送重庆电力公司 1940 年 9 ~ 12 月及 1941 年上半年营业状况及收支情形、稽核报告的呈、代电》，档案号：0285 - 0001 - 00372，第 203 页。

度的损失报告称："敌机频频侵扰市空，总厂曾中弹数次，供电用电资产遍布市区，每次均有损失。"①如在 1 月 22 日，日机袭渝，"本市詹家溪被炸，公司供电设备损失 5242.00 元。其中损失裸铜线 1044 吨，磁瓶 1 只"。②"3 月 18 日，敌机空袭渝市，公司供电资产计损失 827.00 元。"③又"窃自 1941 年 5 月 3 日敌机袭渝至 6 月 11 日，接户材料及杆线损失合计 213505.44 元"。④"6 月 14 日、15 日、30 日及 7 月 4 日，敌机袭渝市，四贤巷、武库街、林森路、李子坝、市区等处被炸，公司供电资产、接户材料损失合计 6461□元。"⑤综计，从 1941 年"1 月 22 日起至 9 月 1 日止，日机轰炸重庆 50 次，出动飞机 2180 架次，投弹 5911 枚，公司被炸 45 次，被炸频率约为 95.7%；市区被炸 37 天，公司被炸 35 天，约占 94.6%"，⑥造成公司"全年财产损失甚巨，共计 2389218.32 元"。⑦

　　日机对重庆的轰炸结束于 1943 年 8 月 23 日，"是日上午 10 时许，日机 27 架轰炸重庆郊区小龙坎、盘溪、石门、马王场、黄泥湾等地，投弹 98 枚，炸死 15 人，炸伤 32 人，损毁房屋 77 间。该日，公司在江北盘溪损失铜线、磁瓶等器材，价值 2074.46 元"。⑧

　　综上所述，抗战时期"日机轰炸重庆电力公司达 98 次"，⑨特别是 1939 年"5·3"和"5·4"大轰炸，以及 1940 年"101 号"、1941 年"102 号"战略大轰炸造成公司财产损失异常惨重。据 1947 年《重庆电力

① 《1941 年度公司轰炸损失报告》，档案号：0219－0002－00105，第 57 页。
② 《重庆电力公司为报 1 月 22 日敌机炸毁供电设备财产损失报告单呈市政府文》，唐润明主编《重庆大轰炸档案文献·财产损失》，第 322 页。
③ 《重庆电力公司为报 3 月 18 日敌机炸毁供电设备财产损失表呈市政府文》，唐润明主编《重庆大轰炸档案文献·财产损失》，第 322 页。
④ 《重庆电力公司为报 5 月 3 日至 6 月 11 日敌机炸毁接户材料及杆线损失报告表呈市政府文》，唐润明主编《重庆大轰炸档案文献·财产损失》，第 324 页。
⑤ 《重庆电力公司为报 6 月 14 日至 7 月 4 日敌机炸毁供电设备、接户材料财产损失报告表呈经济部、经济部工矿调整处文稿》，唐润明主编《重庆大轰炸档案文献·财产损失》，第 349 页。
⑥ 潘洵等：《抗日战争时期重庆大轰炸研究》，商务印书馆，2013，第 220 页。
⑦ 《1941 年度公司轰炸损失报告》，档案号：0219－0002－00105，第 57 页。
⑧ 杨玉林：《"重庆大轰炸"下的重庆电力公司》，周勇、陈国平主编《给世界以和平——重庆大轰炸暨日军侵华暴行国际学术讨论会论文集》，第 172～174 页。
⑨ 杨玉林：《"重庆大轰炸"下的重庆电力公司》，周勇、陈国平主编《给世界以和平——重庆大轰炸暨日军侵华暴行国际学术讨论会论文集》，第 173 页。

公司战时损失资产简表》载："自 28 年（1939 年）至 31 年（1942 年）之间，敌机大肆空袭重庆，本公司之发电厂为目的之一，虽中弹多次，幸未中要害，故发电部分损失尚微。惟供电设备遍布市区，每次空袭无不损失惨重。"① 被炸地点分布于"演武厅（社交会堂）、夫子池、冠星楼、油市街、临江门外（地母街、毛草坡）、较场口（老街、母子巷、百果街）、千斯门外（车家巷、纸码头）、黄家垭口（菜市场、四德里对面）、模范市场（大礼成衣店）、南岸（龙门浩、瓦厂湾）等多处"。② 另据统计，轰炸导致"公司损失各类电表 5679 只，风雨线 32 吨，裸铜线 28 吨，铅皮线 96475 尺，胶皮线 3333564 尺，各类磁瓶 13338 只，木杆 1226 根，以及保险、横担、钢丝等"，③ 加上其他各项战时所受损失，"照现在（1947 年——引者注）国外国内价值，计国币 47 亿余元"。④

综上所述，电力公司在大轰炸中遭受极大损失，经营危机加重。"1939 年 5·3 大轰炸后，公司仅有的资本 500 万元中（1939 年——引者注）新旧举债达 200 万元，完全支用于建设资产，流动资金较少，加股举债也甚为艰难。"⑤ 公司在 1938 年以前每年略有盈余，但自 1939 年以后，有 4 年均亏折，截至 1945 年累计净亏达 26692813.43 元。公司抗战前后营业盈亏如表 3-7 所示。

表 3-7 公司抗战前后营业盈亏⑥

单位：元

年 份	盈 余	亏 损	备 考
1935	33898.40	——	资本总额 2500000
1936	386596.42	——	——
1937	396019.49	——	——

---

① 《重庆电力公司损失总结算（1947 年）》，唐润明主编《重庆大轰炸档案文献·财产损失》，第 374 页。

② 《关于详报重庆电力公司被炸所受损失情形的函》，档案号：0219-0002-00023，第 115~116、122 页。

③ 杨玉林：《"重庆大轰炸"下的重庆电力公司》，周勇、陈国平主编《给世界以和平——重庆大轰炸暨日军侵华暴行国际学术讨论会论文集》，第 174 页。

④ 《重庆电力公司损失总结算（1947 年）》，唐润明主编《重庆大轰炸文献·财产损失》，重庆出版社，2011，第 374 页。

⑤ 《重庆电力公司近况》，档案号：0219-0002-00090，第 43 页。

⑥ 《重庆电力公司历年盈亏表》，档案号：0219-0002-00116，第 124 页。

年　份	盈　余	亏　损	备　考
1938	505784.40	—	
1939	—	68259.99	资本总额 5000000
1940	—	1184240.44	
1944	—	16648482.29	—
1945	—	8791830.71	

资料来源:《重庆电力公司建设新厂计划书》,档案号:0219 - 0002 - 00180,第 10 页。

　　频频遭受轰炸袭击,使具有营利性的公司苦不堪言。其 1939 年的年度报告称:"敌机历次袭渝,线路器材损失奇重,又因用户疏散,市场炸毁之故,收入锐减,比较收支不敷至巨,目前已有崩溃危机,仅就实际经营情况述陈于后:(1)燃煤缺乏。燃煤为公司每日最大消耗品。在抗战前厂房每月烧煤仅 1000 余吨,市价每吨耗 8 元至 11 元。战时工厂迁川,用电量步增,燃煤需求量随之增加。现在厂房日报每日已用至 160 吨之多,南岸分厂每日又耗煤 30 余吨,综计总分两厂每日用煤已达 200 吨;厂库存煤至少有 2000 吨,倘临时缺乏、需用电力负荷日高,用煤间存迟误,现已提用殆尽,储量不可预计,目前每周购运到厂最低额非达到 8000 吨以上,不能仍获长久,而公司现与宝源、裕享永与各煤号订立合约,仅是三个月来常感缺济,临时采购,费尽人力、财力幸于停电。长此现象,唯殊无把握。煤矿价格节节上涨,照历次订约经过初由 11 元加至 17 元,继又加至 23 元到 30 元之间,现各订约厂商纷纷以人工缺乏,运达困难之故请求调整,又加至每吨 34 元到 36 元不等。由所运厂人工上昂,平均每吨估值在 37 元上下浮动,较之原值超出 5 倍,公司燃煤购入额少,支偿还高,乃实在情形也。所需煤量数即令平时订约煤商运交足额尚属不敷,何况积欠既久,若断若续,炭荒情形于斯已极,近日内无煤接济,必致曲突,无烟电口断绝。(2)电价过低。公司电灯电力各价系 1934 年开始营业时估计,当时成本拟具呈请前建设委员会所核定,当时成本之计算除建设费用外,经常维持费、外购材料、外汇平衡、运税各费均低,煤价只 8元一吨,开支较少。今则煤价节节上涨,为上节所详陈,已照初定电价时,煤价超出 5 倍,至供电材料外汇增加 4 倍,运费供发由航运,每吨仅平均 70 元;今由港转越南海防、昆明抵渝,每吨平均价为 220 元,实超出 3 倍以上;成本即经锐增,电价理应此比照进步,故具呈经济部、市政

府按照原价各加 50%，嗣见材料购运加费奇高，乃须于□上赐加电费
100%，同时期载上海电价已附加 100% 之例再恳。目前本市各种物价无涨
不只一倍，即同属公用性质之工业如自来水早经加 75%，其他轮渡公共汽
车平均迭次提价，即官办之电话亦加 50%，电力不能维持现状，略增累负
亏折。（3）临时费用增加。查自敌机肆虐，公司奉令筹建南岸应急分厂，
建设新村柴油机厂，总计工程购地各费共支洋 32 万元，此为公司所付。
再市场迭被敌机狂炸及拆卸大巷；杆线电表之损失甚大，临时抢救，系用
汽车汽油补充材料工作日夜赶办水电费用，复系再疏散以后，用户散居南
岸、渝中、沙坪坝一带，供电工作及抄表收费均非加人办理不可，用人数
办增多，又以生活增高，职工薪津不能维持，迭经临时津贴及疏散家属费
现当前月有损益。（4）收入锐减。在 5·3（1939 年 5 月 3 日——引者注）
以前，公司营业收入有曾达到 30 万元。自 5·3 以后被炸用户绝对无法照
收，疏散用户常以家主外出，无人负责照缴，旋奉拆卸大巷之□应拆房屋
用户，亦无法寻觅，基此种种原因，三个月内积欠电费竟达 40 万元之多，
即力加整理，有因用户展转移动，用户名更易，有因街巷变更，户牌改
动，有因电表随人疏散，抄表已属不易，收费更感困难。溯至 5 月份起收
入陡低至十二三万元，幸后稍有增加，截至 10 月份止仍止一月收入 20 万
元上下，比照 5·3 以前，仅占十分之七。当有最大原因为窃用强用之团
体个人甚众，费尽检查心力，结果剪火线又自接，迭劳军警协助，收效甚
微，此则公司无力贯彻也。综上四种事实，种种皆足以危害公司之生存，
遂向当局呈述三种请求措施：其一，燃煤事宜除公司已向厂家订约每月有
5000 吨外，每月尚不敷 3000 吨，恳祈察核转饬燃料管理委员会照量代购
代运到厂应当偿救，拟订价偿国为准照缴纳，但已与厂家订定合同按期有效
不能废止。否则全部无着□难采办员。其二，电力价格均部、府（经济部、
市政府——引者注）照所拟比接上海电厂先例准加 100%，早日核准令行，
以缓危局。其三，鉴于目前经济困难，前因临时费用过多及收入短少，故特
恳均部、府接转最高机关，俯念借以转利损害：准予一次补助，现于抗战期
间比战前情形甚为严重，而公司所负荷在供应国防动力上比照本发电厂为
重大援例也。"① 公司希望当局在发电成本、电价调控及资金补助等方面

<hr />

① 《关于报送重庆电力公司运作困难情形上经济部、行政院、重庆市政府的呈》，档案号：
0219 - 0002 - 00024，第 151～157 页。

施以援手。但从战时经营管理的绩效看，公司的上述期望并未实现。

1939 年 11 月，公司回顾了抗战两年来面临的境况："窃自抗战军兴，工厂内移，电力用户猛增，供电材料却未大量储备；临时迭向外商采购，外汇陡加，运费飞涨巨；而燃煤、油料等需要额度亦随用电数进步，市价空前飞涨，供电设备以及发电成本均较战前突增。公司为维持公用与工厂生产计，努力供应，不敢顾及盈亏茹苦奋进两年有余（1937 ~ 1939 年——引者注）。自 5·3 以还，寇机历次袭渝，公司线路器材损失重大；又因用户疏散，市场炸毁。恳实非危言耸听。"[①]

第三节　国民政府的统制经济政策与公司经营

一　战时统制经济对重庆电力公司的影响

经济学家金德尔伯格说："战争给资源造成沉重压力，这种压力如何影响经济，主要取决于社会的应对能力。"[②] 全面抗战爆发后，高昂的成本使得当局在社会各个领域采取非常措施，以应对这场民族危机。在经济领域，当局实施了统制经济政策。"所谓统制经济，即以国有经济为主导，同时对民营经济进行管制和扶植的经济体制，这种经济的所有制基础依然建立在生产资料私有制上。"[③] 其实质是形成以国防工业为统领，以发展国家资本为主导，以管控民营资本为目的的战时经济体制。

1939 年 3 月，国民党召开五届五中全会，通过了《国防经济建设案》和《中国经济建设方案》。其旨在以国家之力加强对大后方经济领域的控制，实施"计划经济"政策。国民政府可"根据国情与需要，将整个国家经济如生产、分配、交易、消耗诸方面，制成彼此互相联系之精密计划，以为一切经济建设进行之方针"。[④] 同时，这也说明了经济建设在抗战中的重要意义。1941 年 4 月，国民党五届八中全会通过了《动员财力、

① 《关于报送重庆电力公司运作困难情形上经济部、行政院、重庆市政府的呈》，档案号：0219 - 0002 - 00024，第 158 ~ 159 页。
② 〔美〕查尔斯·P. 金德尔伯格：《世界经济霸权（1500 ~ 1990）》，高祖贵译，商务印书馆，2003，第 52 页。转引自杨德才《中国经济史新论（1840 ~ 1949）》，第 478 ~ 479 页。
③ 张守广：《抗战后方工业研究》，重庆出版社，2012，第 174 页。
④ 周天豹、凌承学主编《抗日战争时期西南经济发展概述》，第 29 ~ 30 页。

扩大生产，实行统制经济，以保障抗战胜利》之决议，这标志着统制经济政策代替了战前的国家资本主义经济政策，成为加强战时经济体制的基本政策。当局欲将国家意志渗透于各个领域，其方式"主要是通过行政干预（即行政立法干预）、金融垄断、工矿业垄断和国家投资的形式，逐渐渗透入工矿业、商业等领域逐步形成垄断，以便于对这些领域的管制"。统制经济政策主要方式如下："（1）调整经济行政机构，将主要经济事务归并到经济部、财政部和交通部。在金融方面设置了四联总处，成为最高金融决策机构。1941年2月，国民政府行政院内正式成立由蒋介石任主席的'经济会议'，加强对经济的控制。1942年经济会议改为'国家总动员会议'，成为战时最高统制机构。（2）实施财政体制改革，将省级财政纳入国家财政，建立公库制度；整理税制；发行与整理公债。推行法币政策。（3）对工矿业实行扶持与统制。（4）在交通、农业、商贸等领域实行统制。"[①]

就统制经济政策之作用来说，有利有弊。就其利言，"推动国家适应战争需要，最大程度上组织力量支持持久抗战，保障军需民用的基本需要，发挥了积极的作用"。[②] 就其弊来说，国民政府对经济采取垄断政策，必顾及垄断的成本与收益。"垄断的收益是获得巨大的财政收入以维持战争的巨大消耗；而垄断的成本则是对微观主体造成很大的伤害，不利于民间产业的发展，国民的生活质量严重下降，很有可能威胁到政府的统治"。[③] 到抗战中后期，大后方出现的恶性通货膨胀即反映出统制经济政策的负面效应。

实施工业统制是统制经济政策的重要一环，"具有非常时期非常政策的性质。为支持抗战，国民政府集中人力、物力、财力，对重要工业企业和工业物资实行统制，以保证急需产品的生产与供应"。[④] 其中，电力工业作为兼具国防与民生性质的重要工业门类之一，在国民经济发展中扮演着十分重要的角色，因而被纳入战时工业统制范畴。然而，在抗战初期，大后方发电量仅占全国发电量的4%，根本无法满足随国民政府迁移的军事、工业及行政机构的需要。同一时期，后方14个省份的工业资本仅占

---

①　陈廷湘主编《中国现代史》，第342~343页。

②　李学通编《抗日战争　第5卷　国民政府与大后方经济》，第2页。

③　杨德才：《中国经济史新论（1840~1949）》，第479页。

④　张燕萍：《抗战时期国民政府工业政策评析》，《江海学刊》2005年第6期，第136页。

全国的 4%。经济危机下的国民政府通过大力开展经济动员和增强社会领域的控制能力来应对上述挑战，以迅速提高国家在大后方经济社会领域的地位。在工业化进程中，政府在国家资本主义的道路上越走越远。其中较为显著的变化是当局对经济管理机构的调整和整合：经济部取代了长期以来名存实亡的实业部、建设委员会及全国经济委员会。这些机构被撤销后，由经济部来统筹全国的经济管理，经济部成为近代历史上处理经济管理事务的最庞大机构。同时，当局又将带有国家资本经营性质的资源委员会改隶经济部，成为经济部的附属机构。资源委员会负责重工业与基础工业的建设，并借助于国家银行的贷款来推动大后方电业发展。

当时主管电气化工程的经济部资源委员会的戴世英处长认为："资源委员会办理国营工矿事业共 11 种，电气事业不过其中之一，但比较起来以电业单位为最多，那么也可以说本会经办事业中以电业为第一，其重要性实超出一般工业之上。"① 资源委员会在电气领域，颇为用心。"自建设委员会撤销后，发展全国电业的任务改由资源委员会承担。此后，电业成了资委会经营的重点。"② 资源委员会在制定战时电业政策时，"首重在后方各地设置电厂，开发煤矿，广为分布，以利于生产。在后方建设大电厂，供应各工业中心，同时注意下列原则：重要据点电力国营，开发水力资源，建设产煤区电厂，采用高压长距离输电线路（例如四川井宜线及云南马街子至喷水洞线），示范边疆电气化（如西昌与西宁），协助农村电气化（例如岷江清水溪灌溉电力网大计划，尽管在战时未能实现）"。③

与此同时，在后方建设、运营以重庆电力股份有限公司为代表的民营能源企业，因事关军需生产及民生领域，也被经济部纳入统制经济范畴。在统制政策下，重庆电力股份有限公司的业务经营亦被赋予了鲜明的战时表征，具体情形如下。

---

① 《全国电气工业同业公会成立大会会议关于提议请政府核减电气营业税、可否将电业季刊改为月刊或双月刊、电厂燃煤应按照实际需要量如数配给等的会议记录》，档案号：0219 - 0002 - 00191，第 16 页。

② 郑有揆等：《旧中国的资源委员会（1932～1949）：史实与评价》，上海社会科学院出版社，1991，第 47～48 页。转引自杜恂诚、严国海、孙林《中国近代国有经济思想、制度与演变》，上海人民出版社，2007，第 243 页。

③ 转引自郭红娟《资源委员会经济管理研究——以抗战时期为核心的考察》，中国社会科学出版社，2009，第 37 页。

第一，设置专门机构加强电业指导。如前文所述，抗战前大后方的工业生产能力微乎其微，快速发展经济的条件十分缺乏，通信设施落后，运输费用昂贵。全面抗战爆发后，国民政府调整了经济行政机构，采取了一系列措施来应对战时经济危机，通过大力增强经济动员和控制能力，迅速提高了国家在经济领域的地位。在机构组织方面，出现了机构整合的现象。如将原有的实业部、建设委员会、全国经济委员会水利部分、军事委员会第三部及第四部合并为经济部（后将农产、工矿调整委员会移交至经济部），以翁文灏为部长，成为"国民政府的最高经济行政机构"。① 经济部主管全国经济行政事务，职能不断膨胀。其中，战时民营工矿业由该部工矿调整处负责组织协调。其主要职责包括："协助民营工矿的发展，包括民营工矿资金的筹措协助，工矿材料的供需调剂，工矿设备的迁移补充，工矿建设的规划协助，工矿动力的调剂供应，工矿产物的运销分配等。"② 其目的是实现对民营事业"于辅导奖助之中，即寓监督管制之意，期能逐渐指导纳之轨道"。③

战时电业改由"经济部工业司主持之。按照《经济部组织法》的规定，经济部对于已有电厂，及应在充分适应工业需要及地方公用之原则下，充实指导，尤其重于工务之整饬与电价之调整"。④ 为履行行政管理职能，其主要开展以下工作："（1）筹备电厂：面对针对抗战以来，战区及邻近前方之工商业与居民均陆续向西南、西北各省迁移，政府重建之重工业亦在积极推进，内地旧有电气事业自不足以应此需求的现状，筹建后方电厂如西京、万县、兰州、贵阳等四厂。（2）调整电业工作，督促各地电厂扩充机量，对各地因燃料价格高涨而准酌予增电价。（3）实施特殊供电。鉴于重庆供电安全至关重要，现已由经济部与关系机关订定办法，克期完成，俾于空袭时减少危险。"⑤ 进入抗战中期后，由于"内地工业突飞猛进，动力需要因以激增，本部（经济部——笔者注）爰于1940年7月设置电业司，专司电业行政、设计，并督促电气

① 张守广：《抗战大后方工业研究》，第15页。
② 张守广：《大变局——抗战时期的后方企业》，第101页。
③ 《抗战时期的经济部及其工作（1948年）》，唐润明主编《抗战时期国民政府在渝纪实》，重庆出版社，2012，第121页。
④ 李学通编《抗日战争　第5卷　国民政府与大后方经济》，第66页。
⑤ 《经济部关于1938年工作报告》，中国第二历史档案馆编《中华民国史档案资料汇编　第5辑　第2编　财政经济（五）》，第107页。

事业之进行"。① 此后，由经济部电业司主导大后方电业发展。

经济部电业司担负了很多的具体职责，"除国营、合营各电厂依照原定计划循序渐进外，特别注重于协助民营电气事业，以现时交通困难，机器不易购运、装置尤为旷废时日，不若就已有基础之民营电厂，加以扶植；民营电气事业在本部积极扶植中者计有重庆、启明（成都——引者注）两电力公司，现有发电总量计 8500 千瓦"。② 为扶植地处陪都的重庆电力股份有限公司，经济部更是不遗余力。该部称："公司原有 4500 千瓦发电机两部，南岸分厂另有 1000 千瓦发电机炉两部，后方民营电气事业中，该厂实首屈一指。重庆军需、民用、工业用电厂家不下 300 余家，而陪都所在社会公用电光、电热弥足重要。"③ 这一方面可以理解为经济部对重庆电业给予极大重视，另一方面也表明重庆电力股份有限公司对推动陪都社会经济发展有重要作用。因而，继 1940 年重庆正式成为永久陪都后，经济部又在当年下半年专门责成电业司"一面是督促其（重庆电力股份有限公司——引者注）尽量供电于敌机连续空袭之下，随毁随修。策划其拆迁一部机炉（4500 千瓦），先装山洞内，以避免敌机之轰炸，其余一部拟继续迁装，计全部迁装经费预计为 600 万元，已请准由国库拨助 400 万元，余下 200 万元由四行联合办事处贷给，拟用电费附加偿还。现在机炉已迁达山洞，约于 1941 年底以前，装竣发电。在拆迁期间，总厂电力不敷供应，复经督饬利用南岸分厂余电，并向龙华造纸厂自用电厂购买余电，转供该地一带用户。又本部（经济部——引者注）工矿调整处于李家沱建设工业区，需用电力亦已督饬该公司架设输电线路，约下年（1942年——引者注）一月内可以供电"。④ 这表明经济部电业司主要是通过执行统制经济政策，对公司生产及资金运转等环节进行指导、管理，达到管控目的。

值得注意的是，战时经济部在资金方面对民营企业给予了相应的协

---

① 《经济部关于 1938 年工作报告》，中国第二历史档案馆编《中华民国史档案资料汇编　第 5 辑　第 2 编　财政经济（五）》，第 243 页。

② 《经济部关于 1938 年工作报告》，中国第二历史档案馆编《中华民国史档案资料汇编　第 5 辑　第 2 编　财政经济（五）》，第 243 页。

③ 《经济部关于 1938 年工作报告》，中国第二历史档案馆编《中华民国史档案资料汇编　第 5 辑　第 2 编　财政经济（五）》，第 245 页。

④ 《经济部关于 1940 年下半年工作报告》，中国第二历史档案馆编《中华民国史档案资料汇编　第 5 辑　第 2 编　财政经济（五）》，第 245～246 页。

助。其主要方式有贷款、投资、介绍国家银行贷款、保息、补助、存货垫款、预付定金等，重点是向民营厂矿提供资金借贷。其中，"1940 年至1941 年间，贷款又以建设资金为重；1942 年至 1943 年间，贷款则以营运资金为主。尤其监督银行贷款方面，依照银行习惯，以用原料或成品抵押透支者为最多"。① 经济部按照上述政策向重庆电力股份有限公司给予了一定的协助。具体而言，一是向财政部呈请公司资金补助事项，二是以经济部工矿调整处担保转请四联总处贷放资金于公司。

　　除经济部外，抗战中期，国家总动员会议对重庆电力股份有限公司亦有一定程度的管控。② 按照《国家总动员法》之要旨，国家总动员会议对"战时公营私营企业进行业务稽核，以便掌握实施企业请求调整价格或政府补贴考核办法的落实标准"。③ 按照上述要领，在国家总动员会议审议公司补贴标准前，应对其实施业务进行清查，主要稽核财务账目等项目。如 1944 年 8 月 31 日，重庆电力股份有限公司临时维持委员会第二次会议呈请"政府补贴公司当年六、七、八三个月共 3000 万元案，需经国家总动员会议审议后，由国库局支出该金额，支付款计 29425813.46 元。履行上述程序的要件是：公司须推康心如与刘航琛两委员迅向国家总动员会议洽商补助数目，呈请总动员会议早赐派员查账核计实需成本"。④ 派查人员来自政府及中央机关部门："国家总动员会议派定专门委员陈松年、专员柯瑞麟；经济部派定电力司科长张德新；社会部派定劳动局职员蒋仲牟；重庆市政府派定工务局主任秘书江德潜、科长邓卓哲；四联总处派定考核科科长吴长斌。"⑤ 派驻到公司的人员"主要任务是查账，核计实需成本"，⑥ 以便核实后履行上述办法，旨在加强对公司业务的管控。

---

① 《经济部关于 1942 年下半年至 1943 年上半年工作报告》，中国第二历史档案馆编《中华民国史档案资料汇编　第 5 辑　第 2 编　财政经济（五）》，第 340 ~ 341 页。

② 1942 年 3 月，国民政府颁布《国家总动员法》及其实施纲要，决议改组行政院经济会议，成立国家总动员会议，规定国家总动员会议常务委员会为全国最高物价决策机构，除继续统筹一切平抑物价事宜外，主要推行限价政策。

③ 《重庆电力公司临时维持委员会谈话会纪录》，档案号：0219 - 0002 - 00324，第 26 页。

④ 《重庆电力公司临时维持委员会第 2 次会议纪录》，档案号：0219 - 0002 - 00324，第 15 页。

⑤ 《重庆电力公司第 83 次董事会议报告李家沱供用电资产案、讨论重庆电力股份有限公司临时维持委员会组织规程等会议纪录》，档案号：0219 - 0002 - 00117，第 13 页。

⑥ 《重庆电力公司临时维持委员会第 4 次会议纪录》，档案号：0219 - 0002 - 00283，第 20 页。

　　第二，实施统制经济政策效益分析。经济部认为民营工业受政府之管制，"其生产数量较之战前殊为突飞猛进，大为增加。又可注意者民营电厂总量到1941年底达到了30980千瓦，皆可见在政府指导督促之下民营事业实颇有重大贡献"。① 然而在实际运行中，当局亦不得不承认民营事业生产之加多，目前已有相当阻碍，不易继长增高，其尤为甚者，如"运输数量之不大及运费之增高，流动资金之不足及银行借款之困难，机械原料供应之减少，市场物价之涨高，诸如此类皆使产业进展不能尽如人意"。② 本书将以重庆电力股份有限公司为例，考察经济部对其实施统制经济政策所产生的效益。

1. 经济部对重庆电力公司电价管控绩效分析

　　抗战时期经济部在后方经办各种重要工矿业，并扶植民营事业。其中，经济部工矿调整处负责扶植指导后方民营事业，在"电业方面特别注重后方各新兴工业中心的动力供应，以配合后方工业的发展"。③这对推动后方工业生产产生积极的作用。但是当局的统制经济政策也有不少弊端，如战时大后方通货膨胀日趋严重，"政府却按照统制政策采取严厉限价的措施，结果使工业产品的价格受到严格限制，而原料的价格受到的限制很有限，产生产品价格低于成本的现象"。④ 这种现象在重庆电力公司的运营中亦有显现。

　　一份公司股东常会记录载："前数年盈余，可发给各股东股红息。自抗战起后各项物价高涨，电价未能与物价平衡上增以致1939年亏损60万元余。去年（1939年——引者注）虽在3月与9月各增加电价1次，但奉准时物价又已受变动，电价终落物价之后，故去年结算结果又亏损108万元余。为维持电价成本，函请经济部核准电价随物价指数附加中，此后或又不致再有亏损情事，惟连年亏损，各股东毫无股息可言，殊是有损，本公司不得不借债发给各股东股息。"⑤ 1940年6月，公司向经济部呈请提高电价，并做出说明："因受物价管制，公司电价太低，电灯电力之平均发电成本为3角1分7厘，每度平均售价仅为1角4分7厘，因合同电

　　① 《经济部关于1942年工作报告》，中国第二历史档案馆编《中华民国史档案资料汇编　第5辑　第2编　财政经济（五）》，第311页。
　　② 《经济部关于1942年工作报告》，中国第二历史档案馆编《中华民国史档案资料汇编　第5辑　第2编　财政经济（五）》，第311页。
　　③ 张守广：《大变局——抗战时期的后方企业》，第104页。
　　④ 张守广：《抗战大后方工业研究》，第427页。
　　⑤ 《重庆电力公司第5届股东常会记录》，档案号：0219 - 0002 - 00047，第157～167页。

力有低至 9 分情形，若不亟谋补救不到明年 4 月本公司资本已亏蚀净尽。"① 直到 1941 年，经济部核定公司从 6 月起实行新电价："电灯每月每安培用电在十度以下者每度 1.2 元，超过十度而在二十度以下者，其超过度数每度 1.5 元，超过二十度者其超过度数每度 2 元。电力每度一律 7 角。煤价以每吨 160 元度计算标准。每吨 5 元，电价每度随之增减一分一角；普通电热每度一律 2 元。电价新方案却未达到公司所要求之电灯价即实行每度 1.5 元，电力平均价为每度 9 角之目的，以致严重亏损。"② 这表明当局实施统制经济政策后，公司电力价格低于成本。此种现象缘于抗战中后期"法币不断贬值，电力公司所需的器材和燃料，亦随之飞涨；职工生活费的上涨更剧，电力价格必须相应地调整，才能维持下去。但是经济部把电价固定一季或半年调整一次，这不仅阻碍电力的发展，甚至迫使公司无法生存"。③ 针对上述问题，本书后面相关章节将进行详细阐述。

2. 经济部对重庆电力股份有限公司财产损失的补助分析

经济部不仅在电力价格领域对公司进行"管控"，而且对公司遭受轰炸的财产损失情况进行清查并给予补助。在 1940 年 9 月 19 日公司即呈请经济部补助轰炸损失 200 万元。公司称："自 1940 年 5 月以还，迭遭轰炸损失亟巨。现在之维持及今后之恢复均非易事。然为公用事业着想，又不能委弃责任。将公司近况缕晰奉陈请祈。"④ 具体损失状况为："前为供应迁川各军需及生产工厂急切用电之需，曾派员赴香港专购各种电器材料及机器等件。当时因所有资产资金不敷购价，曾向外举债达 350 万元之巨。但陷入资金积压，周转失灵之窘境，自 5 月 26 日起（1940 年——笔者注）本市频频被炸，财产直接遭受损失其查明者已达 200 余万元。"⑤ 经济部认为，"经过清查，公司除间接损失者尚未估计在内，市区每次被炸，公司财产总不免损失，尤以外线为甚。每次被炸后欲行修复，均需巨款。

---

① 《重庆电力公司第 51 次董事会商讨向四行借款议案记录》，档案号：0219 - 0002 - 00047，第 9 ~ 11 页。
② 《重庆电力公司第 59 次董事会关于会报 1941 年 4、5 月份收支概况的会议记录》，档案号：0219 - 0002 - 00047，第 179 ~ 184 页。
③ 中国民主建国会重庆市委员会、重庆市工商业联合会文史资料工作委员会编《重庆工商史料》第 2 辑，第 186 ~ 192 页。
④ 《关于检送商讨重庆电力公司借款会议记录致重庆市政府、潘□□ 的函》，档案号：0067 - 0011 - 00061，第 29 ~ 30 页。
⑤ 《关于检送商讨重庆电力公司借款会议记录致重庆市政府、潘□□ 的函》，档案号：0067 - 0011 - 00061，第 29 ~ 30 页。

钧部之命向中央信托局投保兵险叠经交涉，最近该局始允接受350万保额，已付讫保费完备手续以后之损失稍得保障。"① 然而，公司以前之损无法补充，已恳经济部"于补助费未经赐发以前介绍银行借款200万元用济，急需上陈补助借款"。②

为落实公司呈请的轰炸损失补助费，经济部于1940年12月7日召集部分机关商讨公司因轰炸申请补助事宜，出席人员有经济部张家祉、朱仲恒、高泽厚，内政部傅角令，重庆市政府潘延梓，工矿调整处宋毓华、陈宏谋，重庆电力股份有限公司协理程本臧（列席）。主席张家祉说明召集会议的意义。在会上，程本臧代表重庆电力公司呈请补助办法略谓："1940年度公司供电线路等被炸损失已达200余万元，须订购大批材料，始可恢复，请就已被轰炸之损失予以补助。主席（蒋介石——引者注）说明了公司在后方动力之业建设中之重要，及该公司历届被炸后抢修供电线路之努力，现以被炸损失甚大，请求补助，以供添购供电器材之用，在原则上自应予以充分考虑，惟补助数额及其用途分配等项与政府财政支出有关，须经审慎商讨，以期适当。"③ 但与会的各机关代表并未做出决议。

1941年1月15日，经济部再次召集会议商讨补助公司损失费事项。参会代表有：经济部张家祉、高泽厚，财政部李傥、谭杰代，内政部哈雄文，重庆市政府潘延梓，工矿调整处张传琦、陈宏谋，重庆电力股份有限公司程本臧（列席）。讨论议题为公司因上年度轰炸损失甚重，呈请补助200万元，以备补充线路材料。首先由公司协理程本臧报告申请之缘由："其一，向各位代表说明用途分配表各项费用均为补充上年轰炸损失线路材料之用，因物价日涨，公司为仅先购置起见，关于上项材料已经订购，或已购到，需要资金。其二，公司前曾呈请财政部为购存材料及轰炸损失请求政府补助，未经核定以前，请转四联总处借垫200万元，旋奉指令迁建工程案内借款200万元饬向四联总处洽办，公司已将此款领到，移补充线路材料之用。"④ 待程

---

① 《关于检送商讨重庆电力公司借款会议记录致重庆市政府、潘□□的函》，档案号：0067 - 0011 - 00061，第29~30页。
② 《关于检送商讨重庆电力公司借款会议记录致重庆市政府、潘□□的函》，档案号：0067 - 0011 - 00061，第30~33页。
③ 《重庆电力公司呈请补助案会议纪录》，《关于检送重庆电力公司借款会议记录致重庆市政府的函》，档案号：0067 - 0011 - 00061，第5页。
④ 《重庆电力公司请求补助案会议纪录》，《关于检送重庆电力公司借款会议记录致重庆市政府的函》，档案号：0067 - 0011 - 00061，第9~11页。

本臧陈述完后，李傥报告了电力公司迁建工程案中转向四联总处借款 200 万元办理之经过。

因公司代表仅为列席，待公司代表退席会场后，参会各方代表对迁建工程费用借款及补充轰炸损失线路材料两案展开详细讨论。会商结果是："公司呈报上年轰炸损失 229 万余元，经济部、市政府审查属实，并援照自来水公司被炸损失补助案，似可酌予补助。另查电力公司迁建发电设备已由行政院核定补助 400 万元，并准另向四行借款 200 万元。现据公司代表称因前项借用之 200 万元已移作补充上年轰炸损失材料之用，将来迁建工程进行需前项借款时，衡度该公司财力恐难如数筹还，以致影响迁建工程，为维护公用事业起见可否于 400 万元迁建补助费以外，再行酌量补助若干。"① 上述办法由经济部呈行政院核定批准后旋准财政部函，以奉行政院 1941 年 8 月 16 日紧急命令，先饬垫公司补助费 100 万元交公司领用，随后给予补助。

同时，公司先前的轰炸损失补助费已复准行政院秘书处函：以"其呈请补助轰炸损失费 200 万元一案"，奉批"前日已拨 100 万元，现在仍需款若干，查报候核拨。（上年度实际损失约 229 万元——引者注）等因。函请查照，经经济部陈明该公司上年度所受轰炸损失确属重大，函请转呈续予补助 100 万元各在卷。兹准行政院秘书处 1941 年 9 月 11 日复函：准贵部查复重庆电力公司被炸损失情形，请续予补助 100 万元等由，已由院紧急命令饬财政部再拨国币 100 万元，共计 200 万元交重庆电力公司应用。"②

1941 年 7 月 15 日，公司再次呈请经济部给予补助费。理由如下："经奉行政院 1941 年 2 月 17 日指令，经提出本院议决准予再由财政部介绍该公司向四行洽商借贷 200 万元，已于 1941 年 7 月 3 日办委手续以资产作抵押。查公司与自来水公司因属公用事业历年遭受营业损失及空袭损失情形，复同数额更巨。公司虽承政府补助迁建工程费用 400 万元，惟迁建工程系奉令办理，所得补助全部工程，于公司无补助再具呈。望钧部恳请体恤商艰，转呈行政院核凿补助费以资救济。再距请求补助之日已达 10 月

① 《重庆电力公司请求补助案会议纪录》，《关于检送重庆电力公司借款会议记录致重庆市政府的函》，档案号：0067－0011－00061，第 9～11 页。
② 《经济部为财政部续拨重庆电力公司 1940 年度被炸损失补助费致重庆市政府的函（1941 年 9 月 17 日）》，唐润明主编《重庆大轰炸档案文献·财产损失》，第 362～363 页。

之久。其间逐月营业亏损累计甚巨，此次借到 200 万元弥补亏欠尚嫌不足，购运费用仍然毫无着，机炉配件供电材料需要甚毁，继筹大宗约款即无法购运，维持供电将成问题。"① 经济部对公司财产损失及迁建工程补助一案表明，公司颇费周折，得到补助的数额虽达到预定额度，却因战时经济形势的不断恶化（表现为原料减少、物价高涨等问题），政府给予的额定补助费并没有为其业务带来如期效果。

3. 由经济部主导，对公司维持电力供应方案做出相应规定

1940 年，公司因重庆屡遭日机轰炸，不时停止发电，导致城区时常停电。加之公司为保证安全，需拆迁电力设备，进行迁建。为保证居民与用电各企业能获得电力供应，当局采取了轮流轮时供电的办法。"1940 年 9 月 9 日，由经济部主导，针对本市（重庆——引者注）电力公司以总厂拆卸发电机炉一部，随时有不敷供给之虞，拟具了维持供电办法及分配电流办法。事前邀集各有关机关及各厂商代表在 8 月 19 日上午 8 时在本部（经济部——引者注）开会，议决办法共计 5 项。参加的会议机关代表有：经济部：张家祉、陈佐钧、高泽厚；重庆市政府：潘廷梓；重庆防空司令部：潘厚昆；兵工署：陈垚；工矿调整处：宋毓华、陈宏谋；燃料管理处：熊传飞；兵工署第 20 工厂：沈陞扬；兵工署第 21 工厂：周治同；兵工署第 25 工厂：邱世恩；兵工署第 30 工厂：侯启泉；军政部制呢厂：邱凌；南岸军政部纺织厂：郄赓华；国际广播电台及中央广播电台：乐桂馨；川康藏电政管理局：王葆和；自来水公司：蔡源高；渝鑫钢铁厂：余名钰；民生机厂：容桂芳；裕华纺织公司：仵瞬五、高履祯；四川水泥公司：徐宗栋；龙章纸厂：刘履祥；重庆电力股份有限公司：程本藏。"② 会上对全市电力分配方案做出决议："（1）电流分配办法必要时先停止电灯用电，电力部分先调查实际用电容量及用电时间，调查措施是：（甲）兵工军需用电情形由兵工署当送本部。（乙）普通工业由本部分发表格送各厂填送并派员择要调查。（2）龙章纸厂发电设备即由电力公司接通以便必要时供给猫儿石一带。（3）裕礼纱厂自即日起（8 月 19 日——引者注）、裕华纱厂自 9 月 1 日起发电自给，如有特殊原因经核准后由电力公

---

① 《关于检送重庆电力公司借款会议记录致重庆市政府的函》，档案号：0067 - 0011 - 00061，第 66 ~ 67 页。

② 《关于检送重庆电力公司会商维持供电及分配电流办法会议记录致重庆市政府的函》，档案号：0067 - 0001 - 00248，第 13 ~ 15 页。

司供电，国际广播电台自 9 月 16 日起以发电自给为原则，必要时事先通知电力公司临时供电，自来水公司用电极力设法自给，随时与电力公司妥商办法。（4）水泥厂用电改由南岸电厂供给。（5）取缔及限制办法请市府切实执行。"①

1941 年 4 月，当局改组成立的经济部电业司在该部续商公司电力分配问题。由电业司司长主导拟定《重庆电力公司总厂电力用户停用电流表及重庆电力公司总厂电流分配表》，采取每日不同时间段分时分量供应电力的办法：凌晨 1 时至早晨 6 时为 820 千瓦、早晨 6 时至中午 12 时为 520 千瓦、中午 12 时至晚上 21 时为 450 千瓦、晚上 21 时至凌晨 1 时为 820 千瓦。而停用电流时间为每星期三的上午 6 时至下午 5 时及第二与第四周的周六上午 6 时至下午 6 时。同时，因市内电灯用户用电量已超过 3000 千瓦，今按照电流分配表只供给电灯用电量 1500 千瓦。但该分配办法并未实施，缘于经济部电业司认为落实该方案甚为困难，恐影响电力用户用电需求，对此问题讨论甚久。后再次归纳意见采取的新办法是："1. 在电灯节约办法未实行以前，电力公司得按照公司在报端登载之四天一循环之办法由下午 6 时与下午 10 时期间轮流停止供电，惟不必要时停止。2. 各电力用户即于电流分配表批准后按照该表施行。如遇负荷超过时先行停止城内居民供电。"② 由此可见，新办法旨在优先保障工业用电。

第三，战时当局对重庆电力股份有限公司的管理，实现了中央政府与地方政府之间的互动。除经济部等机构对电业进行管控外，地方层级的重庆市政府也对电力事业进行业务指导。1938 年 10 月，"行政院决定重庆市按特别市规格设置机构，市政府将工务科扩编为工务局，总揽各项市政公用事业的开发与管理"。③ 其中，包含了对电力事业的开发与管理。在电力事业开发方面，为适应战时重庆城市规划的新形势，1940 年 9 月 28 日，重庆市市长吴国桢训令："案准军事委员会办公厅代电抄送《都市营建计划纲要》，令市工务局施行。其中对电讯规划作了 5 点规定，总的要求是电力设施、电话总机设于坚固的地下室内，线路架设城郭外围，民用

① 《关于检送重庆电力公司会商维持供电及分配电流办法会议记录致重庆市政府的函》，档案号：0067 - 0001 - 00248，第 13~15 页。
② 《关于请届时派代表在经济部电业司续商电流分配问题的呈、函分配表、电流表》，档案号：0193 - 0003 - 00372，第 158~159 页。
③ 重庆抗战丛书编纂委员会编《抗战时期重庆的经济》，第 296 页。

军用分开等。"① 在政府的规划指导下，公司亦将一部分发电设备迁移至鹅公岩山洞内发电，以策安全。在管理职能上，市政府对于公司负有督导之责，体现在："（1）抗战中后期，由市府会同经济部呈请行政院由政府补助公司电灯成本。（2）行政院曾颁有窃电处理办法及取缔军警机关部队及所属人员强用电流规则案，通饬由市府办理令饬电力公司组织用电检查队切实取缔窃电及强用电流。（3）推动自用电厂的电力转供公司，供给市用，日著成效；并由市府工务局派员调查本市区内各工厂自有发电设备情形，与电力公司合作、减少其负担。"② 同时，市政府也派出工务局人员实地考察公司各厂发电情形，以做出改进。③

　　总之，按照战时电业管理体制，大后方民营电力企业由经济部工矿调整处具体负责管理。经济部及所属的工矿调整处为扶助民营事业之机关，对重庆电力股份有限公司的业务经营产生了重要影响。重庆为战时首都，国民政府多部门驻地重庆，因此，中央各部门也干预地方公用事业的发展。这在经济部会同各部门商讨重庆电力股份有限公司经营政策时表现得尤为明显。所以，抗战时期重庆电力股份有限公司的经营是在中央与地方的互动中进行的。

二　统制经济政策下，公司自主经营空间受制约

　　前文已述，战时统制经济政策规制下，"政府对经济和社会的控制越来越多，政府的意志已经渗透到经济生活的方方面面，渗透到经济运行的操作方面"。④ 因而，在政策的引导下，国家干预经济的现象开始出现。在电业方面，当局在协助后方民营电力企业的同时，也通过国家资本之力来建立国营电力企业。重庆电力股份有限公司自组建以来（至1944年——笔者注）一直是重庆地区唯一的电力企业，也"为后方民营之最大电厂，但抗战爆发后，重庆附近工厂增设之多，为他处所不及，故用电数量仍超过该公司发电之能力。本部（经济部——笔者注）曾经规定紧急救

① 重庆市地方志编纂委员会编《重庆市志》第 7 卷，重庆出版社，1999，第 100~101 页。
② 《重庆电力公司临时维持委员会第四次会议议程》，档案号：0219 - 0002 - 00110，第 79 页。
③ 《重庆电力公司临时维持委员会第一次会议关于讨论委派江德溉为重庆市工务局科长及重庆电力股份有限公司临时维持委员会组织规程等事项的会议记录》，档案号：0219 - 0002 - 00283，第 22 页。
④ 杜恂诚、严国海、孙林：《中国近代国有经济思想、制度与演变》，第 364 页。

济办法，为节省消耗起见，定期分路停电；兵工厂装设新机，逐步增进，以期停电时期亦逐步缩减"供电区域。① 由于分路停电办法不能从根本上解决重庆工业用电问题，经济部工矿调整处针对重庆李家沱及鱼洞一带设置厂矿较多但又面临用电不敷的现实，采取了"区内各厂共同集资的办法，于1943年初开始筹备设立发电厂，至1944年3月建成后冠名为巴县工业区特种电力股份有限公司并对外供电。公司董事长由工矿调整处张丽门担任，经理由张祖荫担任，员工达100余人。公司额定资本4000万元，设备有1000千瓦透平发电机1套，每月可发电30万度以上，依据投资比例分配各厂使用"。② 该企业系国营电厂，在股本设定上"除由各用电工厂照用电量认股外，不足部分由工矿调整处设法募集，也在工业保息补助项下拨股200万元，以资倡导而利进行"。③ 在供电区域（李家沱区域）所有权实行"重庆电力公司转予巴县电力公司使用。至电力设备，公司的木杆、电线、磁瓶、横担等（按当月估价为268597.8元）作价已由巴县电力公司收购。变压器电表等（按当月估价为7014250元）暂由巴县电力公司租用，定期由公司折回。在给议价格中，巴县电力公司要求连变压器、电表等全部按市价转让"。④

国营巴县电力公司系按照抗战时期"政府颁行的《特种股份有限公司条例》规定，将由政府机关组织，准许本国人民或外国人认股的股份有限公司，特种股份有限公司的发起人数可以不受《公司法》第八十七条的限制。其用意是在当时的条件下，国家可以根据战时形势需要，以国家出面组织、控制的方式实行合营"。⑤ 该公司在重庆市区内，尽管违背了1935年重庆电力股份有限公司制定的《公司章程》之总纲第二条的规定："本公司专售电光、电力、电热，于重庆市区域内有专营，他人不得为同业之竞争。如受用户之要求并得与巴县、江北两县境内推广营业。"然而1945年重庆电力股份有限公司第83次董事会议决通过的《李家沱供电用电资

---

① 《经济部关于1942年下半年至1943年上半年工作报告》，中国第二历史档案馆编《中华民国史档案资料汇编　第5辑　第2编　财政经济（五）》，第334页。

② 《巴县工业区电力厂股份有限公司》（交通银行贷放事业调查报告提要），重庆档案馆藏。转引自张守广《大变局——抗战时期的后方企业》，第230页。

③ 张忠民、陆兴龙、李一翔主编《近代中国社会环境与企业发展》，上海社会科学院出版社，2008，第59页。

④ 《重庆电力公司维持委员会第1次会议记录》，档案号：0219-0002-00324，第5页。

⑤ 张忠民：《艰难的变迁——近代中国公司制度研究》，第89页。

产案》却明确"本公司放弃该区域供电权"。① 这说明战时国营电力事业在不断膨胀，甚有挤压民营电力企业之势。

当局设置国营巴县电力公司反映出抗战时期国民政府实施统制经济政策的倾向。就抗战之意义言，则"又为遂行经济统制政策即扩张军需资源生产，以增强抗战力量之急务"。② 在这样的历史背景下，发展国家资本占有重要地位。恰电业关系国防动力生产，政府自然按照发展民生主义、节制私人资本、发达国家资本的原则发展电业。

进一步言，关于电业国营与民营的经营属性问题，当局的国营化论调较为明显。蒋介石曾"指示民营电业应辅助国营所不及以俾利建国之成，同时中央主管部门也表示应当组织一种不分国营、民营的整个集合团体"。③ 相关举措旨在大力发展国营电业，同时扶植民营电业。时任经济部电业司司长罗滤叔也认为："现在全国电厂发电容量约有 100 余万千瓦，国营及国省合营者约占 60% 以上，故希望能做到'以国营事业任其难，民营事业任其易'。电力为各种工业动力源泉，欲发展工业必先发展电力，故电业为各种工业之领导。当此国家总动员令施行之际，积极增加生产为其重要之一环。"④ 1947 年在全国电气工业同业公会成立大会上，经济部工商辅导处欧阳处长指出："在抗战期中，后方的人士要增加抗战力量，促进生产，认为电气事业为重要，现在实施经济建设，复兴工业过程中，电气事业地位仍旧重要。在抗战时期，电气事业对于国家贡献甚多。"⑤ 可以看出，国民政府在电业政策上倾向于发展国营电力事业，以为战时后方国营工业发展提供能源保障。

---

① 《重庆电力公司第 83 次董事会议报告李家沱供用电资产案、讨论重庆电力股份有限公司临时维持委员会组织规程等会议记录》，档案号：0219 - 0002 - 00117，第 13 页。
② 中国第二历史档案馆编《中华民国史档案资料汇编　第 5 辑　第 2 编　财政经济（六）》，第 270 页。
③ 《全国电气工业同业公会成立大会会议关于提议请政府核减电气营业税、可否将电业季刊改为月刊或双月刊、电厂燃煤应按照实际需要量如数配给等的会议记录》，档案号：0219 - 0002 - 00191，第 13 页。
④ 《全国电气工业同业公会成立大会会议关于提议请政府核减电气营业税、可否将电业季刊改为月刊或双月刊、电厂燃煤应按照实际需要量如数配给等的会议记录》，档案号：0219 - 0002 - 00191，第 15 页。
⑤ 《全国电气工业同业公会成立大会会议关于提议请政府核减电气营业税、可否将电业季刊改为月刊或双月刊、电厂燃煤应按照实际需要量如数配给等的会议记录》，档案号：0219 - 0002 - 00191，第 17 页。

但此种观点给后方民营电力事业的发展带来负面影响。"战争后期，国营事业在日益扩大经营范围，发展国家资本理论在日益占据突出地位的同时，也遭受到了来自内外两方面的夹击，由于事业对象被逐渐侵夺，与国营事业相比，器材、市场和资金方面受到不公平待遇，后方民营工业家因此而呼吁重视民营工矿业，并由此产生了国营与民营事业经营范围的激烈争论；在外部方面，有意战后来华投资的外商，对于独占性的国家资本更给予了有力的批评。"① 民营企业要求在经营范围内取得与国家资本经营企业的同等待遇，以消弭国营事业"与民争利"的瑕疵，如重庆电力股份有限公司曾请求政府与国营电厂同样待遇以示奖励民营事业。公司提到了国营与民营电力事业在发展进程中存在的一些问题（体现在民营事业不能享有平等待遇且受政府一般管制），按照"国父遗教，民营事业原在政府扶植奖励之例，惟现行管制办法，国营与民营事业之待遇，相距悬殊，已深受社会舆论之指责。公司认为，即与国营电厂而论，既能享受平价物品之供应，复可独免一切税捐，成本之负担已较民营电厂大为轻减。照理对于效率方面，尤其是电价方面，原应具有示范之作用，以领导民营事业，至少只应以较低之成本，发展较高之效率，并以较廉之价格供应社会，然实际情况则大为不然。公司以同时期公营宜宾电厂为例，指出：该厂 1945 年 2 月的电灯价格每度为 14 元，电力价格为 7.80 元，当年 11 月电灯价格为 22 元，电力价格为 25.20 元。公营自流井电厂 1945 年 2 月电灯价为 14 元，电力价格为 11 元；当年 11 月电灯价为 31.5 元，电力价为 34.3 元。公营贵阳电厂 1945 年 2 月份电灯价为 15 元，电力价为 8 元，当年 11 月电灯价为 56 元，电力价为 50 元。本公司之电价，则自 1943 年 7 月份起，今已达 17 个月，电灯价仅为 10 元，电力价仅为 5 元。横向比较，则是国营电厂不但无示范之作用与领导之能力，公营电厂且较民营电厂之价格，波动甚剧，以较廉之成本反出以最高之价格，已甚不平，且其价格之调整后毋须透过若干管制，但由其主管之政府核准，即可实行，则是政府之管制政策限制民营事业，使其竭力亏赔，无从发展，揆之统制经济之真谛，实以不甚合理。公司要求今后拟请国营、民营事业须受同等待遇且须受同等之管制。俾民营事业可谋正常发展，以负起应尽之责任"。②

---

① 张守广：《抗战大后方工业研究》，第 187 页。

② 《关于陈述重庆电力公司当前困难及收支情形请给予维护的公函》，档案号：0054 - 0001 - 00537，第 100 ~ 112 页。

但至抗战中后期,当局不断强化对民间电业的管控,大有"与民争利"之势。

时人认为,"电气事业是一种关系社会福利最重要的事业,民营经营电气事业因其特殊性,不能脱离与政府的关系"。[1] 但是"由于利益所在,抗战时期国民政府在干预经济的过程中自觉不自觉地向国家资本及官僚资本倾斜,在利益分配上,民营资本受到冷落和排挤。而且也得不到足够的发展资金和原材料,产品价格又严格受控,并且随时面临被国家资本吞并的危险"。[2] 该论断有一定依据。抗战时期的重庆电力股份有限公司受到了国家资本的干预,不仅体现在公司经济利益分配受到管控,而且更多表现在公司业务的政治化导向较为明显,尤其体现在政策法规的管控与政府力量下的金融性垄断,使得重庆电力股份有限公司的产权结构发生了变化。但是不可否认,在特定历史环境下,当局在推行统制经济以加强国家资本的同时,也采取了促进民营经济发展的政策措施。在重庆电力股份有限公司资金短缺、成本高涨的情形下,国家资本向公司提供了一定协助,使其在抗战时期能维持经营。

---

① 何清儒:《政府对于民营电业的关系》,《电业季刊》第 7 卷第 2 期,1937 年,第 25 ~ 27 页。

② 潘洵主编《抗战时期西南后方社会变迁研究》,第 72 页。

第四章　公司应对战时环境的举措

第一节　整理与扩展基础设施

"基础设施建设和技术开发是企业生产经营的基础性的物质和技术环境。"[①] 面对抗战时期环境变化给公司带来的压力，公司决定以扩充发电设备的方式来增加发电容量，提高公司的生产能力。1937 年经济部在拟定的《设计管理审查意见》中认为，"公司原有工程设计，似有未周，管理上不无可议，均应努力改进以臻完善；原厂设计时，因限于经济能力，尚节省，又加未曾料及时局变化，重庆负荷突然增加，以致现时使用发生困难"。其具体困难有："两座发电机不能同时开用，实际等于一座。重庆附近地产烟煤，灰份高达 30%，磺黄达 2%，现有锅炉系普通式锅炉，未有特别设备，以致锅炉烧煤甚感困难，效率因之减低。重庆附近气温较高，湿度尤大，循环冷水塔容量不足，循环冷水温度太高，以致凝结器负荷过载，真空不能低速，机器设计时预定数值影响机器容量，同时温度太高，影响机器寿命。关于管理方面，欠妥之处，可由该公司每年支出情形与现有各大电厂及武进电气公司等支出情况进行比较，足见诸多因素使得公司发电成本偏高。"[②] 抗战初期重庆电力股份有限公司生产成本与其他城市电企比较如表 4 - 1 所示。

---

① 杨德才：《中国经济史论（1840～1949）》，第 339 页。

② 《关于检送经济部对重庆电力公司迁机、扩充计划意见的训令》，档案号：0219 - 0002 - 00024，第 13～14 页。

表4-1　抗战初期重庆电力股份有限公司生产成本与其他城市电企比较

单位：%，分

项目	长沙湖南电灯公司（1937年）	汉口既济水电（公司1937年）	武进电力公司（1936年）	重庆电力公司（1937年）	重庆电力公司（1936年）
薪工占比	19.6	19.4	18.1	34.9	25.1
燃料占比	33.4	46.1	51.7	17.3	15.2
折旧利息占比	23.8	16.2	35	23	43.1
事务费等占比	25.2	18.3	15.2	24.8	16.6
每度燃料成本	1.34	1.61	1.23	1.30	1.35
每度总成本	4.00	3.50	3.89	7.52	8.91

　　资料来源：《关于检送经济部对重庆电力股份有限公司迁机、扩充计划意见的训令》，档案号：0219-0002-00024，第11~12页。

　　发现公司面临上述问题后，经济部拟定《公司扩充计划审查意见》，认为"当下公司急需添购锅炉一座，俾实际具有9000千瓦之发电能力，并应充实经济力量，筹设1万千瓦左右新厂。现仅有新置4500千瓦发电机两套及旧有1000千瓦发电机一套在使用中，新机亦只有锅炉两座，虽发电机能长久转动，锅炉则每3~4周即须清理一次，每半年即须大修一次。故实际上虽有两座发电机，然仅能轮流使用，并不能同时开车，结果等于只有一机，盖该公司限于资本且购机时，未能料及时局变化，重庆负荷突然增加，故当时以为使用一机一炉，而以一机一炉作为借贷，已乏敷用，致有今日不能两机同用之现象。随着战时情势变迁，最高负荷已达4300千瓦，而工厂已订合同需用电力供给者甚多，负荷增加，实收无法应付。故目前主要救济方法应即先行赶速添购锅炉一座，俾锅炉三座将轮流清洗。两座4500千瓦发电机同时可以使用，维持9000千瓦之发电容量。则负荷纵增加一倍，仍可免为应付。在新锅炉尚未运到之前，应迅速谋赶建应急电厂、沟通两厂，使应急电厂负担一部高峰负荷，可增至6000千瓦，尚可设法供给。因而筹设新机实有必要，惟该公司现已感资本短绌之困难。另一方面应筹划的款充实经济力量，以便购机扩充，不致为前些周转艰难。添购新机自当另建新厂，第一步新机似宜采10000千瓦左右发电容量。由经济部切实予以指导，经济方面由经济部饬工矿调整处设法协助其借款，以其他方法助其实现"。①

---

　　①　《关于检送经济部对重庆电力公司迁机、扩充计划意见的训令》，档案号：0219-0002-00024，第13~14页。

　　《公司扩充计划审查意见》大致说明了战时公司扩充基础设施的具体计划：其一，添购机炉与新建电厂，增加发电容量；其二，迁建电厂，疏散发电点，以满足全市各类用电企业和市民照明及市政设施等不断增长的用电需求。为此，公司也从以下几个方面推行了扩充电力基础设施的举措。

　　首先是充实发电设备，提高动力，增加发电容量。1936年底，公司决议："股本由200万元增资为250万元，以备增加设备的需要。但是应添置4500千瓦透平发电机及相应的锅炉和一切附属设备两全套，连同增添线路器材等约需300万元（运输安装费用还不在其内），仅仅增加50万元显然不敷甚巨。当刘航琛、康心如等人拟以财政部新颁条例发行公司债券补充之，但未得批准，只得接受政府的条件取得了临时贷款（国家资本120万元——笔者注）以济急需。"① 不久抗战爆发，发电量行将售罄，亟待扩充新机（发电设备）。因而公司向四行借款200万元，作"新添两部4500千瓦透平发电机之用。全部工程装竣，先期开用一部即4500千瓦发电机组。另一部仍作备件"。② 再加上原有三部1000千瓦机力，则公司发电容量已计7500千瓦，重庆电力供应紧张的现状得以缓解。1938年，公司实现了"平均每日发电总量为2400千瓦，在夜间为3500到3700千瓦浮动的发电量。这时期陆续又有多数省外工厂迁至渝市，已向公司订立了用电契约"。③ 其中在1938年度向公司申请用电的企业有：大鑫钢铁厂，1500千瓦；裕华纺织厂，1300千瓦；永利化学厂，800千瓦；第一兵工厂（用电增加），800千瓦；中央广播电台，300千瓦；军政部制呢厂，400千瓦；军政部炼钢厂，70千瓦。基于上述情况，公司认为，"上列各厂需用电流数量及公司目前每日负荷总量约计为11370余千瓦。即全将备件之4500千瓦电机一部完全开用，发电亦仅相当。为策发电安全计，实有再为添设4500千瓦电机一部补作备件之必要"。④ 于是，公司又通过海上线路新购

① 中国民主建国会重庆市委员会、重庆市工商业联合会文史资料工作委员会编《重庆工商史料》第2辑，第179～186页。
② 《关于报送重庆电力公司向中国农民银行、中国银行、中央银行、交通银行联合办事处重庆分处办理借款案经过及支付情形，重庆电力公司需扩充新机情形等上重庆电力股份有限公司董事会的呈》，档案号：0129－0002－00107，第76～83页。
③ 《关于检送向中央、中国、交通、农民银行贴放委员会办理借款情形经过及支付情形致董事会的函》，档案号：0219－0002－00107，第137页。
④ 《关于检送向中央、中国、交通、农民银行贴放委员会办理借款情形经过及支付情形致董事会的函》，档案号：0219－0002－00107，第138～139页。

机器。具体经过是：公司迭奉经济部工矿调整处通知，以重庆为战时首都系异常重要，须预筹增加发电设备，添购供电器材以应急需并备万一，于"1939 年 4 月 4 日及同年 5 月 22 日先后向英商拨柏葛锅炉公司订购 4500 千瓦锅炉一座，茂伟厂订购 4500 千瓦透平机一部，锅炉货价为 13200 镑（关税租栈在外），签字时付 5200 镑，以后按月付 800 镑，拟 10 个月付清。订约付款后 10 个月在香港交货（现改在海防交货，第一批约 60 吨，已到海防第二批约 70 吨，由伦敦运出）；透平机货价为 14900 镑（原约为13700 镑，因欧战爆发，运费及兵险增加 1200 镑），第一次付款 1 万镑以后，按月付 500 镑付清之日为止，订约付款后 10 个月在香港交货，在制造期中如原料人工涨价，经伦敦中国购料委员会证明得增价至 1100 镑"。① 然器材"运至海防（越南港口城市——笔者注）不幸沦陷，机器则虽已付价，现尚滞英（1941 年 1 月 20 日，公司第 55 次董事会上决议：鉴于运存香港、海防的锅炉及其他材料有放置露天者经久锈坏，锅炉太重，汽车不能载运，采取了将存港存防锅炉全部出售、存防材料全部出售、存英存港材料设法运入的办法——引者注）"。② "原有 1000 千瓦之机炉又因破损则不能应用。"③ 因而公司仅靠原有的机器运转供电。于是，"乃分别商请有动力设备之公私各厂自行发电，其自用有余者并不计亏赔，购以转供公私各厂及各户之需，一面向英配购可以内运之机件作修复，并修复已有旧机，用尽种种方法以增加发电力量，赖政府机关与社会各方之协助数年，幸获勉强应付"。④ 而对于"各项电料器材向系仰给舶来，外路既断，存量日缺仍亦随以飞涨。实顾成木则不断向国内外随时搜购、补充，间由预购如透平油等迄尚成为严重之问题者，即幸截至现在止尚未发生间断之事"。⑤

戦时环境下，公司通过国际交通线转运设备历经艰辛："嗣以抗战军兴，上海首当其冲，使得公司购进的一部分锅炉设备须转经运到香港，显

---

① 《重庆电力公司第四届股东大会记录》，档案号：0219 – 0002 – 00105，第 39 ~ 45 页。

② 《重庆电力公司第 55 次董事会关于讨论年度会计决算案的决议录》，档案号：0219 – 0002 – 00047，第 101 ~ 103 页。

③ 《重庆电力公司近况》，档案号：0219 – 0002 – 00090，第 17 页。

④ 《关于抄送重庆电力公司收支亏累进行困难情形的函》，档案号：0067 – 0002 – 00060，第 62 ~ 64 页。

⑤ 《关于抄送重庆电力公司收支亏累进行困难情形的函》，档案号：0067 – 0002 – 00060，第 62 ~ 64 页。

然不能通过长江转运西上。当时协理石体元主持转运事务，决定在海防设临时办事处派员设法抢运。但不幸海防沦陷，机器滞留。公司不得不趁战火尚未蔓延到南洋一带的时候，迁回将机器全部运抵越南，再经过滇越铁路运到云南，同时组织若干辆汽车接运来渝。并派员工前往将汽鼓、梁架等笨重机件拆散装运。这一系列的措施和努力，使全部设备得以完整而完全运到了目的地。"① 而电力基础设施的扩充使得公司发电容量大增。这极大地促进了战时重庆社会经济的发展，"至1943年的抗战第6年来，一切兵工及民生必需之动力投入供应而不辍，贡献抗建不为不大"。②

其次，为满足战时重庆的巨大用电需求，公司在生产技术上做了改进。"在发电设备上将战前简单的蒸汽机改为凝汽式汽轮机，电压由400伏提高至5250/13800伏，供电方式由直流改为交流，使电力传输能力大大增强。线路上由5250伏配电线增加一种13800伏的高压输电线，并设置分电站（分别位于玛瑙溪、沙坪坝、龙门浩、铜元局）4个"，③ 其中"玛瑙溪变电站容量1500千伏安，沙坪坝变电站容量500千伏安，龙门浩变电站容量500千伏安，铜元局变电站容量225千伏安；共计配电变压器143台，容量达18354千伏安"。④ 分电站设置变压装置后，电流输送能力得以提高。同时公司"新建了大溪沟到沙坪坝14千伏输电线路13哩，添建石庙子长江铁塔14千伏线路即南岸区升压14千伏供电"，满足了远郊电力供应。⑤ 战时公司发电设备情况如表4-2所示。战时公司供电设备情况如表4-3所示。

从公司增设的电线线路来看，电线"导线多为1/8#裸铜线和19/1.2#绞铜线，少数为钢心铝线。杆塔大部分为木结构。进口铁塔有八座，杆型为单杆、Ⅱ型、双A杆。磁瓶大部分是针式磁瓶，有地锚、拉线、绑桩等装置。木杆多采用杉杆、木横担，经过简易防腐处理，城区少数线路用角铁横担"。⑥ 此外，对"线路杆塔的加固，跨越两座山头的长档距、发电机和变压器的线圈拱烤及检修，煤水油质的简易化验与处理等措施，都

---

① 中国民主建国会重庆市委员会、重庆市工商业联合会文史资料工作委员会编《重庆工商史料》第2辑，第179~186页。

② 《重庆电力公司近况》，档案号：0219-0002-00090，第17页。重庆市档案馆藏。

③ 四川省电力工业志编辑室编《四川电业志资料汇编1》，第44页。

④ 四川省电力工业志编纂委员会编《四川省电力工业志》，第167页。

⑤ 四川省电力工业志编辑室编《四川电业志资料汇编1》，第118页。

⑥ 四川省电力工业志编辑室编《四川电业志资料汇编1》，第44页。

表4-2　战时公司发电设备情况

<table>
<tr><td></td><td>台数</td><td>种类及式样</td><td>每座受热面积（平方公尺）</td><td>蒸发量（吨/小时）</td><td>气压（大气压），气温（℃）</td><td>制造厂名</td><td>出厂年份</td><td>安装年份</td><td>变迁情况</td></tr>
<tr><td rowspan="3">锅炉</td><td>2</td><td>水管式</td><td>332</td><td>6.35</td><td>18，400</td><td>拨柏葛</td><td>1933</td><td>1934</td><td>1939年迁弹子石</td></tr>
<tr><td>1</td><td>〃</td><td>332</td><td>6.35</td><td>18，400</td><td>〃</td><td>1927</td><td>1934</td><td>1940年售给第21兵工厂</td></tr>
<tr><td>2</td><td>〃</td><td>600</td><td>24.95</td><td>18，400</td><td>〃</td><td>1935</td><td>1938</td><td>1942年迁鹅公岩</td></tr>
<tr><td></td><td>台数</td><td>种类及式样</td><td>（容量马力）</td><td>每分钟回转数</td><td>与发电机连接方法</td><td>制造厂名</td><td>出厂年份</td><td>安装年份</td><td>变迁情况</td></tr>
<tr><td rowspan="3">原动机</td><td>2</td><td>冲动式</td><td>1340</td><td>500</td><td>齿轮</td><td>茂伟</td><td>1933</td><td>1934</td><td>1939年迁弹子石</td></tr>
<tr><td>1</td><td>〃</td><td>1340</td><td>500</td><td>〃</td><td>奇异</td><td>1922</td><td>1934</td><td>1940年售给第21兵工厂</td></tr>
<tr><td>1</td><td>〃</td><td>6000</td><td>500</td><td>〃</td><td>茂伟</td><td>1935</td><td>1938</td><td>1942年迁鹅公岩</td></tr>
<tr><td></td><td>台数</td><td>种类及式样</td><td>（容量马力）</td><td>每分钟回转数</td><td>周波电压</td><td>制造厂名</td><td>出厂年份</td><td>安装年份</td><td>变迁情况</td></tr>
<tr><td rowspan="3">发电机</td><td>2</td><td></td><td>1000</td><td>1000</td><td>50　5250</td><td>茂伟</td><td>1933</td><td>1934</td><td>1939年迁弹子石</td></tr>
<tr><td>1</td><td>三相交流</td><td>〃</td><td>〃</td><td>〃　〃</td><td>奇异</td><td>1922</td><td></td><td>1940年售给第21兵工厂</td></tr>
<tr><td>2</td><td></td><td>〃</td><td>4500</td><td>〃　〃</td><td>茂伟</td><td>1935</td><td>1938</td><td>1942年迁鹅公岩</td></tr>
</table>

资料来源：四川省电力工业志编辑室编《四川电业志资料汇编1》，第119页。

表4-3　战时公司供电设备情况（1938年）

<table>
<tr><td>13.8千伏线路</td><td>24.6哩</td><td>玛瑙溪分电站</td><td>（1500千伏安）</td></tr>
<tr><td>5千伏线路</td><td>56哩</td><td>沙坪坝分电站</td><td>（500千伏安）</td></tr>
<tr><td>低压</td><td>94哩</td><td>铜元局分电站</td><td>（225千伏安）</td></tr>
<tr><td>木杆</td><td>5594基</td><td>龙门浩分电站</td><td>（500千伏安）</td></tr>
<tr><td>铁塔</td><td>6座</td><td>主变压器5250/13500</td><td>4500千伏安
2250千伏安</td></tr>
<tr><td colspan="2" style="text-align:center">配电变压器143台</td><td colspan="2" style="text-align:center">18354千伏安</td></tr>
</table>

资料来源：四川省电力工业志编辑室编《四川电业志资料汇编1》，第120页。

曾作过一些改进"。①

在电力设备安装工程领域，职工逐步掌握了相关技术，如新引进的4500千瓦机组安装及日后的迁装均由华西公司与电力公司自己的技术力量来进行，在电厂输电运行技术上亦有突破。公司"为了提高设备出力，与自来水厂合作，对循环水系统进行了改进，利用江边打水船将水引至电厂冷水塔，通过凝结器作功后再流到水厂沉淀池，这样解决了循环水不足、温度高的缺陷，汽机真空得到改进，提高负荷600～700千瓦"。② 此外，"各厂运煤出灰系统已逐步从人力改为平车推送，节约了劳动力，减轻了劳动强度"。③ 总之，公司采取扩充电力设备、改善生产技术、有序设置线路网络等措施，使得电力路网遍布于市区内各处，将电力及时地供给各用电户。

最后，公司采取设立分厂的形式来扩充发电点，以应对敌机集中轰炸大溪沟发电厂问题。政府决定紧急疏散重庆电力公司大溪沟电厂的发电设备，设发电分厂于郊外。

第一，设立南岸分厂（位于市区南郊）。公司先前于1938年2月奉重庆行营命令迁移一部分发电机筹建分厂以防敌机空袭，跟进查勘厂址、筹议拆卸、建厂安装事宜；于南岸弹子石、牛角沱附近设厂，由总厂移1000千瓦电机2座，限期2月完成，并由经济部转商四行贷款20万元，收买地皮，由基泰工程司设计、绘图、招商，承建由六合公司得标，于当年一月动工，规定135天完工，造价23万元。公司派总工程师程本臧负全部建设责任，总厂厂务主任吴赐瀛随时前往监督工程，总厂修配组主任张玠、南岸分厂主任总厂工务员均常驻南岸办理一切工程事宜，相关工作有序进行，轰炸之中亦未敢懈怠，6月17日试车，6月22日翁部长（翁文灏——笔者注）亲往视察，8月9日正式发电，计购地工程修配各费达30万元。南岸分厂发电主要供给南岸地区，满足了南岸地区各工厂的用电需求。④

第二，设立李子坝应急电厂。1939年1月公司奉经济部之命令，设立

---

① 四川省电力工业志编辑室编《四川电业志资料汇编1》，第45页。
② 四川省电力工业志编辑室编《四川电业志资料汇编1》，第45页。
③ 四川省电力工业志编辑室编《四川电业志资料汇编1》，第45页。
④ 据《陪都十年建设计划草案》不完全统计，全市共1356家工厂，南岸地区有342家。重庆市地方志编纂委员会编《重庆市志》第1卷，第734页。

应急电厂，以备总分两厂被炸后供给路灯照明。由资源委员会拨借 340 千瓦柴油发电机一部，每度电耗油 0.7 磅，加上利息、人工等项费用，每度成本约合 0.55 元。为求安全，选择李子坝建设新村为厂址，开辟山洞，安装此机于山洞内，辟洞工程由新蜀营造厂承建，9 月 5 日全部完成，9 月 9 日邀请经济部派员监视试车，结果甚满意，应急电厂工程至此告一段落，总共用去建设费用（包括购置地皮费）69817.53 元。但因"弹簧松动修理延至 10 月 6 日正式试车，却因柴油价昂，每度电需油 0.7 磅，发电成本达 0.55 元/度。故战时公司设立李子坝电厂只作'应急'，却未能发电"。[1]

　　第三，迁移公司部分发电设备。战时公司拥有的 11000 千瓦发电设备原集中于大溪沟一处，但易成为敌机的轰炸目标。因而，为保障发电安全，公司迁移了部分设备。1937 年 12 月，公司临时董监会上说明的迁移设备缘由是："查日本飞机在我国各都市任意轰炸，凡规模稍大之工厂、电厂鲜能幸免。本公司为重庆唯一电厂能轰炸危险，殊虽遭遇，经理部为尽人事保救起见。拟以现时尚未装安，就此之新机一部，暂以移藏避免遭受危险，虽安装之机幸免不幸免、移藏之机能保不能保尚未可知，能为保全公司机厂计、股东权益计，似以移藏一部委适当，本会对经理部提出藏移新机一部原则完全赞成通过。"[2] 经过一年多的酝酿，至 1939 年奉令移装 1000 千瓦发电设备两套，于南岸弹子石成立分厂。大溪沟厂仍留有 4500 千瓦发电设备两套；1940 年 6 月，因遭受日机连续轰炸（大溪沟厂在这一时期两次中弹），蒋介石下达手令将大溪沟电厂的 4500 千瓦汽轮机发电机组 1 套迁往鹅公岩山洞内，成立当时最大的"洞内电厂"，称重庆电力股份有限公司第三电厂。[3]该厂系由"经济部、市政府、兵工署及本公司合组迁建委员会负责进行，决定先拆迁一套，一面选择地点，一面于 1940 年 7 月 1 日起同时开始拆卸机炉、发电机，7 日拆毕锅炉，20 日拆竣。拆下机件均分别编号，其精细部分一律装箱计大小 1460 件又 73 箱，共重 200 余吨"。[4] 同时，"为迅速迁离危险地带起见，遂向民生实业公司

① 四川省电力工业志编辑室编《四川电业志资料汇编1》，第 124 页。
② 《重庆电力公司临时董监会决议录》，档案号：0219 - 0002 - 00320，第 82 页。
③ 何润生主编《中华人民共和国电力工业史·重庆卷》，第 10~14 页。
④ 《关于将重庆电力公司第三厂迁建工程处施工情形拟就报告书送经济部上重庆电力公司经理室的呈》，档案号：0219 - 0002 - 00130，第 44 页。

租用民宪轮及铁驳各一艘以堆放拆下机件。该轮停泊鹅冠石，随拆随用木驳，载住该轮；遇有警报则开往长寿躲避，以策安全"。[①] 为加快山洞电厂工程建设，经迁建委员会同意，1940 年 11 月成立迁建工程处，派厂务主任吴锡瀛君兼任该处主任，主持该处事务。其人员构成如图 4 - 1 所示。

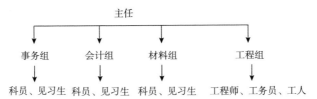

图 4 - 1　迁建工程处人员构成

　　在迁建工程处的主导下，"该工程历时 1 年零 10 个月，1942 年 4 月 15 日，鹅公岩发电厂正式完工投入发电运行"。[②]

　　第四，鼓励自己带有发电设备的企业自备发电。抗战爆发后，一些兵工企业迁来重庆建厂，为保证安全生产，各企业纷纷建立自备电厂自行发电。这也减轻了公司发电负荷。因而，当局也鼓励重庆地区有发电能力的企业自行发电。对于工厂自用发电的情况，经济部会进行督导。一方面是督促有自用发电设备的各企业积极发电，如在"抗战初期，第二十四兵工厂（重庆炼钢厂）在磁器口建自备厂，安装 1500 千瓦发电机 1 台，1941 年又增装 2000 千瓦发电机 1 台。1939 年，第二十九兵工厂建自备电厂 2×1500 千瓦，又于 1946 年增装 2000 千瓦发电组。裕华纱厂建 1000 千瓦自备电厂，1946 又增装 2×2500 千瓦发电机组"。[③] 另一方面，经济部部长翁文灏"鉴于电力公司各厂机量超过负荷，不敷供应的现实。节经呈请转饬自有发电设备之工厂速即装置自行发电，以减轻机器之负荷。迄今尚未完全办到。以故公司暂采取分区轮流停电救济办法仍未能立即取消，以应兵工民生之需要。兹查军政部兵工署第二十工厂有 1000 千瓦发电机一

① 《关于将重庆电力公司第三厂迁建工程处施工情形拟就报告书送经济部上重庆电力公司经理室的呈》，档案号：0219 - 0002 - 00130，第 44 页。
② 四川省电力工业志编辑室编《四川电业志资料汇编1》，第 125 页。
③ 何润生主编《中华人民共和国电力工业史·重庆卷》，第 10~14 页。

部，其机器早已装置完竣。仅特电呈请转咨军政部迅饬该厂立即发电自给"。① 鉴于该厂可发电自给，当局采用将其节省电力转供市用的办法以缓解公司供电压力，同时，要求市内其他"各自用电厂如有余电，均经督促转售公用电厂，以供市用，如重庆中央造纸厂、兵工署第 50 工厂，均经督促实行，他如兵工署第 20、21 工厂，豫丰纱厂，裕华纱厂，均经督促发电自给，减少公用电厂负荷"。②

总之，抗战时期公司努力扩充基础设施，使得"发电容量最高负荷达到了 11000 千瓦，为后方最大电厂。惟重庆为陪都所在地，军政机关及工厂比比皆是，负荷特重，该公司容量虽不小，仍觉不能胜任。1944 年战时生产局成立，曾计划添装 5000 千瓦，机件已运抵印度，未能内运战事即告结束，计划于焉中阻"。③ 因而至抗战末期，公司发电容量最高负荷始终维持在 11000 千瓦上下。

第二节　扩大电力供应范围

全面抗战爆发前，重庆城区面积约为 187 平方公里。随着战时国民政府西迁重庆，中央政府机关及人员、沿海部分企业、教育文化机关及相当数量的难民等纷纷涌入大后方，而重庆作为大城市，是"经济文化和政治中心，社会资源比较集中，信息比较便利，而且相对比较容易谋生"，④因而大量人口内迁重庆。这导致重庆市区人口密度极大，敌机更是屡屡轰炸重庆市区，因而"疏散市区人口和扩大城市空间成为当务之急"。⑤ 在此情形下，当局实施了机关迁移郊外、疏散市区人口的政策，让"各党政机关陆续迁至郊区和迁建区办公，仅在市区设办事处对外联系，部分厂矿企业也在迁建区分设新厂"。⑥ 此外，一些学校及社会团体也迁至郊区。因

① 《关于转咨军政部请饬兵工署第 20 兵工厂立即发电致经济部的代电》，档案号：0219 - 0002 - 00078，第 65 ~ 66 页。
② 李学通编《抗日战争　第 5 卷　国民政府与大后方经济》，第 236 页。
③ 孙玉声：《抗战八年来之电气事业》，《资源委员会季刊》第 6 卷第 1 ~ 2 期合刊，1946 年，第 698 页。
④ 苏智良等：《去大后方——中国抗战内迁实录》，上海人民出版社，2005，第 309 页。
⑤ 扶小兰：《论重庆大轰炸对城市建设的影响》，周勇、陈国平主编《给世界以和平——重庆大轰炸暨日军侵华暴行国际学术讨论会论文集》，第 211 页。
⑥ 扶小兰：《论重庆大轰炸对城市建设的影响》，周勇、陈国平主编《给世界以和平——重庆大轰炸暨日军侵华暴行国际学术讨论会论文集》，第 211 页。

此，重庆市区的面积不断扩大，至 1940 年，全市面积扩展到 328 平方公里。

面对战时日益扩大的重庆市区面积，公司努力扩展电力供应范围。1938 年，公司"建成 13.8 千伏输电线路 39.59 公里、5 千伏输电线路 90.12 公里，配电线路（380/220 伏）151.27 公里；建成变电站 4 座，其中玛瑙溪变电站容量 1500 千伏安，沙坪坝变电站容量 500 千伏安，铜元局变电站容量 225 千伏安，龙门浩变电站容量 500 千伏安；配电变压器 143 台，容量 18354 千伏安，供电范围 40 多平方公里"。① 这一时期，供电区域已"形成方圆三四十公里布满全市 200 多公里长的线路网络。为便于管理起见，1938 年，公司在原有 1935、1936 年分设了江北、南岸带有综合供电所行政的办事处的基础上，增设沙坪坝供电办事处；三个办事处管理所辖的分电站以配合工程之进展，扩大业务"。② 1939 年 7 月，公司颁布了《分区办事处暂行组织条例》，③ 明确三个办事处由公司业务科管辖。

战时初期巴县李家沱工业区形成后，重庆电力股份有限公司在此地修建了李家沱供应站。至抗战中期，"公司的供电区域已扩张到鹅公岩、沙坪坝、新开市；南岸方面上游至原家渡，下游达大佛寺，江北方面上游至

---

① 四川省电力工业志编撰委员会编《四川省电力工业志》，第 167 页。
② 四川省电力工业志编辑室编《四川电业志资料汇编 1》，第 117 页。
③ 《分区办事处暂行组织条例》，内容如下："一、各区办事处设主任 1 人、科员若干人、见习员若干人，由各科酌量会拟签请总协理委派。二、各区办事处主任受总协理及各科长之指导，掌握处内一切事务，并监督指挥所属职工。三、各区办事处之任务如下：（一）工程部分：1. 关于杆线及变压器之检查记录以及计划扩充事项；2. 关于各项电器之设置及制图事项；3. 关于检验用户之内线装置及封表接户事项；4. 关于一切工程材料之领用、保管、记账及报表事项；5. 其他一切工务事项。（二）业务部分：1. 关于普通用户之订立用电契约及接洽事项，但合同大户须由业务科办理；2. 关于用户之抄表收费事项；3. 关于各项表报之登记及记账事项；4. 其他一切业务事项。四、各区办事处除照前条列举事项外，依照公司章程及营业章程办理。五、各区办事处接受本公司之指示办理事务时，应遵照所发表单，填注办理状况，截送于公司。六、各区办事处如有请示公司事项，应分别性质，径承各主管科核办。七、各科办事处如遇有临时重要事件，应随时商承各主管科长决定，或迳请总经理核办。八、各区办事处之营业时间、休业时间以及其他一切规则，统照本公司之规定办理，至所收电费及业务费用，均须按日汇缴本公司会计科出纳股清结，如遇有重要事件，务须当天结束，不得因营业时间或休业时期，借故搁延。"参阅四川省电力工业志编辑室编《四川电业志资料汇编 3》，第 159 ~ 160 页。

石门坎，下游达青草坝"。① 继 1942 年迁建工程第三厂（鹅公岩发电厂）发电投产后，公司线路"一路以 5.25 千伏直送化龙桥、沙坪坝地区，另一路经 2250 千伏安变压器升压 14 千伏送南岸李家沱一带"。② 至此，公司形成"大溪沟发电厂主要供应市中区及小龙坎、江北一带，南岸分厂主要供应弹子石、牛角沱，上至龙门浩，三厂（鹅公岩电厂）主要供给化龙桥、磁器口以至山洞；另一线向兜子背过江至南岸，往西至李家沱，下游至龙门浩"③ 的供电格局，供电范围已达 200 余平方公里。

扩大供电范围的同时也应做好线路运行维护工作。公司在这方面做了较大的努力，但战时环境下困难颇多。"最初之线路设备系照最高负荷 3000 千瓦设计，输电线路以大溪沟为起点而负荷则集中于城内，系供电量增加至 11000 千瓦，供电区域逐渐扩充，负荷分散。发电厂又奉令疏散，三厂情形迥然不同，虽随时调整以适合环境，终以公司经济支绌，空袭损失惨重，器材补充不易，整个计划无法实施。"④ 因而，公司维护线路任务颇为艰巨："对于线路上各种设备均定期分区派员巡查，如从现损坏之处立即修改，不重要者归集整理。至于各变压器及低压干线之流量，低压线每月必有一次测量修正；变压器方棚油之绝缘每三个月必有一次之检查调换。此外，每年秋季作一次普遍之整理，如油漆横担、清理碍子、调换拉线、收紧导线等工作。无法避免之障碍：本公司对于线路虽竭力维护，然难免发生障碍，原因如下：一、舶来器材如碍子、避雷器、变压器等均已用罄，现改用国货较易发生障碍。二、市民不知危险，在变压器上悬挂标语及晒衣服等以致触电。三、市民任意自行拆除拉线。四、重庆建筑物多且不甚坚固，遇暴风雨时常有障碍物吹落线上。五、雷电之直接轰击。造成电压偏低的原因是：1. 厂内不能维持正常电压。2. 用户擅自大量添接马达电灯。3. 窃电用户太多，不能彻底取缔。"⑤

尽管如此，在线路维护面临较多困难的情形下，公司积极采取相关措施，仍然取得了一些成效。具体如下：

第一，在输电及配电方式上，线路电压最初高压属为 5250 伏（三相

---

① 《重庆电力公司创立经过及最近业务》，档案号：0219 - 0002 - 00037，第 31 页。
② 四川省电力工业志编辑室编《四川电业志资料汇编 1》，第 125 页。
③ 《重庆电力供应问题》，《西南实业通讯》第 7 卷第 5 期，1943 年，第 59 页。
④ 《重庆电力公司线路设备及困难情形》，档案号：0129 - 0002 - 00337，第 27 ~ 28 页。
⑤ 《重庆电力公司线路设备及困难情形》，档案号：0129 - 0002 - 00337，第 32 ~ 34 页。

三线），低压为 380/220 伏（三相四线），后因负荷增加，供电区域扩大，乃将一部分电力升高至 13200 伏，直接输往远区，再由南岸及沙坪坝二分电站降低为 5250 伏，供给相应区域使用。原有 5250 伏变压器，城区有二馈电线可连成环式。各供电变压器多沿高压线布置，各相邻变压器之负荷可以利用低压断连，互相增减移动，以资调剂。

第二，更新变压器，增设分电站。公司采用屋外式供电变压器，其容量分别为 200、150、50、30、20 千伏安（三相）及 10、5、2（1/2）千伏安（单相），最大为 1500 千伏安，数量则视各用户所需而定，各变压器互相连接，皆为英国 MV 厂出品。分电站情况是：城内较场口原设有分电站一所，作用系将供给城内二馈电线分为五路，以便于分合运用，减少停电范围，后遭炸毁。又因第三厂（鹅公岩发电厂——笔者注）电力有分为二路供给沙坪坝及其北岸之需要，在化龙桥设一分电站一所。此外，土湾、沙坪坝及南岸各设有降压分电站一所。

第三，在过江设备方面，因以往江南北负荷均不甚重，而水底电缆费用甚大，施工困难，故采用驾空过江电线的方法。重庆电力股份有限公司过江设备概况如表 4 - 4 所示。

表 4 - 4　重庆电力股份有限公司过江设备概况

单位：米

跨越江名	地点	杆塔高度		杆塔材料	相隔距离	所用导线
扬子江	兜子背至铜元局	100	155	铁塔	2385	A0SR3 AL/4st05 0. 1052 strand
嘉陵江	铜罐峡	35	30	木杆	2400	9/12 B85 铜线
	曾家岩至相国寺	42	40	铁塔	1693	19/12 B88 铜线
	红岩嘴至猫儿石	55	50	木杆	1500	A0SR3 AL/4st05 0. 1052 strand
	沙坪坝至盘溪	55	55	木杆	1200	7/12 B85 铜线

资料来源：《重庆电力公司线路之设备及困难情形》，档案号：0129 - 0002 - 00337，第 32 ~ 34 页。

第四，对电线器材进行了更新。这体现在：（1）杆塔横担，因战前重庆水泥及机件价格较高，故除厂铁塔、过江铁塔外均用木杆，现将部分木杆改用杆塔及角铁。（2）所用碍子系从美国、英国及德国进口。（3）导线与高压线采用美规 1/8 号至 19/10 号裸铜线，低压线采用美规 1/10 号至 19/12 号风雨线（后改用裸线）。（4）避雷器，公司各发电厂、分电站、变压器、过江线等俱装有避雷器。①

公司也拟定了维护线路的具体计划，具体如下："1. 购置兵工第 50 工厂余电以转供市用，该厂发电电压为 2300 伏，因无 2300/13200 伏变压器，现用 1800 千伏安变压器一具，由 2300 伏降低至 380 伏，再用 1500 千伏安变压器一具由 380 伏升高至 13200 伏，下浩分电站所辖区域及水泥厂拟由该厂供给，并拟将下浩分电站稍加扩充以便控制。2. 兵工第 20 工厂发电自给及巴县电力公司建成之后，南岸区域负荷降低，拟由黄沙溪装设 14 千伏线，经七牌坊接通红岩咀分电站，再由分电站分送江北及化龙桥至上清寺，俾第三厂之 31、32 两路馈电线得以平衡。3. 拟将盘溪一带 5250 伏线改为 13200 伏线与空水沱接通，并与渝鑫炼钢厂 14 千伏线连成环形，俾第 32 路负荷得以减轻供给更为可靠。4. 大梁子经轰炸后，系用低压器供电，现用户渐增，电压较其他区域为低，拟恢复 5250 伏线路另装变压器供给该区。5. 城区内分电站自 1940 年被炸至今迄未恢复，为使便利起见，应设法恢复。"② 但 "战时供电区域日益扩大，所需器材逐渐增加，随时展布遍及全市；频年惨遭敌机轰炸，损失至巨，紧急配修，煞费周折；而所需器材向系仰给外来自国际，但路阻补充更难，数年以来尽力抢修，适应之艰苦或是为社会人士所不尽知。现仍在不断设法维持"。③尽管如此，上述计划很大程度上仍得以实施。

可见，公司在 "时以材料缺乏，任务艰巨，区域辽阔，变故频仍，办理业务困难异常"④ 的境况下，仍努力维护好电力线路，保障供应。但因处于抗战的特殊环境中，一些困难较难克服。

首先表现为煤质欠佳，致使发电受阻。公司系火力发电企业，以燃煤为发电原料。到抗战后期，敌机对重庆的轰炸趋于缓和，但断电现象仍时

---

① 《重庆电力公司线路设备及困难情形》，档案号：0129 - 0002 - 00337，第 28 ~ 32 页。
② 《重庆电力公司线路设备及困难情形》，档案号：0129 - 0002 - 00337，第 34 ~ 35 页。
③ 《重庆电力公司近况》，档案号：0219 - 0002 - 00090，第 19 页。
④ 《重庆电力公司业务概况及整理经过》，档案号：0219 - 0002 - 00116，第 7 ~ 19 页。

常发生。1945 年 1 月 29 日，经济部工矿调整处、经济部电业司分析后认为，这是缘于公司电力机炉负荷过重，不得不分区分时停电。而深层次的原因是宝源与天府两矿业公司供应的燃煤质量均成问题，遂造成发电困难。当年 1 月，经济部工矿调整处、经济部电业司接四川水泥公司报称："公司电力自去年（1944 年——引者注）12 月 19 日 10 时 15 分改由电力公司第三厂供应后电压时高时低，极不正常。除每日中午半小时、下半夜 2 时至 4 时较为稳定可以开动马达外，其余时间均被迫停止转动。尤以旋窑停转过久必须另行生火，日须数次，影响所及非但炭火木柴之消耗日增，耐火层之寿命短促，修理之工作频繁即生产能力亦因此锐减。就目前情况而论，电力极不正常，机器无法生火，力不足拖延日久，影响生产量殊非浅鲜。报请（经济部工矿调整处、经济部电业司——引者注）鉴核。俯予转知电力公司迅即设法改善以利生产。"① 因而经济部令饬重庆电力股份有限公司迅予解决燃煤问题，提高电压。② 但公司"加煤熄火之事仍屡次发生，到发电厂之煤每星期取样化验水分常达 2% 以上，其中灰份等煤中掺杂石块泥沙等不能燃烧之物达 46% 以上"。③ 可见，劣质的燃煤使得发电设备运转受阻，不能保障正常供电，致使用电企业断电现象时有发生。④

"燃煤不但本质太劣，烧不起来磅，以致发电深受影响"，⑤ 也造成供电电压不稳，线路受损。例如，1943 年 6 月 2 日，公司"第一发电厂由于煤质太劣，导致电压不足，停电范围是第 4 线路，停电时间：14 时 13 分，修复时间：14 时 40 分"。1943 年 6 月 23 日，"第三发电厂因铁磅时间过久，锅炉进水，马达温度增至 85 度，引风机马达亦超过 80 度，气压 180

---

① 《关于请迅改善供电致重庆电力公司、经济部电业司等的训令、函》，档案号：0067 - 0011 - 00066，第 16 页。

② 《关于请迅改善供电致重庆电力公司、经济部电业司等的训令、函》，档案号：0067 - 0011 - 00066，第 44 页。

③ 《重庆电力公司临时董事会议讨论审核 1944 年度终决算、请重庆市政府随时合理调整电价等》，档案号：0219 - 0002 - 00117，第 124～126 页。

④ 1945 年 4 月，重庆电力股份有限公司紧要启事："查近半月来，除规定轮流停电外，不应区域，亦常忽有忽停，竟有日达七八次之多者。迭经引起各方责问，本公司深为遗憾。查此类停电之原因，纯系燃煤质地太坏，近半月来本公司各发电厂所起之煤、灰粉平均在 40% 左右，最高达 45%，且水分甚重，入炉石起火焰致烧不起磅，电压常低至 4000 伏打以下。因是本厂内之打水马达不能转动，不得已遂延而临时停止一部分之供给。"参阅《关于重庆电力股份有限公司未按规定停电缘由的启事》，档案号：0219 - 0002 - 00135，第 120 页。

⑤ 《重庆电力公司现状》，档案号：0219 - 0002 - 00283，第 51 页。

磅，电压降至 3900 伏，不得已乃拉闸沙坪坝馈电线。原因是煤质不佳，宝源煤既多含夹石，且过潮湿，导致沙坪坝与李子坝一带停电。停电时间：20 时 23 分，修复时间：20 时 32 分"。1943 年 7 月 11 日，"第三发电厂的情形是因负荷过高及升高方棚，温度增至 90 度，为保机器之安全起见乃拉闸南岸馈电线，导致南岸、龙门浩、李家沱一带于 20 时 10 分到 23 时 10 分被迫停电"。①

其次是公司供电网络不成一体，使得调配发电厂之间电流的配送工作难度增大，并酿成一些触电事故。这缘于公司供电网络结构较为薄弱，供电质量和可靠性差，其下设的 3 个电厂均自发自供，自成体系，互不相连，其供电网络难以实行统一调度分配，如"公司鹅公岩发电厂经常有富余容量，但由于无统一的调度，不能帮助负荷很重的大溪沟电厂（供应电力容量 4500 千瓦，实需 5300 千瓦——引者注）"。② 此外，公司供电网络与自备发电厂供电网络电压并不相等，而"公司为达成供电任务乃向 24 厂、51 厂、中央纸厂购电共 3000 千瓦转供市用，以用电量遇交电机，不能交换供用，故一有故障即须停电。突出的问题是工厂电压与市电不合，须先将其电压并为高压 13800 伏送出，并降低至 5250 伏，又由 5250 伏降至 380/220 伏，此三项变动即须损失电力 7.5%，加以线路损失，共约为 20%。公司与各厂购电契约依照厂方售电量总数计费，每届月终结账后，即须整付巨款。本公司转向用户收费以手续较繁，往往须迟。至二月以后始能收入其间息，今之损失即以不赀。而优待机关学校三分之一之办法尚未为厂方所接受，完全为公司负担。（其他当之窃电呆账等均由公司负责。）故购电转供本公司损失电价 40%，然公司为顾全本市照明及动力计仍在忍痛继续购电转供中"。③ 由此可见，公司在购电转供中承担了一定的损失。正是由于公司各孤立小网电压各不相同，电压、频率难以保持稳定，随意拉闸停电，故居民的安全用电受到影响，如"1944 年中央医院函公司：本院危急病人云云，希望切实注意改善医院线路，勿使再有停电之实为安，供给电力藉利工作"。④ 在经历战时超负荷后，电线及输变电

---

① 《重庆电力公司发电厂障碍报告》，档案号：0067 - 0001 - 00888，第 7、21、51 页。
② 四川省电力工业志编辑室编《四川电业志资料汇编 1》，第 108 页。
③ 《重庆电力公司业务概况及整理经过》，档案号：0219 - 0002 - 00116，第 7 ~ 19 页。
④ 《关于告知重庆电力公司改善供电致中央医院、重庆电力公司的训令、函》，档案号：0067 - 0011 - 00069，第 75 页。

设施日益陈旧，年久失修，经常造成触电事故。1945 年重庆《商务日报》报道："本市电线设备多已腐朽，尤其是抗战中敌机轰炸，随炸随修，接头多端，如遇大风大雨，常有脱落，致使几年来触电而死者 170 余人。"①

第三节　应对敌机轰炸的措施

日机在渝狂轰滥炸的行为给公司供电设施造成极其严重的破坏。陪都各界则期盼公司能担当社会重任，尽快恢复电力供应，保证市民生活的正常和社会秩序的稳定。当局鉴于电力的重要性，在推行战时统制经济政策的大环境下将"民营属性"的重庆电力股份有限公司纳入"国家化运转"的轨道，以加强供电保障，应对轰炸危机。这体现在以下几个方面。一是设置专门机构加强电业指导。"战时电气事业由经济部工业司（1940 年后专设电业司）主持之。按照经济部组织法规定，经济部对于已有电厂，及应在充分适应工业需要及地方公用之原则下，应充实指导，尤其重于工务之整饬与电价之调整。"② 按照相关政策，经济部工业司（电业司）采取督促迁建电力工程、调控电价等方式对重庆电力股份有限公司进行协调管控。二是在公司资金缺口上，由经济部"督令工矿调整处负实际协助之责，对于资金之协助尤所致意，如该处（工矿调整处——引者注）不能尽量供给，亦必介绍其向四行贷款"，即"运用国家银行的资力予以配合和协助"，③ 将"重庆电力公司等公用事业贷款列入国策贷款范围内"。④ 三是重庆市政府及所属工务局及警察局督促公司实施电力抢险，以行政手段促使民众节约用电，克服危机。四是当局对抢险的公司员工予以嘉奖。总之，公司的应对措施是在当局运用国家之力为其提供支持并与之互动中实现的。

第一，抢修线路、器材，恢复供电设施。为实施应急抢险，公司遵照重庆市政府、重庆防空司令部责成电力厂、电报局、电话局、自来水公司各将所属职工器材组成各种班队自行负责的要旨组建了防护团工务大队，按《重

---

① 何润生主编《中华人民共和国电力工业史·重庆卷》，第 29~31 页。
② 李学通编《抗日战争　第 5 卷　国民政府与大后方经济》，第 66 页。
③ 黄立人：《抗战时期大后方经济史研究》，第 76 页。
④ 《关于同意重庆电力公司及自来水公司贷款享受国策贷款方式的代电、函》，档案号：0053-0021-00090，第 148 页。

庆电力公司空袭救护暂行办法》①的原则实施电力抢险。在密布于市区各处"电线线路每次均蒙重大损失暨发电所落弹甚多、对抢修带来极大挑战的境况下，公司员工抢险是努力至可。在每次被炸之后随即督工抢修，迅行恢复供电"。②其具体方式如下。一是为保障"后方抗战自应不断生产以资接应，及时链接被敌机炸毁后的两岸（江北与新市区）工业生产的过江电线，并加紧修复恢复电流，以利生产"。③例如1940年6月26日，"当敌机密集轰炸市区化龙桥一带并炸毁过江电线，致使各部工作停顿影响生产。公司即派工抢修线路以利事机并盼先期示范修竣"。④二是公司员工冒死抢修线路。敌机重点轰炸各主要街道的电线与路灯，意在破坏市政设施、搅乱社会秩序。市政府致电公司："炸后应添增卡车尽力迅修线路。"⑤市工务局也致电："将主要路灯与干线勉为修复。"⑥为此，公司"不待警报解除即派员驱车出动进行抢修线路、路灯，表现出生入死、不顾牺牲的英勇精神"。⑦三是在每次轰炸后的无警报时间内，员工对"所受损坏的水箱、水管设法清洗，应赶速修理封水室以便早日发电。如遇警报即不再清洗亦可勉强应用。即做到在空袭频仍能供电，在空袭完后则赶速修理线路"，⑧以确保电力能

① 《重庆电力公司空袭救护暂行办法》，档案号：0219－0002－00103，第82～84页。其主要内容如下："1.关于空袭人员物资之救护设立空袭救护组办理之。2.空袭救护组设立左列人员：（1）空袭指导员1人（拟由总务科选择请派）；（2）副指导员2人（拟由总务科选择请派）；（3）助理员6人（拟由各科选择1人、业务科选择2人请派）。3.空袭指导员负责指挥调度汽车及公物运送救护之责。4.副指导员负协助指导员办理运救事宜及灯火交通管制出入人物之稽查。5.助理员受指导员之指导，负责职工乘车之稽查及抢运，茶役搬运押运重要公示箱。6.驻在总公司之司机、茶役、传达、愿警、小工在空袭时应受指导员、助理员之指挥。7.指导员、副指导员、助理员均由公司职员兼任。8.指导员、副指导员、助理员除办公时间外应不分轻重，轮流值班。"

② 《关于请准予借款上中央、中国、交通、农民银行联合办事处的呈》，档案号：0219－0002－00107，第40～41页。

③ 《关于告饬已转饬重庆电力股份有限公司工务科派工修复化龙桥一带过江电线致军政部兵工署技术研究处的函》，档案号：0219－0002－00028，第112～113页。

④ 《关于告知已转饬重庆电力股份有限公司工务科派工修复化龙桥一带过江电线致军政部兵工署技术研究处的函》，档案号：0219－0002－00028，第112～113页。

⑤ 《关于会商修复电灯线路办法给重庆电力股份有限公司的训令》，档案号：0219－0002－00028，第154～155页。

⑥ 《关于遵照规定修复被炸路灯给重庆电力公司的训令》，档案号：0067－0011－00135，第36～37页。

⑦ 《关于重庆电力公司》，《新华日报》1944年8月15日，第3版。

⑧ 《关于赶速修理被炸线路并先行局部供电致重庆电力股份有限公司的函》，档案号：0219－0002－00283，第231～323页。

持续输送。由此可见，"公司对于维持发电、抢修线路均甚努力。发电所落弹，在厂员工亦能抢救得力"。①

值得提及的是，经济部派出的技术人员在电力抢险中也做出了牺牲。据林继庸②记述，"在1939年夏间，为应对敌机轰炸，我们（经济部工矿调整处——引者注）为加强电厂（重庆电力股份有限公司——引者注）的防空保护，钢板、沙袋、钢骨、水泥、木料均已预备齐全。在×××工业区调来50名技工，由工矿调整处派员督率，日夜不断地工作。本定限期十天完工，他们不辞劳苦在第7日已经把工作完成了。可是因为工作太苦，有名技工竟因劳而牺牲了。到第8日，敌机又来集中轰炸电厂，幸得保护工作完成，得以减少损害程度，所以仅仅停工修理两日，电厂又大放光明。诸位当能记忆，当敌人屡次轰炸我们的电厂及自来水厂时，各位技术人员全体动员的情状。此类的艰苦工作，各地各厂均以同样努力进行，悲壮的故事，不胜记述，是抗战中很值得感念的事实"。③

在当局的支持下，电力抢险取得了成效。如1939年8月3日，当"敌机侵入市空投弹，市区黄家垭口、四德里及打枪坝、黄花园等处公司供电设备被炸后，立即派工驰往抢修及时恢复通电"。④ 1940年5月29日，"敌机先后侵入市郊磁器口、沙坪坝、小龙坎、化龙桥等处投掷炸弹，公司供电器材颇受损失即派工立即赶往抢修以致迅速恢复通电"。⑤ 1940年7月11日，"公司提前修复川康藏电政管理局收讯台市区七牌坊一带线路，以利通讯"。⑥ 是年"8·19"大轰炸后，公司"不少线路遭到毁坏，但英勇的电力工人不避艰险，冒着生命危险，在警报解除后，马上出动恢复被毁线路，被炸3小时内电灯机已迅速恢复"。⑦ 是年10月7日，"公司派工将沙坪坝之国

---

① 《经济部关于奖励重庆电力股份有限公司员工抢救电力设备、赶速完成迁建工程等给公司的通知》，档案号：档案号：0219-0002-00128，第53~54页。
② 时任资源委员会专门委员兼工业联络组组长。
③ 秦孝仪编《中华民国史重要史料初编 第4编 战时建设》，中国国民党中央委员会、党史委员会，1988，第697~698页。
④ 《关于报送1939年8月3日敌机夜袭重庆电力股份有限公司供电设备损失及抢修情形上经济部、重庆卫戍司令部、重庆市政府的呈》，档案号：0219-0002-00023，第81页。
⑤ 《关于报送1940年5月29日敌机空袭被炸地点抢修情形上经济部、重庆卫戍司令部、重庆市政府的呈》，档案号：0219-0002-00023，第39页。
⑥ 《关于提前修复交通部川康藏电政管理局收讯台七牌坊线路致重庆电力股份有限工务科的函》，档案号：0219-0002-00028，第187页。
⑦ 潘洵：《抗战时期日军轰炸重庆研究》，博士学位论文，四川大学，2010，第262页。

际电台照国防工程例有轰炸损害线路时尽先予以修复恢复供电"。①

第二，向当局申请补助及借贷资金应对危机。资金对于困境中的重庆电力股份有限公司十分重要，前文已述，自遭受轰炸后，公司即向政府主管机构申请补助费 200 万元，"以供添购供电器材"，② 以及修复被炸线路。重庆电力股份有限公司恢复被炸线路预算如表 4-5 所示。

表 4-5　重庆电力股份有限公司恢复被炸线路预算（1940 年 12 月制）

项　目	金　额（元）
铜线	
华西铜线	140893.45
中央电工器材厂铜线连运费	336591.03
旧线重拉工资连运费	72000.00
中央电工器材厂铜线连运费	580362.50
变压器	
修理变压器	70000.00
最低定购木横担	20000.00
木杆	
购置木杆	300000.00
接户材料	
永利行订购材料（胶皮线、铅皮线）	100000.00
中建公司订购材料（交流方棚等）	29537.61
磁瓶	
安利磁瓶连运费（高压磁瓶）	50000.00
拟添购材料	
橡皮线	80000.00
	11000.00
风雨线	10000.00
	70000.00
	60000.00
	80000.00
磁瓶（低压磁瓶）	12800.00
电表箱	8000.00
铅皮线	40000.00
合　计	2071184.00

资料来源：《经济部、经济部电业司关于检送商讨重庆电力公司借款会议记录致重庆市政府、潘□□的函》，档案号：0067-0011-00061，第 61 页。

---

① 《关于请签收国际电台已修复线路供电上重庆电力股份有限公司的呈》，档案号：0219-0002-00028，第 183 页。
② 《重庆电力公司呈请补助案会议记录》，档案号：0219-0002-00061，第 5 页。

1940 年 10 月，公司"以奉令移装机器，需款 600 万元，采取由国库补助 400 万元及从用电用户每度电费内附加征收 200 万元的方式来实施"。①

向银行借款也是公司应对危机的重要举措。1938 年 4 月，为适应战时形势，"公司以全部厂产向四联总处押借款 200 万元"。② 1940 年 3 月，"以新机并入原抵押品，向四行追加押借 100 万元"。③ 1940 年 6 月又"以现存器材约共值 120 余万元，名称及价格等项另附清□作为抵押品，向四行贷款 100 万元以利周转"。④ 10 月"为恢复城内用电向昆明安利洋行购置材料定单连同付款收据等押借 100 万"。⑤1940 年底，公司"因供电线路等被炸损失已达 200 余万元但仍须订购大批材料始可恢复"，⑥ 至 1941 年 4 月，"在为购备材料需款在原借款之外，商准四联总处加借 200 万元款于 7 月 3 日拨付使用"。⑦ 至 1942 年 1 月，公司短期负债状况是："挪用迁建工程专款 214.8 万元，向川康平民商业银行借款 140 万元、川盐银行借款 80 万元又购置都邮街办公用房地产债款 83 万元、工矿调整处借款 25 万元。"⑧

基于有限的经营财力，公司难以如期归还累积的借款，遂于 1941 年 10 月 22 日电四联总处："奈频遭敌机轰炸，恢复需款至巨。营业方面亦受空袭影响损失甚重。虽经政府补助巨款及兵险赔款补偿一部分损失然相差甚远。实无法如期奉还，请予展期合约。"⑨ 时值战时通货膨胀，在弥

---

① 《关于整理重庆电力公司各项借款办法及还款情形的函、呈》，档案号：0285 - 0001 - 00373，第 277 页。
② 《关于整理重庆电力公司各项借款办法及还款情形的函、呈》，档案号：0285 - 0001 - 00373，第 276 页。
③ 《关于办理重庆电力公司逾期未还各款事宜的呈》，档案号：0285 - 0001 - 00373，第 136 页。
④ 《关于请准予借款上中央、中国、交通、农民银行联合办事处的呈》，档案号：0219 - 0002 - 00107，第 40 - 41 页。
⑤ 《关于办理重庆电力公司逾期未还各款事宜的呈》，档案号：0285 - 0001 - 00373，第 134 页。
⑥ 《重庆电力公司呈请补助案会议纪录》，《关于检送重庆电力公司借款会议记录致重庆市政府的函》，0067 - 0011 - 00061，第 5 页。
⑦ 《关于办理重庆电力公司逾期未还各款事宜的呈》，档案号：0285 - 0001 - 00373，第 277 页。
⑧ 《重庆电力公司第 62 次董事会决议录》，档案号：0219 - 0002 - 00322，第 61 页。
⑨ 《关于重庆电力公司将交订器材及新购机器押借合约展期的呈、代电、决议》，档案号：0285 - 0001 - 00373，第 166 页。公司无法如约偿还四行各笔借款，理由如下："公司当局前准通知清理四行借款偿还办法曾拟将下列各款用为偿还基金：(1) 透平（转下页注）

补轰炸损失及业务发展上，"须添购铜线、变压器、电表等估计已达 2000 万元左右"。[①]"欲继续推进，只有负债、加股两途可行。"[②] 具体而言，一是续向银行借贷资金。1942 年 5 月 15 日，公司向交通银行"借款 500 万元，用于保护设备；8 月 31 日借款 300 万元用于迁建借款；9 月 30 日借款 2000 万元用于透支及财产抵押款"。[③] 是年 7 月，公司"又以全部资产及将来新购材料为担保，与四行立质押借 2 年期的 1000 万元款约"。[④] 是年 10 月 7 日，"公司与交通银行签订 2500 万元购料押款合约案"[⑤] 以缓解补充油料及器材的压力。上述借款均"系用以支付设备材料及挪用迁建工程款之用"。[⑥] 二是在第 5 届股东会上议决"将原股 500 万元升至 2500 万元，另增资 500 万元，计 3000 万元"。[⑦] 其目的为："以吸收资金，而清偿债款或增强负债能力。"[⑧] 到抗战后期，严重的通货膨胀导致企业经营成

（接上页注⑨）机售款 12000 余英镑；（2）应收新股 500 万元；（3）补助费 100 万元。但第（1）项因太平洋战事爆发后，尚未汇入国内即不能应用。第（2）项应收新股截至 1941 年 2 月底仅收到 1265700 元，其中川盐银行 53 万元及川康银行 71 万元系以债款扩充股本，加川康兴业公司交换股 90 万元共 214 万元除外，所余应收股本能用以偿还债者只 286 万元，何时收齐尚不知时日。第（3）项补助费 100 万元因总数增加，保护设备补助工程费 170 万元取消以致所拟计划皆不能如期实行。"参阅《关于报送重庆电力公司 1941 年下半年工务营业及经济状况摘要的呈、代电》，档案号：0285 - 0001 - 00374，第 117 ~ 118 页。另公司第 5 届股东会（1941 年 2 月 25 日）称，现已负债约 870 万元（档案号：0219 - 0002 - 00105，第 155 页）。

① 《关于请准予调整重庆电力股份有限公司电价及煤价调整费上经济部的呈》，档案号：0219 - 0002 - 00053，第 176 ~ 183 页。公司在 1941 年呈请经济部请核给补助费的函件中称："查公司属公用事业，但历年遭受营业损失及空袭损失情形数额颇更巨。其间逐月营业亏损累计甚巨。前借款 200 万元弥补亏欠尚嫌不足购周转费用仍然毫无着机炉配件供电材料需要。甚毁所等大宗的款即无法购运，维持供电将成问题。"参阅《经济部、经济部电业司关于检送商讨重庆电力公司借款会议记录致重庆市政府、潘□□的函》，档案号：0067 - 0011 - 00061，第 67 页。

② 《重庆电力股份有限公司第五届股东大会记录》，档案号：0219 - 0002 - 00105，第 153 ~ 156 页。

③ 《重庆电力公司电价说明》，档案号：0219 - 0002 - 00090，第 199 页。

④ 《公司与四行押借款合约（1942 年 7 月订立）》，档案号：0285 - 0002 - 00375，第 338 ~ 342 页。

⑤ 《重庆电力股份有限公司第 70 次董事会决议录》，档案号：0219 - 0002 - 00047，第 21 ~ 26 页。

⑥ 《关于报送重庆电力公司 1941 年下半年工务营业及经济状况摘要》，档案号：0285 - 0001 - 00374，第 117 页。

⑦ 《重庆电力公司重估财产总结报告》，档案号：0298 - 0001 - 00399，第 4 页。

⑧ 《关于检送重庆电力公司 1940 年 9 ~ 12 月及 1941 年上半年营业状况及收支情形、稽核报告的呈、代电》，档案号：0285 - 0001 - 00372，第 263 页。

本剧增，四联总处及地方银行向公司发放了更多的借贷资金。据1944年底统计，"各项长期借入款达32248507.59元，各项短期借款达88818627.49元，银行投资额达18709547.49元"。①

第三，采取节电措施缓解供电压力。频繁的轰炸造成供电不时中断，电力供应不足。为此，公司采用了下列措施。一是颁布《供电暂行办法》，采用分时段、分区域轮流供电的方法确保电力平衡供应、合理利用有限的资源。在分区供电上，"将市区分五区域轮流停电，并在化龙桥设置分电站，输送电流分七路轮流停电，即各区域每七日轮流停一次"。② 在分时段供电上对民用电力领域"必要时（白天——引者注）得停止城区内电灯供给"，③ 以优先保障工业用电需求。而在工业用电领域，则采用不同时段动态调控发电量的方法供应电力，以缓解夜间用电高峰时段工业用电与市民照明之间的矛盾。1940年重庆电力股份有限公司总厂电力供应分配情况如表4-6所示。

表4-6　1940年重庆电力股份有限公司总厂电力供应分配情况

单位：千瓦

用途	上午8时至下午6时	下午6时至晚上10时	晚上10时至上午8时
军需工业用电	2400	1300	1000
普通工业用电	1500	300	1500
任何时间需用之电力	200	200	200
电灯	300	2500	1500
总　计	4400	4300	4200

资料来源：《重庆电力公司维持供电办法》，档案号：0061-0015-02725，第177页。

二是当局要求已配备发电设备的企业自行发电或督促其转售公用电厂（重庆电力股份有限公司）以供市用。例如，"重庆中央造纸厂、兵工署第50厂、兵工署第20及21厂、豫丰纱厂、裕华纱厂均经经济部督促发

① 《重庆电力公司第九届股东会议纪录》，档案号：0296-0014-00311，第286~287页。
② 《关于告知轮流停电时间的函、通知》，档案号：0207-0001-00199，第232页。
③ 《商讨重庆电力厂维持供电及分配电流办法的呈》，档案号：0061-0018-02725，第177页。

电自给，以减少公用电厂负荷"。① 重庆电力股份有限公司"购买了龙章纸厂电力以俟给江北猫儿石一带供用"。② 经济部还要求各工厂在用电高峰时段"暂时移动用电时间或减少用电量"。③ 这些措施缓解了重庆电力股份有限公司的供电压力。

三是当局与公司督促民众节约用电，缓解用电压力。措施如下：第一，自 1940 年后，当局开始引导全市各阶层积极节约用电。是年 4 月 14 日，吴国桢市长颁布手令要求："各界应积极节约电流，至于日电与夜电的供给与停止，应即规定详细办法，以节省煤炭与机器为要。"④ 6 月 26 日，吴国桢市长再颁手令："惟以是本市迭遭轰炸，电力公司供电数量大减，市民用电无形受有限制。"⑤ 为求安全，公司"原有之新式大机器，应即拆卸移置岩洞之内。要求在拆卸迁移期间，暂用小机器或已成预备之大机器，甚至暂时停止电灯亦可"。⑥ 第二，颁布法令要求各用户节约用电。当局颁布了《重庆市节约用电办法》，由"行政院核定并分别饬驻市各党政机关，对于本机关用电切实监督以资倡导"。⑦ 其余由市工务、警察两局会同公司定期对各用户进行用电检查，对"超过限制用电各户则分予剪火停电以示处罚，不遵者由电力公司报请市政府依照下列办法处理，即第一次发现不遵照规定时间用电者，给予停电 3 日之处罚。在停电 3 日期内私自接用电流及第二次发现不遵守规定时间用电，即剪线撤表，取消其用电权"。⑧ 针对存在的费电行为，公司要求"各用户勿以电炉烹饪取暖暨取消橱窗广告招牌各灯等不必要之消费"。⑨ 公司还特别要求"亟宜

① 李学通编《抗日战争　第 5 卷　国民政府与大后方经济》，第 236 页。
② 《商讨重庆电力厂维持供电及分配电流办法的呈》，档案号：0061 - 0018 - 02725，第 177 页。
③ 《经济部关于检送重庆电力公司发电设备定期检验办法会议记录致兵工署 24 厂的函》，档案号：0178 - 0001 - 03516，第 19 ~ 23 页。
④ 《1939 年 ~1944 年蒋介石为改善重庆市政的 106 道手令》，《档案史料与研究》2001 年第 4 期。
⑤ 《1939 年 ~1944 年蒋介石为改善重庆市政的 106 道手令》，《档案史料与研究》2001 年第 4 期。
⑥ 《1939 年 ~1944 年蒋介石为改善重庆市政的 106 道手令》，《档案史料与研究》2001 年第 4 期。
⑦ 《关于取缔浪费电力及白天开燃灯的呈、令、代电、函》，档案号：0053 - 0025 - 00257，第 28 ~30 页。
⑧ 四川省电力工业志编纂委员会编《四川省电力工业志》，第 203 页。
⑨ 《重庆电力公司近况》，档案号：0219 - 0002 - 00090，第 18 页。

设法禁止以节省物力、财力，嗣后党政军学各机关以及商号住户等应严禁白天开燃电灯以节电力，凡各机关应由其主管官监督实施。至各商号与住户等则由市政府转饬警察局严格取缔，违则照常处罚"。[1]

第四，对员工实施救助并给予物质奖助。由于电力设施迭遭空袭，部分员工投入抢险受工伤且财物受损。对此，公司一是制定《重庆电力公司非常时期职工抚恤规则》[2] 以开展救济工作，抚恤伤亡员工。二是向空袭后财物受损的员工借支一定的金额。如 1940 年 10 月公司对 "职工因宿舍或住宅被炸一身财物遭受损失者，即准借支救济金额。救济金额经董事会核定后补给以示体恤。标准是学徒小工借支 80 元、技工 120 元、领班 240元、主任及副主任工程师 320 元。对于住宅被炸的学徒小工借支 220 元、技工 280 元、领班 4□□元、主任及副主任工程师 4□□元"。[3] 三是对抢险员工给予物质奖励。如 1941 年 10 月，公司特发本年度抢修奖金 2 万元。具体分配情况是："迁建工程局 40 人计 1134.40 元、工务科 291 人计8252.76 元、沙坪坝办事处 53 人计 1503.08 元、南岸分厂 118 人计3346.48 元、南岸办事处 58 人计 1644.88 元、江北办事处 12 人计 340.32元、业务科 93 人计 2637.48 元、总务科 40 人计 1134.40 元。"[4]

当局也积极救助与慰劳公司员工。国民政府鉴于 1939 ～ 1940 年公

---

① 《关于取缔浪费电力及白天开燃灯的呈、令、代电、函》，档案号：0053 - 0025 - 00257，第 28 ~ 30 页。

② 内容如下："1. 在空袭时厂内当班职工以职务关系不能离职因而死亡者给予一次恤金职员 1000 元、工人 500 元、夫役 200 元作殓葬费用外并依照最后开支薪工金额每月给予三分之一作其家属生活费，用以支满 5 年为止。2. 公司职工于空袭时因职务关系不能离开（如支薪职员当班工役等是）因而死亡者照上项之规定办理。3. 厂房非当班职工及公司外勤职工与帮工时间内职工于空袭时间不及避免因而死亡者给予一次恤金三个月；遵照后开支薪工金额计算。4. 公司规定之办公时间外职工有过空袭死亡者给予一次恤金一月照最后开支薪工金额计算。上列三、四两项领恤职工如有符合职工抚恤规则第四项之规定者依其数额办理。公司职工因遭受轰炸伤残者依下列各项之规定抚恤：（1）前条各项职工因遭受空袭负伤者给予全部医药费用在治疗期间内按月照发全薪。（2）前条各项职工因遭受空袭负伤经治疗之结果残废不能工作者照死亡例分别办理。对于前两条规定领恤家属依法以死亡者之妻或子女为限，如因时具备指定交主持家务者领取；如俱无，以无家属论；仅有子女俱幼者由法定监护人代理。"《重庆电力公司非常时期职工抚恤规则》，档案号：0219 - 0002 - 00045。

③ 《关于依法核定重庆电力公司职工被炸损失救济金数额的通知》，档案号：0219 - 0002 - 00025，第 94 页。

④ 《重庆电力公司 1941 年度抢修员工奖金 2 万元分配表》，档案号：0219 - 0002 - 00128，第 81 页。

司员工在空袭时抢修线路维持发电极为努力之情形，决议颁发嘉奖予以慰劳（公司获得了经济部的嘉奖和防空司令部及蒋介石的慰劳金）。1941年9月4日，经济部致函重庆电力股份有限公司："查敌机月来连日轰炸渝市，该公司大溪沟总厂以及供电线路迭被损坏，但公司每次均能于猛烈轰炸之后，督率员工努力抢修，维持发电并先行供给工业生产动力，至堪嘉慰。业经本部（经济部）将上项情形呈奉军事委员会，呈悉准予备案。并准仍由该部令行嘉奖此令，由部令行嘉奖仰即转饬出力各员工一体知照并仍督率员工继续努力以维公用。"① 是年10月23日，经济部再次通知公司由蒋介石发给电力员工慰劳奖金数目计"每人应摊领28.39元，向会计科职工应领是项奖金共40名，合计奖金1134.4元。至12月奖金额与拟奖人员进一步扩大，奖励职员为303人、工人为650人，共953名，应领奖金9530元"。② 是年9月7日，重庆市政府也决定"给予公司抢修线路工人奖金计6780元"。③ 1940年，中央信托局产物保险处"允保公司350万元，保费为7.3‰，期限3月"。④ 1941年⑤ 7月29日至8月31日给予公司"陆兵险损失赔偿50859元"。⑥ 全年度核赔"844146.90元"。⑦

第四节　公司为抗战胜利做出的特殊贡献

企业是市场的微观组织，作为交换主体在经营中应着力于"减轻成本"，注意"供求相剂"，进而实现经济效益。前文已述，"日机轰炸"导

---

① 《关于奖励重庆电力公司员工尽力抢修线路及仍督饬员工继续努力工作的通知、函》，档案号：0219-0002-00128。
② 《关于报送已转发重庆电力公司总务科职工抢救奖金情形上重庆电力股份有限公司的呈》，档案号：0219-0002-00128，第84页。
③ 《关于拨发重庆电力公司修线工人赏费的公函》，档案号：0053-0012-00093，第135页。
④ 《重庆电力公司投保外线兵险经过报告》，档案号：0219-0002-00047，第67页。
⑤ 据公司报告，1941年，投保兵险1500万元，平均每月支付保费约10万元。见《1941年度公司轰炸损失报告》，档案号：0219-0002-00105，第57页。
⑥ 《关于赔偿重庆电力公司陆兵险损失的呈、函（附报告）》，档案号：0285-0001-00373，第308页。
⑦ 《中央信托局产物保险处关于检送重庆电力公司陆兵出险案赔付情形上中中交农四联总处的呈》，档案号：0285-0001-00374，第300页。

致重庆电力股份有限公司亏损严重。需要指出的是，从市场体系分析，运营成本是衡量企业发展的重要指标，但高昂的债务成本导致公司经营入不敷支。而战争环境下，"供电区域却日益扩大、所需器材增多，遍布全市。是为增加供电线路及填补轰炸损失，计订购器材费用的开支至巨"，① 进而影响公司正常的运行。除发电费用、供电费用、营业费用、管理费用等日常开支剧增外，敌机的轰炸导致公司新增"疏散费用与战时损失费，（1939 年——引者注）送亏损 68259.99 元"。② 值得关注的是，公司为应对轰炸而实施的轮流停电、限制电量等措施给社会民生造成负面影响。如1941 年，四川水泥公司"受电量供给不足，影响机器运转时间不及平时之半，以致产量大减。"③ 1942 年 11 月，申新第四纺织公司重庆分厂反映："迩来以电压甚低，白日只敷全厂三分之一纺纱机转动之用，须入晚十时以后，勉可开齐，时常被拉起开关，致令全部工作被迫停顿，生产额逐日低落。影响生产甚巨，揣念前途，实不胜忧虑。"④ 日机轰炸导致重庆工业用电量减少，企业发展陷入困境。进而言之，社会用电总量的缩减将影响公司自身经营效益的实现。又因轰炸使市民向郊外疏散后，"市场炸毁之故，收入锐减，比较收支不敷至巨"，公司财务陷入困境。⑤ 据1939 年《重庆电力公司财产间接损失报告表》显示："轰炸不仅带来可能生产额与可获纯利额分别减少，且增加拆迁费 69411.30 元、防空费44863.85 元及救济费及抢修费等。"⑥ 1940 年公司的全年收入是"6259464.26 元（包括电费收入 5859840.81 元、业务手续收入 15748.8元、杂项收入 383874.65 元），而支出为 7118750.48 元，除日常开支外，新增战时津贴 224594.22 元。收支两项送亏 1084240.44 元，另不计轰炸损失项"。⑦

企业本是以营利为目标的主体，也通常以承担一定的社会责任而

① 《重庆电力公司近况》，档案号：0219－0002－00090，第 43 页。
② 《重庆电力公司第四届股东常年大会记录》，档案号：0219－0002－00105，第 39 页。
③ 《经济部关于 1941 年工作报告》，中国第二历史档案馆编《中华民国史档案资料汇编第 5 辑　第 2 编　财政经济（五）》，第 283 页。
④ 《申新第四纺织公司重庆分厂关于重庆电力公司南岸分厂供电不足影响生产过大呈请设法救济致经济部电业司的函》，档案号：0234－0001－00046，第 33 页。
⑤ 《关于报送重庆电力公司运作困难情形上经济部、行政院、重庆市政府的呈》，档案号：0219－0002－00024，第 151～157 页。
⑥ 《重庆电力公司财产间接损失报告表》，档案号：0219－0002－00023，第 105 页。
⑦ 《重庆电力公司第五届股东会常会记录》，档案号：0219－0002－00047，第 154 页。

实现社会参与。从历史情境看，在敌机轰炸下，"公司并没有被炸垮、歇业倒闭，却为维持全市公用与工厂生产计，努力供应电力，切实满足社会各界的需求，甚不敢顾及盈亏"。广大电力职工更以大无畏的精神投入到工作之中。公司总经理刘航琛亦表示，"今后无论在任何困难环境下，国防工业与生产工业之电力供给，决不断一日"，为此，"际兹全国抗战期间，各种企业均陷停顿，而本公司独得艰苦迈进者，盖深知电气事业于非常时期中所负之使命特重，故竭全力以赴之，即令公司财力、物力两方不免稍有损害，然苟于抗战前途有裨益，亦本公司乐尽之义务也。再就本公司之整个情形言，处此艰难情势之下，其所以仍能表现今日比较圆满之成绩者，固有赖于职工同人之努力弗懈，而亦实政府及社会人士之维护与赞助，与我股东诸君之期勉砥砺，群策群力，有以致之者"。①

基于上述认知，公司在艰难环境中仍得以发展。一是"在迭遭轰炸，线路电表以及各种材料，损失不可数计的境况下，于亟痛之际，一面修复旧有线路，一面开辟新线路，供给市郊用户。工作之艰巨，责任之重大，可想而知"。② 然以服务社会为目的，对于市民所需电力，公司设法供给，不应拒绝。二是着眼于抗战大局，"公司乃续购 4500 千瓦发电机 2 套，装机容量增为 1.1 万千瓦"，③ 增强了陪都供电保障能力。三是广大公司职工无论是在轰炸下紧急抢险护电还是日常的供电保障，"是不畏艰难困苦与辛劳血汗的付出，在工作时段常常是艰苦地站在自己的岗位上，不管是大热的天气，线路上的工友还是要在离地四五丈的奇热的线路上整天工作。线路上工作的危险是极大的，触电和跌死是常有的事情。而厂房的工友是一刻也不离的看护发电机炉，无论是什么时候，仍在烈火的周围坚持自己的工作。在艰苦的环境下，为着抗战的事业而努力"。④ 这些足以展现公司员工的光辉风采。

有此敬业精神，尽管重庆历经了"5·3"和"5·4"这样的残酷轰炸，但如亲历者所述，"自电灯闪出了，则扫退了一切的黑暗。从市区两路口到川师校这一带，人们更加活跃。汽车站同各交通要道、三

① 《重庆电力公司 1937 年度报告书》，档案号：0219 - 0002 - 00004，第 24 ~ 25 页。

② 《渝电力公司吁请用电户合作》，《实业通讯》1940 年创刊号，第 33 页。

③ 《重庆电力公司之现况》，档案号：0219 - 0002 - 00166，第 69 ~ 80 页。

④ 《关于重庆电力公司》，《新华日报》1944 年 8 月 15 日，第 3 版。

角旗在电光下招展着"。① 为此，公司电力员工是"恪尽职守，在艰难工作里甚创造了新的纪录"。② 在整个抗战阶段中，重庆电力股份有限公司的职工排除困难，勇敢而奋发地工作，使公司发电和供电量仍然持续增长。数据显示，"公司在1939年（当年日机轰炸肆意，制造了"5·3"和"5·4"轰炸惨案——引者注）售电量为3378万瓦时，1940年（日机密集轰炸重庆，制造8·19轰炸惨案）售电量为3353万瓦时，1941年是抗战形势最为艰苦的一年，售电量有大幅度下降，仍达到2329万瓦时，1942年上升为3585万瓦时，1943年为4454万瓦时，1944年为4890万瓦时，1945年为4362万瓦时。电力基本呈持续增长的状态"。③由此可见，公司为社会的发展与安定提供了保障，尤其"对后方工业生产贡献特多"。④

有鉴于此，重庆电力股份有限公司被陪都各界誉为"天之骄子"。公司员工在日机狂轰滥炸下所表现的刚强不屈的气概更赢得广泛的赞誉。经济部电业司（1941年7月15日——笔者注）称赞公司："敌机连日袭击渝市，总办公处大都毁坏，各处线路炸毁太多，均由其积极抢修，大部已经修复等情。公司在此连续轰炸之中随时抢修线路，维持发电，足见在事员工办事负责，殊堪嘉慰。所望各该员工仍继续努力，发挥服务精神，维持公用事业。"⑤且望公司"念日寇猖狂，同仇敌忾，努力毋使电气事业停顿，借以粉碎敌人破坏之企图，表现我方公用事业之力量。"⑥ 1940年6月29日，有重庆市民称赞道："日前敌机滥炸渝市，毁坏线杆，致碍供电，乃努力事业之精神固足钦佩！而本处工作借能继续，尤所深感，用表谢忱，敬希亮察。此致重庆电力公司。"⑦ 1941年5月4日《新民报》发

---

① 知辛：《残酷的轰炸后——重庆市夜的巡礼》，《全民抗战》第70期，1939年，第997页。

② 《关于重庆电力公司》，《新华日报》1944年8月15日，第3版。

③ 重庆抗战丛书编纂委员会编《抗战时期重庆的经济》，第307页。

④ 《关于报告重庆电力公司1947年度营业状况及财务情形并讨论请政府收购接办案的股东大会》，档案号：0219 – 0002 – 00257，第81～82页。

⑤ 《关于报送转饬重庆电力公司各员工继续努力抢修线路情形上经济部的呈》，档案号：0219 – 0002 – 00128，第45页。。

⑥ 《经济部电业司关于请重庆电力公司仍继续努力工作致该公司的函》，档案号：0129 – 0002 – 00128，第49～50页。

⑦ 《关于感谢重庆电力公司及时抢修线路致该公司及工务科、业务科、沙坪坝办事处等的函》，档案号：0219 – 0002 – 00128，第11～12页。

表的文章《灾区视察记》则描述了"当轰炸后，这里一带的电线木杆东倒西歪，热血沸腾的工人（电力公司职工——引者注）正高高地攀附着抢修之情形"。[①] 是年 8 月 15 日，重庆宝源矿业公司也称赞道："探得连日敌机肆虐，贵厂损失甚巨，好在后方工业界抱最大决心，愈炸愈勇，终获胜利。敝公司同受损失，罔敢稍挽抗战精神，只于我工业界足以蠹敌胆也！专函慰问，借申情愫。此致重庆电力公司。"[②] 1940 年 8 月 31 日《国民公报》发表的社论《新重庆在孕育中》则这样评述："重庆是战时首都，重庆各界领袖的贡献也可以代表全国对抗战的贡献。我们观察抗战以来后方国防工业，以及各种生产事业，从未因敌寇之轰炸而稍松懈。重庆公用事业如电力厂及自来水公司虽迭遭敌寇轰炸，因为一切都早有准备，始终未能断绝供给，因而未曾停顿，生产力毫不受其影响，不但未减少，反有增加趋势，此可见各方协力一致，努力建设的收获。"[③]

综上所述，企业不仅是市场的主体，以开展经营活动的方式承载着物质生产和服务供给，而且作为社会领域的经济细胞，处于社会公共利益的格局中。因而，时局环境的变迁往往影响着一个企业的生存与发展。反观之，企业也通常以承担一定社会责任的方式实现社会参与。

笔者对战争环境下电力公司的应对举措做了考察。在大后方，日机肆虐渝市、各界"遭遇复有无比的艰苦"[④] 这一非常态的历史环境虽然打破了公司的正常经营和发展，但在秉承"电气事业为立国之命脉，凡百生产事业均利衡之理念"[⑤] 的推动下，公司努力应对危机、开展经营活动，保障了社会各界的电力供应。而危机下企业的社会参与与市场利益关系值得考量。尽管战争给公司造成破坏，严重影响公司经营效益，但公司以服务经济民生为己任，勇于担当起陪都工业与社会发展引擎的重任，树立了抗战艰难环境下履行企业社会责任之典范。其"商之大者，为国为民"的理念值得深思。进一步说，公司认知理念的背后亦表现出抗战危难之际的中国国民乃具有"和一的情感，这种情感足以国民对内的团

---

① 潘洵、周勇主编《重庆大轰炸档案文献·抗战时期重庆大轰炸日志》，第 287～288 页。

② 《关于对重庆电力公司遭受空袭表示慰问致该公司的函》，档案号：0219 - 0002 - 00128，第 55 页。

③ 潘洵、周勇主编《重庆大轰炸档案文献·抗战时期重庆大轰炸日志》，第 251 页。

④ 钱健夫：《当前的动力问题》，重庆青年书店，1944，第 4 页。

⑤ 胡敬修：《中国电气事业概况》，中国电业史志编辑室、湖北省电力志编辑室编《中国电业史料选编》（上），第 121 页。

结和敌忾同仇的觉悟，为一个民族特质的表现"，[①] 且"充分证明中华民族是一个具有自强不息精神的民族，是一个具有强大生命力和深厚凝聚力的民族"。[②]

---

① 吴鼎昌：《综论民族精神》，《复兴月刊》第 5 卷第 8 期，1937 年，第 108 页。
② 俞祖华：《民族主义与中华民族精神的现代转型》，社会科学文献出版社，2012，第 277 页。

第五章　战时公司资本状况分析

第一节　国家资本对公司资本的渗入

回顾历史，"电气事业为立国之命脉。凡百生产事业均利衡之"。[1] 电气事业为推动近代中国工业的发展发挥了重要的作用。南京国民政府成立后，在 1928 年以"建设委员会主管全国电气事业行政，但是时电厂经营方法，仍未脱一般工商业纯以营利为目的之观念，而为国防生产之主要一环，则至此抗战发生后由确切之认识"。[2] 因而直到全面抗战爆发后，国民政府才将电气事业提升到国防生产的高度去努力发展，并采用经济手段强化对后方民营电力企业的管控。以重庆电力股份有限公司为代表的民营电力企业系按股份公司制运作，"公司治理机制实际发挥作用是资本力量，本质上是资本纽带下的多元利益结合体"，[3] 因而当局对公司的管控，关键是对其资本的控制。全面抗战爆发后，国民政府进一步强化了对金融业的垄断，将中、中、交、农四大银行改组为四行联合办事处，简称"四联总处"。该处于 1939 年迁至重庆后，演变成一个中央集权行政机构，积极推行战时金融政策。国民政府通过这个机构以"资本控制"的方式来强化对重庆电力股份有限公司的资本管控。

这一时期，对于民营生产事业，经济部"督令工矿调整处负实际协助之责，尤其在供应器材、训练技工及技术指导外，对于资金之协助尤所致意，如该处（工矿调整处——引者注）不能尽量供给，亦必介绍其

---

① 胡敬修：《中国电气事业概况》，中国电业史志编辑室、湖北省电力志编辑室编《中国电业史料选编》（上），第 121 页。

② 陈中熙：《三十年来中国之电力工业》，中国电业史志编辑室、湖北省电力志编辑室编《中国电业史料选编》（上），第 346 页。

③ 杨勇：《近代中国公司治理——思想演变与制度变迁》，上海人民出版社，2007，第 8 页。

向四行贷款"。① 而四联总处为谋内地金融、农矿、工商业资金之流通，制定了四行内地联合贴放办法，在重庆等地设置了四行联合贴放委员会。其主要职责是对经济部的计划及政策"运用国家银行的资力予以配合和协助"。② 在抗战初期，四联总处协助经济部工矿调整处贷助民营厂矿内迁及复工。对于重庆市内的公用事业，如"重庆电力公司、自来水公司、轮渡公司、公共汽车公司四事业贷款列入国策贷款范围内"，③ 以达到配合厂矿内迁复工的目的。重庆电力股份有限公司在资金上亦开始获得四联总处的借贷。

　　一种方式是借贷融资。抗战时期"国民政府对民营事业之协助，首在资金之协助。主要有保息、补助、贷款、投资、担保借款、存货垫款或预付订金、给予奖金等七项"。④ 国民政府在整顿川省金融秩序、收缴代现券后，由工矿调整处引导公司向重庆四联分处"请予贷款救济以作偿还之用"。⑤ 在政策之引导下，1938 年 4 月公司分别"致电工矿调整处与四联总处：请委托以川盐银行、川康银行、重庆银行三行资产担保"，⑥ 及"照商业习惯，保证人请求工矿调整处保证，以完借款手续"。⑦ 是年 5 月 14 日，经工矿调整处审议核准"由四联总处指定代表行中国银行与公司商订 200 万元借款合同草约"，⑧ "工矿调整处作承还保证人"介入借贷法

---

① 《经济部工业司关于国营民营轻重工业办理状况报告（1943 年）》，中国第二历史档案馆编《中华民国史档案资料汇编　第 5 辑　第 2 编　财政经济（六）》，第 145～146 页。

② 黄立人：《抗战时期大后方经济史研究》，第 76 页。

③ 《关于同意重庆电力公司及自来水公司贷款享受国策贷款方式的代电、函》，档案号：0053－0021－00090，第 148 页。

④ 中国第二历史档案馆编《中华民国史档案资料汇编　第 5 辑　第 2 编　财政经济（六）》，第 281 页。

⑤ 《关于报送重庆电力公司向重庆分处办理借款经过及支付情形、需款扩充新机情形上董事会的呈》，档案号：0219－0002－00107，第 76 页。另据工矿调整处报告，抗战爆发时重庆电力股份有限公司设备尚具规模，唯感资本过低，周转至为困难。而所领代现券又奉财政部令回。经本处协助保证，向四行借款 200 万元，以资整理债务。参阅重庆市档案馆、重庆师范大学合编《中国战时首都档案文献　第 4 卷　战时工业》，第 6 页。

⑥ 《关于报送重庆电力公司向重庆分处办理借款经过及支付情形、需款扩充新机情形等上董事会的呈》，档案号：0219－0002－00107，第 77 页。

⑦ 《关于检送重庆电力公司办理担保借款手续致中、中、交、农重庆分行贴放委员会的函》，档案号：0219－0002－00107，第 20～22 页。

⑧ 《关于报送重庆电力公司向重庆分处办理借款案经过及支付情形、需款扩充新机情形等上董事会的呈》，档案号：0219－0002－00107，第 76～83 页。

律关系，① 并要求 "自订约以后，所提数额子金及派员管理出纳稽核账目不得与四行以外之金融机关往来"，② 若加借款项 "仍可向四行洽商，以免修改借约之烦"。③ 其部分规定旨在强化国家金融机构贷放垄断权。至此，公司首笔借款项目确立。然战事推进，物资尤显紧缺，其 "发电所需燃煤及供电器材价格日益高涨、开支骤增，实已捉襟见肘"，④ 对于 "未到期之各项期票、合同订购之各种材料款项、先移迁川工厂用电添设之外线材料及变压器价款皆无款交付"，⑤ 乃续向四行借款以解决资金匮乏之困境。1940 年 3 月 21 日，公司再与中国银行订立 "质押借款 100 万元契约"。⑥ 是年 6 月，"以库存材料抵押向四行续借 100 万元"。⑦ 1941 年 3 月 3 日，"以厂机作质向四行押借 100 万元"，⑧ 以恢复城内供电。是年 7 月，"以购备材料所需向四行加借 200 万元"。⑨ 重庆电力股份有限公司历次借款情形如表 5 - 1 所示。

表 5 - 1　重庆电力股份有限公司历次借款情形（1942 年 1 月 29 日制）

单位：万元

借款事由	借款金额	期限	抵押品	到期时间	是否转期
厂机押款	200	3 年	厂房机器	1941 年 5 月 14 日	
厂机附加押款	100	2 年	原借款押品厂机连带担保新购机器	1942 年 3 月底	

① 《关于检送与四联总处借款合约致重庆电力公司的函》，档案号：0219 - 0002 - 00107，第 73 页。

② 《重庆电力公司第 27 次董事会决议录》，档案号：0219 - 0002 - 00321，第 8～9 页。时公司与地方川康、川盐、美丰银行仍有借贷关系，但四行成为公司借贷资金的主要来源。

③ 《关于发还借款本息致重庆电力公司的函》，档案：0219 - 0002 - 00107，第 55 页。

④ 《关于重庆电力公司移装机器需款向中、中、交、农银行借垫的公函、提案》，档案号：0285 - 0001 - 00371，第 191 页。

⑤ 《关于请再加借款上经济部工矿调整处的呈》，档案号：0219 - 0002 - 00107，第 157 页。

⑥ 《关于检送向中、中、交、农行借款合同给重庆电力公司的批》，档案号：0219 - 0002 - 00048，第 152 页。

⑦ 《重庆电力公司第 51 次董事会商讨向四行借款决议案纪录》，档案号：0219 - 0002 - 00047，第 8 页。

⑧ 《关于拨还借款的函》，档案号：0219 - 0002 - 00048，第 142 页。

⑨ 《关于整理重庆电力公司各项借款办法及还款情形的函、呈》，档案号：0285 - 0001 - 00373，第 277 页。

续表

借款事由	借款金额	期限	抵押品	到期时间	是否转期
库存材料押款	100	6个月	库存材料	1941年3月15日	已转期6个月，第二次转期业经总处核准，手续未办
安利洋行订单押款	100	6个月	原借款押品厂机连带担保、新购机器	1941年8月底	转期6个月
迁建设备借款	200	18个月	每度电费附加5分之全部收入	1943年2月底	
购借材料借款	200	1年	原借款押品厂机连带担保、新购机器	1942年7月3日	

资料来源：《关于检送各借款案清单致重庆电力公司函》，档案号：0219 - 0002 - 00048，第78页。

　　按文本规定，"公司到期的借款本息均由重庆分处函承还保证人经济部工矿调整处请其负责严催"，[1] 而实际上却经常发生延期偿付的情形。如表5 - 1中"库存材料押款100万元转期6个月延至1941年9月15日。安利洋行订单押款100万元也转期6个月延至1942年2月底"。[2] 据统计，从1938年5月至1942年7月，公司向四行"借款共8项计1000万元未能付清"。[3] 究其原因，一是偿还金额不足，缘于公司收益延怠致使难以如期偿付。根据1942年2月的统计，公司应得收入的"新股500万元仅收足130万元，中央信托局兵险余款迄未解决，1941年轰炸受损补助费100万元政府尚未批准，脱售存英发电机器1.2万镑未能即之动用，工厂积欠电费约150万元正在催收中，综上各笔款项可得800余万元；除去偿还短期负债240万元及归垫移用补助迁建工厂款

---

①　《关于发还借款本息致重庆电力公司的函》，档案号：0219 - 0002 - 00107，第55页。公司借款付息须按月还本付息。另1940年，第一次改组后的四联总处开始在重庆等地设置分支机构。

②　《关于检送各借款案清单致重庆电力公司的函》，档案号：0219 - 0002 - 00048，第78页。

③　《关于检送历次借款均由大部作保证情形致经济部的代电》，档案号：0219 - 0002 - 00048，第53页。

项约 200 万元外，尚存 400 余万元可偿还，然全数收齐也为期甚远"。① 二是借款额 "入不敷出"。在 1942 年 4 月清偿既有借款项后仍有如下待付款项："四行一、二期余款本息 3.5 万元，应付保费 43 万元，应付煤款 200 万元，填还修建需款 80 万元，派购器材含电度表、变流器 55 万元，铜线 300 万元、英缅仰光运费 52 万元、川康银行与川盐银行短借 80 万元。计 845 万元。"② 这说明筹措资金不足以应付业务发展所需，也难以偿还借款本息。重庆电力股份有限公司向四行借款未结各案如表 5 - 2 所示。

　　及至战时中期通胀加剧，公司资金更显紧缺，续以扩大借贷规模以保障资金周转、适应业务所需。1942 年 5 月 "向四行贷款 500 万元"。③ 是年 7 月 31 日 "以其全部财产及新购材料为担保向四行抵借两年期限 1000 万元契约"，④ 用于 "补充材料、扩展业务，购储燃料储备器材所需"。⑤ 是年 8 月 31 日 "与重庆交行订立 300 万元借款合约用于第三发电厂加装锅炉保护设备及储备冷水塔主要材料所需"。⑥ 是年 9 月 21 日 "向交行承借购料押款 2500 万元，用于订购铜线需 660 万元、购买铅皮线与胶皮线需数十万元、洽订变压器约需 400 万元"。⑦ 是年 10 月 14 日 "以营业月收入为抵向重庆交行订立 500 万元透支契约"。⑧ 需要说明的是，"自 1941 年后，工矿调整处对民营厂矿合于银行业务之营运资金，尽量转请四联总处贷放，其中以属于原料成品之抵押、透支性质之借款为最多"。⑨

---

① 《关于限期清偿借款致中国银行的函》，档案号：0219 - 0002 - 00048，第 80 ~ 82 页。1941 年底，公司新增股本 500 万元。
② 《关于清理历次借款致中国银行的函》，档案号：0219 - 0002 - 00048，第 88 页。
③ 《重庆电力公司第 66 次董事会纪录》，档案号：0219 - 0002 - 00047，第 91 ~ 92 页。
④ 《关于拨发重庆电力公司购买材料款给浦心雅的认证书》，档案号：0219 - 0002 - 00048，第 26 页。
⑤ 《关于领取借款致重庆电力公司的代电》，档案号：0219 - 0002 - 00048，第 97 页。
⑥ 《交通银行重庆分行、重庆电力公司借款合约》，档案号：0219 - 0002 - 00064，第 22 页。
⑦ 《重庆电力公司第 69 次董事会议报告 1942 年 8 月会计月报表、向交通银行订立透支契约等会议录》，档案号：0219 - 0002 - 00047，第 164 页。
⑧ 《关于请担保向交通银行重庆分行致川康平民商业银行的函》，档案号：0219 - 0002 - 00064，第 48 页。
⑨ 中国第二历史档案馆编《中华民国史档案资料汇编　第 5 辑　第 2 编　财政经济（六）》，第 284 页。

表 5 - 2 重庆电力股份有限公司向四行借款未结各案（1942 年 9 月 28 日编）

单位：万元

笔数	借款案别	借款借额	截至1942年8月底余额	借款用途	利率（‰）	借出期	到期	期限	核定理事会会次
1	机器材料抵押借款	100	100	抢购应用器材	9	1940 年 9 月 15 日	1941 年 3 月 15 日	6 个月	第 37 次理事会
2	安利洋行定单抵押借款	100	100	恢复城内供电	9	1941 年 3 月 3 日	1941 年 8 月 3 日	5 个月	第 52 次理事会、第 74 次理事会核准展期半年
3	新购器材追加款	200	200	购备材料	9	1941 年 7 月 3 日	1942 年 7 月 3 日	12 个月	第 73 次理事会
4	附加电费抵押借款	200	66.6666	办理迁建发电设备	9	1941 年 8 月 31 日	1943 年 2 月 28 日	18 个月	第 86 次理事会
5	保护工程借款	500	500	大溪沟电炉保护工程	9	1942 年 5 月 15 日	1943 年 7 月 15 日	14 个月	第 116 次理事会
6	全部资产新购材料抵押借款	600	550	购备器材	9	1942 年 6 月 30 日	1944 年 6 月 30 日	24 个月	第 127 次理事会
7	新购材料抵押借款	2500		购备发电用电器材	10				第 140 次理事会
合 计		4200	1516.666						

备注
1. 第 1、2、3 笔借款系以公司资产及库存器材作抵，合计 400 万元；
2. 第 4、5 笔借款系以附加电费收入作抵共 700 万元；
3. 本年 5 月间公司以购存燃料添购器材需款请以全部资产购储器材押借 1000 万元，经本处（四联总处）核借 600 万元，连同上述第 1、2、3 笔以资产作抵之 400 万元合并签订 1000 万元契约之规定，自合约成立后，第 7 个月起开始还本付息；
4. 本年 8 月间公司以购储发电用电器材需款申请立 2500 万元押款契约业经本处（四联总处）第 140 次理事会核准照借，唯目前尚未用款；
5. 本处（四联总处）第 136 次理事会核准之第三发电厂加装保护工程借款 300 万元由交通银行承做，表内未列入，特此注明

资料来源：《关于重庆电力公司以每月电费收入担保透支的函、代电（附表）》，档案号：0285 - 0001 - 00375，第 239 页。

就利益相关性来说，债权方四联总处对公司采取了业务监管、生产干预、抵押担保等措施，以促进经济干预机制的落实。具体而言，一是开展业务稽查工作。早在1938年，四行重庆分行联合贴放委员会就规定："所有敝行驻电力公司稽核人员自当按照合约所载各款尽量执行一切职权，以符合约精神。"[①] 从稽核情况看，"稽核主管员一人（或总稽核）可超然行使职权所驻机关行政之干涉。重点对业务方针、人事变迁及经营成绩等按期呈报总处及有关分处为考核之根据"。[②] "代表银行派驻稽核人员阅每年均有密报，呈送四联总处极为详确，包含工务状况、营业情形、经济状况、人事变动等事项"，并做出相应的评价。例如，稽核人员在1941年底稽核公司业务状况后，认为"当年收支相抵、余额有限。兹根据下半年来会计上之收益情况估计公司电价增加后收支不过平衡。对于债款本息除前向中央、中国两行挪用迁建工程借款200万元已由经济部核准自6月起在每度电费附加5分以为偿还基金外恐无余力支付。对于第1、2次借款每月摊还三数、已一再申请展期。所期望者去年（1940年——引者注）厂房及杆线用户设备被炸之兵险赔款约140万元，惟领到后不过偿还一部分而已"。[③]

二是在1943年，四联总处设立原料购办委员会，统筹物资管理，也介入了对公司原料的购办。一为自购方式。该年10月，原料购办委员会依照公司自购计划在重庆购办之煤块1万吨，由其备款借购、存储并得购办委员会派员监管。[④] 二为代购方式。1945年3月10日，中央信托局购料处代购公司储煤1万吨共计垫款101405119.1元。[⑤]

三是采取抵押制度，规避借贷风险。其一，以担保品作抵押。按双方合约规定，公司借款项须抵押担保，即"拟以现存材料作借贷款项目"，[⑥] 计"所有地产、厂房、机器、锅炉、变压器、电表、电杆、电线等担保项，房

---

① 《关于指派稽核人员长驻公司执行职权的函》，档案号：0219 - 0002 - 00107，第144页。
② 《中国银行重庆分行关于抄送改善稽核工作办法致重庆电力公司的函（附办法）》，档案号：0219 - 0002 - 00107，第159页。
③ 《关于检送重庆电力公司稽核1941年度稽核年报告的函、呈（附报告摘要）》，档案号：0285 - 0001 - 00374，第350页。
④ 《关于核查四行总处原料购办委员会与重庆电力公司合作购煤办法草案》，档案号：0219 - 0002 - 00152，第21～22页。
⑤ 《关于报送向四联总处请准借款三笔款项及还款方案请衡量裁夺上浦心雅的函》，档案号：0219 - 0002 - 00157，第7页。
⑥ 《关于重庆电力公司以材料押借款项的呈、代电》，档案号：0285 - 0001 - 00371，第134页。

契、地契等文件一并送交四行以凭办理，均应办理公证手续"。① 如 1940 年
1 月 20 日，公司第 47 次董事会"决议将新购机器锅炉作新借款之抵押并请
四行董事协助进行"，② "于是年 3 月获四行 100 万元押款"。③ 其二，以财政
部贴补费作抵押。1945 年 1 月 4 日，"双方立约 5000 万元借款，规定本息在
财政部保证核发贴补费时经央行发放，交中央银行业务局收归借款户账"。④
是年 3 月 15 日，公司鉴于煤价续涨及月开支需 1.7 亿元方能维持之境
况，⑤ 再以"当年 2 月至 5 月份应领财政部补贴费之未抵押部分及 6 月至
12 月份应领财政部补贴费全部一并作抵押向中央银行业务局借款 1.5 亿
元"。⑥ 其三，以附加电费作还贷本息。如 1941 年 7 月，将"迁建机炉借
款 200 万元按每度电费附加 5 分作偿债基金"，⑦ "扣还债款 2255894.95
元"。⑧ 另将"第一发电厂机炉加装保护设备借款 500 万元按每度附加 1
角 5 分电费扣还债款 13631984.15 元及第三发电厂锅炉洞保护设备借款
300 万元附加电费扣还债款 3280550.04 元"。⑨ 再如 1945 年 4 月，"向重
庆交行借贷 2000 万元透支额改订增至 1 亿元的合约也明确规定按电费提
取本息作还款金额"。⑩

第二节　战时公司股本构成的变化

公司资本，又称股本或股份资本，是公司成立时章程规定的，由股东

---

① 《关于检送借款合约的函》，档案号：0219 - 0002 - 00048，第 4 页。

② 《重庆电力公司第 47 次董事会决议录》，档案号：0219 - 0002 - 00321，第 54 页。

③ 《关于检送各借款案清单致重庆电力公司的函》，档案号：0219 - 0002 - 00048，第 78 页。

④ 《关于检送重庆电力公司借款合约及借款运用申明书的代电、报会、函》，档案号：0285 - 0001 - 00380，第 85~88 页。

⑤ 《关于核议重庆电力公司请贷周转资金案的代电》，档案号：0285 - 0001 - 00380，第 144 页。

⑥ 《关于检送借款合约致财政部的代电》，档案号：0219 - 0002 - 00024，第 62~63 页。

⑦ 经济部据呈送向四行借款 200 万合约一份请备查，至 1942 年 2 月 28 日付借款到期应还数 600000 元，共付本息 726000 元。参阅《关于准予备查向中、中、交、农行借款合约给重庆电力公司的指令》，档案号：0219 - 0002 - 00048，第 124 页。

⑧ 《经济部电业司关于重庆电力公司迁建第一厂及三厂锅炉保护借款已否还清及付息情形致公司的函》，档案号：0219 - 0002 - 00130，第 14~15 页。

⑨ 《经济部电业司关于重庆电力公司迁建第一厂及第三厂锅炉保护借款已否还清及付息情形致公司的函》，档案号：0219 - 0002 - 00130，第 13~16 页。

⑩ 《关于将重庆电力公司前向交通银行透支展期并增加其透支额的呈、函、代电》，档案号：0285 - 0001 - 00380，第 178、180 页。

出资构成的财产总额。"公司作为营利性的经济组织，具有从事商业性经营的权利能力，并依赖于一定的物质条件（固定的生产经营场所、与生产经营和服务规模相适应的从业人员以及与经营活动相适应的其他资金），这些条件的形成需要有一定的资本。"① 因而，资本运作是一个企业生存发展的核心。资本的多少能衡量一个企业发展的好坏。重庆电力股份有限公司是一个按股份制运行的商办企业，其前期运行的资本来源是各股东的募集与地方银行的投资，其资本构成较为清晰，但到了抗战时期，公司出现经营危机，资金出现巨大缺口。公司为寻求资本的扩大，突破了较为单一的资本构成，公司内部形成了中央银行、地方银行、各股东共同投资的格局，而且呈现国家资本不断"占有"公司资本的态势。对于这种现象，我们应看到，在抗战时期，国民政府大力实施国家资本主义经济政策，推行战时经济体制，加强了对工矿业（电业）的管控。其方式是：一是以资源委员会为平台大力发展国营电力工业；二是政府投资于原有的民营商办电力企业，将其逐渐转变为"官商合办"模式。这样一来，原商办企业的生产、经营管理权开始接受政府设定机构的管控。对于"民营"性质的重庆电力股份有限公司来讲，到抗战时期，其股权同样被纳入"国家化"运转的轨道。

一　战时公司股本的增值问题研究

股份公司是指以股份形式将社会上分散的私人资本和其他形式资本集中起来设立的企业，即通过社会公众性在较大的社会范围内募集资本，把资本以股份的方式结合在一起，共同进行某一种工商业活动。这种资本组织形式具有范围广、集资迅速和成本低、适应生产社会化发展的要求等特点，逐渐发展为近代中国新式工商企业主流的资本组织形式。② 因而，我们可以认为公司资本的核心要素在于股本。"近代中国股份有限公司创办时的股本筹集，大多都有一个额定的注册股本与实收股本的问题。同时也存在因公司创办之后筹资状况的恶化，认购股东在缴纳了前期股款后，对以后各期股款宕期延缴甚至迟迟不缴，从而导致公司在创办以后的一段时期内，分期缴纳的股本难以如期收足"，③ 给公司带来资金周转上的困难。

---

① 赵旭东编著《公司法学》，高等教育出版社，2006，第 216、220 页。
② 朱荫贵：《中国近代股份制企业研究》，上海财经大学出版社，2008，第 3 页。
③ 张忠民：《艰难的变迁——近代中国公司制度研究》，第 368、371 页。

公司也往往会通过增发股本的方式来解决资金问题。在这样的制度设计下，股份有限公司成为社会公众的投资对象，也出现了"股本社会化"的模式。其方式是："（1）招募新股；（2）红利入股；（3）股票升值；（4）增股。"① 重庆电力股份有限公司在股本筹集过程中也大致采取了上述方式。其具体经过如下：

第一，采取招募新股的方式来增加股本。"近代中国公司资本，特别是工业性公司的资本不足，几乎已经成为近代中国的一个普遍现象。"② 重庆电力股份有限公司也面临着这样的问题。前文已述，抗战初期，因业务所需，公司曾向四行借款120万元，同时也面临着公司的股本亟待增加的新问题。在公司召开的董事会上，"石体元协理报告公司前呈工矿调整处恳转四行联合办事处借款120万元以应公司各项急需，现经调整处派员调查结果以应公司需款济用确属事实已转函四联总处请予照借，唯附带提有意见以公司股本过低，借款超出股本以上，应增加股本为500万元。四行当事人认为增加股本为必要，拟请本公司旧股增加50万元，四行加入200万元。关于加股问题，经理部未敢擅专，特请开大会公决"。③

通过股东会议程可管窥公司股权处置方式，也可认识近代股份制企业的一些特征。1939年1月10日，公司举行了临时股东大会。会议主要探讨了增加股本之议题。会上董事会成员说明了增股缘由："本公司原有资本250万之设备旧机1000千瓦三部，已用罄无余，嗣以机力弗腾负荷，添购4500千瓦新机两部以应营业上之需要。但当时一钱莫名，曾向本市银钱业借款以资偿付，除本公司对外负债过多，每年负担利息为数颇为可观。"④ "公司资本总额已达600余万元以之与资本总数额比较相差过巨，况现值抗战，交通运输日感困难。公司为本身前途计，为供给迁川各工厂用电计算，为预防今后运输困难计，不得不先后向国外订购大批供电材料，以资供应为稳定本公司之基础。拟请将本公司股本增为500万元。"⑤ 这表明公司急需周转资金，故提请到会股东增加股本以解决资金问题。在

① 宋美云：《增股近代企业"股本社会化"的推行——对天津东亚毛呢纺织公司的个案考察》，朱荫贵主编《近代中国：经济与社会研究》，复旦大学出版社，2006，第429页。
② 张忠民：《艰难的变迁——近代中国公司制度研究》，第384页。
③ 《重庆电力公司临时股东会会议录》，档案号：0219－0002－00105，第40页。
④ 《重庆电力公司临时股东会决议录》，档案号：0219－0002－00105，第111～113页。
⑤ 《重庆电力公司临时股东会决议录》，档案号：0219－0002－00105，第111～113页。

会上，股东龙芸瞻的发言颇具有代表性："原有股本早已用罄。则今后无余资作营业上之活动，当有增加股本之必要，本席对增加股本 250 万元甚表同情。"其他股东也纷纷发言，表达对增股问题的看法。待股东发言环节结束后，大会主席做总结发言："赞成增加 250 万元者起立。"结果是全体股东起立，表示赞同增股。① 1939 年 1 月 10 日公司临时股东会发言内容如下：

> 提案：1. 增加股本案：龚农瞻股东发言："据董事长报告本公司借款超过股额及今后无余资供营业上之活动当有增加股本之必要，本席对增加股本 250 万元甚表赞同，惟办法与手续尚有磋商余地，因公司今天召集临时股东会议不外下列两种理由：一公司是否应该加股，二加股是否如此数目，若此两点各股东均认为适当则认股手续照公司法尽先由旧股东承认，其认未足额之数再由董事会向外招募至拟以旧股 250 万元本年度所得之子金全数换作股本及旧股东认未足额之数，完全欢迎四行以债款换作股本等办法毋庸明白说出。"……针对提出之问题，公司董事长起立解答："关于以子金换作股本一层因公司受四行借款合同之限制，盈余当以现金状况为依据，不能以账面为标准，换言之即公司不能借款以发股息，所以有此拟议，此层应特别声明。"

> ……但是在会上，省政府代表王梵潮发言："照公司现时环境，增股及增股数目本席均认为适当，并无异议。不过以旧股东权益言新增之股似应由旧股东照前认股额比例增加，不必再向四行请求加股以维权益。"……

> ……董事长潘文华起立解答："照股东权益言自不应有向四行欢迎加股之举，不过公司过去向四行借款及今后及今后续借 120 万元均有连锁关系且四行不日即将以书面征询加股数目，本会将无办以答故此层提请注意。"②

公司董事长潘文华做出解释："鉴于原有资本 250 万元，而旧机 1000 千瓦 3 部已用罄，负荷添购 4500 千瓦新机两部以应营业上之需要；但当

---

① 《重庆电力公司临时股东会决议录》，档案号：0219 - 0002 - 00105，第 111 ~ 113 页。
② 《重庆电力股份有限公司临时股东大会纪录》，档案号：0219 - 0002 - 00105，第 11 页。

时曾向本市银钱业抵借代现券达 250 万元之巨。经于 1938 年 1 月 29 日临时股东会议决呈准工矿调整处担保以公司财产作抵押向中、中、交、农四行借得 200 万元以资偿付，唯当时所借之款除偿还旧债外，其余如未到期之各项期票及合同订购之材料款项又皆无款交付，况自时局转变，沪汉工厂迁川，出海口封锁，运输日感困难。公司为本身营业前途，为供给迁川各工厂用电，先后向国外订购大批供电材料以资供应，现又奉行营命令拆卸旧机建设，南岸弹子石应急分厂约计购地建筑材料安装等费须 20 余万元，连前应付合同期票及新订材料款项总共差 120 万元。公司无款交付，复向工矿调整处请转四联总处续借 120 万元以应急需，经工矿处派员调查结果：公司需款济用确为事实，已转函四联总处请予照借，唯附带提有意见以其股本过低，借款超出股本以上须增加 500 万元之基础方固且有余资供营业上之活动。在现实境况下，四行当事人认为加股为必要。"① 遂让四行加入新股。后在董事会上通过增股决议："120 万元借款仍请经理部进行接洽，务期于本月底借到始足以济一切急需。加股问题待 1939 年 1 月 10 日召集临时股东大会决定增加总额后再由旧股东分认余额，欢迎四行加入。"②

　　最后，康心之股东发言："为结束此案，计本席以加股及数目，各股东均无异议。惟加股办法依王代表意见拟完全由旧股东照前加股额比例担负，不必向外招募即足照此办理，颇觉限制稍严，尽股东之中有心欲加而力不足者、有力足而不愿再加者、有照比例对加而有愿多认者种种情况不一，本席为结束此案，拟以加股办法须由旧股东尽先认股，按照原有股额对加，更善如有放弃不加者，有其他旧股东承认，再有不足者授权董事会向外招募。"决议：一、赞成加股 250 万元连前 250 万元合为 500 万元者请举手。全体通过。二、赞成新加之股由旧股东照原有股额对加，如有不愿照加，由其他旧股东承顶，再有不足授权董事会向外招募者请举手。全体通过。主席：胡仲实。③

① 《重庆电力股份有限公司临时股东大会纪录》，档案号：0219 - 0002 - 00105，第 10 ~ 11 页。
② 《重庆电力股份有限公司临时股东大会纪录》，档案号：0219 - 0002 - 00105，第 40 页。
③ 《重庆电力股份有限公司临时股东大会纪录》，档案号：0219 - 0002 - 00105，第 11 页。

以上为临时股东大会股东发言内容，表明股东均赞同增股，最后是通过例行程序，由全体股东表决增股决定。议决方案为：一是决定让四行加入股本，特别是 1939 年 9 月 29 日，公司"因股数减少，开支增加，应付之款无法支给，困难万分。恳经济部鉴核转四行联合办事处续 100 万元，以应目前急需。前借四行之款原条约订定按月摊还本息，因无款停支，计已积累至 30 余万元，现在摊以按股未收之共 6 万元，务请四行分认，了清分债，以完成招股"。① 这说明公司已请求四行加入股本来化解债务。二是由各位股东增加股本，其增股办法待"第三届股东大会 1939 年 2 月 10 日召开时，即须召集拟遵照临时股东大会决议请各股东务必于 1 月 31 日以前将自愿承认增加之股数函知公司董事会并请于 2 月 5 日以前将承认增加之股款向公司会计科缴齐用凭专办，对于到期不将承认股数、通知或到期不将股款缴齐即认为贵股东放弃权利。当照临时股东决议另觅顶认招募足额"。②

但股本募集中却存在着额定注册资本与实收股本的差额问题，即实收股本没有达到法定应收股本数额。对此问题，1939 年 2 月 10 日公司召开了第三届股东大会，会上石体元董事报告："遵照 1 月 10 日临时股东大会决议增加股本 250 万元一案当由董事会分函通知，惟截至现在未收到股东通知，增认股额者尚多，倘长此迁延，难于结束增股问题。"③ 按照股东会决议应于 3 月 11 日收齐缴足，但"经监察人傅友周等调查报告于股东会增资仅到 300 万元（不足 500 万元——引者注）"。④ 面对如此难题，股东会做出决议："董事会预留 100 万元为旧股东认额，余额在募至旧股东发给 27 年度（1938 年——引者注）官红息问题须俟加股问题解决后，以便扣付，若增股问题不能确定则无款发息兹为促成进行，计拟请由大会确定发息日期，俟各股东来取官红息时分别征求加股意见，以期一次确定增

---

① 《关于续借上经济部的函》，档案号：0219 – 0002 – 00107，第 84～86 页。截至 1939 年 12 月底，公司应付各款如下：1. 美丰银行透支 15000 元；2. 川盐银行短期借款 30000 元；3. 未付营业税 5850 元；4. 临时存款 26500 元；5. 应还四行借款 445000 元；6. 拨柏葛锅炉款 110000 元；7. 待付待运海防材料运费 210000 元；8. 待付待运煤炭合同订金 200000 元。

② 《关于缴齐股本额致各位股东的函》，档案号：0219 – 0002 – 00285，第 38～39 页。

③ 《重庆电力公司第三届股东常年大会纪录》，档案号：0219 – 0002 – 00105，第 29 页。

④ 《重庆市社会局、重庆电力公司关于增加资本及请核发营业执照的呈、咨》，档案号：0060 – 0002 – 00140，第 132～133 页。

股数额。上两项事并案办理是否有当，请付公议裁决施行。"①

但 1942 年 5 月 21 日的公司董事会上仍指出："未收股本尚达 220 余万元，需款请各董事分别劝缴以应要需。"② 这说明，战时公司是难以向股东收齐额定股本的。

张忠民教授认为，"股本分期缴纳不足而造成的额定股本与实收股本的名实不符的原因是多数公司（重庆电力股份有限公司也具有这种特点——引者注）因创办之后筹资状况的恶化，认购股东在缴纳了前期股款后，对以后各期股款宕期延缴甚至迟迟不缴，从而导致公司在创办以后的一段时间内，分期缴纳的股本难以如期收足，由此而造成额定股本与实收股本的名实不符"。③ 因而，这样的困境往往会给企业带来资金周转困难。同样，重庆电力股份有限公司存在着上述困境，即在募集股本的过程中，实收股本没有达到股东会上提出的应有股本，招股集资颇为不顺。

战争环境下，敌机轰炸使得公司财产受到严重损失，加之煤炭价格等生产成本剧增，造成公司资金短缺，使得公司增加股本刻不容缓。1940年 3 月 25 日，公司召开第四届股东大会（股东大会主席康心如）。这次股东大会主要针对"公司 28 年度（1939 年——引者注）资产负债，自应依法召集股东常会予以总结"。大会认为："报告决议所有一切开会手续均依法办理，承各股东踊跃莅临参加，至为欣幸。现在本公司业务因工厂迁川至为发达，惟自 5·3 大轰炸后困难尚多，至盼各股东尽量指示以凭移交董事会查照。"④ 会上分析了 1939 年度经营情况及本届股东决算情形，认为本年系属特别情形，如因受敌机迭次轰炸，本公司外线损失、电表损失，因轰炸而不易收得电费损失，又奉政府命令迁机南岸，建设分厂及李子坝筹设应急电厂之损失与职工疏散费用等共为 70 余万元。再如煤价高涨，照原来预算每吨以 10.5 元计，但以后骤涨至每吨 40 元，谨此一项即超出预算 20 余万元，又因物价高涨，事务费增加甚巨，因之超出预算如上数。综上，实际支出则超过预算，计 1154377.44 元。⑤

---

① 《重庆电力公司第三届股东常年大会纪录》，档案号：0219 - 0002 - 00105，第 29 页。
② 《重庆电力公司第 66 次董事会纪录》，档案号：0219 - 0002 - 00047，第 1 ~ 5 页。
③ 张忠民：《艰难的变迁——近代中国公司制度研究》，第 371 页。
④ 《重庆电力公司第四届股东大会记录》，档案号：0219 - 0002 - 00105，第 36 ~ 39 页。
⑤ 《重庆电力公司第四届股东大会记录》，档案号：0219 - 0002 - 00105，第 36 ~ 39 页。

　　1941 年 2 月 25 日，公司举行了第五届股东大会（股东大会主席为周见三）。会上议决如下：一是要求参照公司章程即经营电气事业人之规定应于每年总结算后召集股东大会报告账略及营业状况，改选监察兹者。二是对1940 年度业已终了，决算各表亦已制，向各股东分别报告决议，召集第三届股东常会之由来。"此次常会承各股东踊跃莅临参加，至为欣幸。现在本公司业务虽因军需及生产各厂亟亟用电至为发达。惟轰炸频仍，成本日高，困难甚多，至盼股东尽量指示以凭移交董事会查照执行。①

　　综合战时历次召开股东大会的议题，我们可以看出，股东大会对增股问题的讨论次数较为频繁。这是鉴于公司原有的股本不适应现实情况，急需增加股本，充实公司资金。在此境况下，公司做出了向各位股东增股与容纳四行新股的决定。

　　第二，实现股本升值。公司在实施增股与容纳新股的同时，也采取了股本升值的举措。1940 年 3 月 25 日的第四届股东大会上，有人提议升值旧股本，以适应资金运转。股东大会主席康心如做出说明："本公司股本原为 500 万元，现却已负债约 870 余万元，照公司法规定即应宣告歇业，惟关系后方生产甚巨，停歇实有不可能，然欲公司继续推进，只有负债加股两途可行。但公司负债已达 870 余万元不能再行举债加股，非先解决资产问题无法办理，查公司资产为国币 3550 余万元，再加地皮厂房建筑及其他资产各项总计已在 4500 万元以上，若能由旧股东照原股比例增加股自无问题，惟旧股东中不免有不愿增加或无力认加者势非添招新股不可。若旧资产不予增值，旧股东损失权益太巨，决非旧股东所能同意，个人意见拟采一适中办法即将旧股升值为 4 倍或 5 倍以减旧股东之损失，同时新股东仍有相当利益，所提是否可行请众公决。"决议结果是原则通过交由董事会妥慎办理。②

　　1941 年 11 月 21 日，公司围绕着股本升值问题举行临时股东大会，总经理刘航琛做出说明："公司股本原为 500 万元，因负债已达 870 余万元，始有增加股、偿还旧债，继续推动业务之拟议现资已由 500 万元增值为2500 万元，拟再增加新股 500 万元为活动资金共为 3000 万元。其募股办法先由旧股东仅先承认，认未足额之数再向外招募，以 12 月 20 日为认股

<hr>

① 《重庆电力公司第五届股东大会记录》，档案号：0219 - 0002 - 00105，第 153 ~ 156 页。
② 《重庆电力公司第五届股东大会记录》，档案号：0219 - 0002 - 00105，第 153 ~ 156 页。

期，12 月底为缴股期。"① 当年（1941 年）2 月 25 日，第五届股东常会议决资产增值案（复经本年 3 月 3 日临时董事会决议照 5 倍增值为国币 2500 万元）交董事会妥慎处理，"现经理部承董事会之意旨已向经济部、财政部恳切婉商多方接洽，始有端倪，乃于 6 月 4 日正式具呈财政部请求准许资产增值添募新股，并豁免此次增值增股各种直接税，奉批特准备案；其投资所得部分应先向直接税主管机关申报查核照常课税，其应纳税额于纳库后即由国库照数发给本公司，由经理部办理增值之经过"。②

1944 年 3 月 10 日，公司举行了第八届常年股东大会，仍然按照常规程序召开。具体过程如下：推范崇实为股东大会主席，"讨论了公司资产增值案暨拟准有关国防工厂将划定资产酌予增值，经第 79 次董事会决议为争取时间应即具呈经济部及市政府请求将固定资产增值为 90 万元，另收现金股 1000 万元，共计 1 亿元。俟股东会开会时再行提请核议。经呈奉经济部批示，以资产估值增资办法现正在呈请核示中，应俟上项办法奉准后再行核办"。③ 此次股东会上，公司拟向当局申请增值股本 1 亿元，并请"为体念国防工业调整固定资产折旧比率起见，拟准有关国防各工厂将固定资产酌予增值"。④ 但这个请求未获得当局批准。此后，公司一直维持 3000 万元股本未变，直至重庆解放前夕的 1949 年 12 月。其实 3000 万元的股本额度早已使公司处于亏累状态，1945 年 4 月 2 日公司临时董事会上有人指出："1944 年后政府每月贴补 1000 万元，但无济于事，致去年度公司亏累超过股本之半数，频于破产之地步。"⑤ 公司 1939 年股份变动情况如表 5 - 3 所示。

另一次增资发生在 1941 年秋，公司原股本升值 5 倍，另增股本 500 万元，总计 3000 万元，所"增募的新股非四行确认股不能招募足额"。⑥ 具体情况如表 5 - 4 所示。

---

① 《关于检送重庆电力公司临时股东会议纪录致中、中、交、农银行联合办事处重庆分处的函》，档案号：0219 - 0002 - 00285，第 5 页。
② 《关于检送重庆电力公司临时股东会议纪录致中、中、交、农银行联合办事处重庆分处的函》，档案号：0219 - 0002 - 00285，第 5 页。
③ 《重庆电力公司第八届常年股东大会纪录》，档案号：0219 - 0002 - 00105，第 187 ~ 188 页。
④ 《重庆电力公司第七、九次董事会会议议程》，档案号：0219 - 0002 - 00105，第 178 页。
⑤ 《重庆电力公司临时董事会议讨论审核 1944 年度年终决算、请重庆市政府随时合理调整电价等会议记录》，档案号：0219 - 0002 - 00117，第 124 ~ 125 页。
⑥ 《关于增加股东股款额致中央银行、中国银行等函》，档案号：0219 - 0002 - 00285，第 134 页。

表5-3　重庆电力股份有限公司股份历次变动情况（2）

单位：万元,%

| 投资户性质 | 投资户名称 | 1939年公司增资计250万元，资本总额共计500万元，每股100元 | | | | | |
		投资金额	股份	所占百分比	新增金额	说　明	备　考
公股	四川省政府	30	3000	6			
	中央银行	52.5	5250	10.5	52.5		
	中国银行	72.5	7250	14.5	52.5		
	交通银行	30	3000	6	30		
	农民银行	15	1500	3	15		
	四川省银行	30	3000	6	30	转请与新民报社5万元	
	刘航琛	2	200	1.4			四川省财政厅厅长、公司总经理
	小计	232	23200	46.4	180		
公私合营股	川康银行	53	5300	10.6	9	另由新民报社转来2万元	
	川盐银行	71	7100	14.2	20		
	华西公司	1	100	2	1	让中兴公司5万元	
	中兴公司	5	500	1		由华西公司转来	
	聚兴诚银行	26	2600	5.2	13		
	小计	156	15600	31.2	43		
怀疑股	哲记（刘安哲）	16	1600	3.2			股东登记存疑股份
	英记（耿含英）	0.03	3	0.006			
	程本臧	0.6	6	0.12	0.6	另由新民报社转来0.1万元	
	范绍增	1	100	0.2			
	小计	17.63	1763	3.53	0.6		

续表

| 投资户性质 | 投资户名称 | 1939 年公司增资计 250 万元，资本总额共计 500 万元，每股 100 元 | | | | | |
		投资金额	股份	所占百分比	新增金额	说　明	备　考
不明股	周啸岚	1	100	0.2			股东登记存疑股份
	龚煜南（衷玉麟）	0.2	20	0.04			
	何傅静愚（何竹波）	0.1	10	0.02			
	保安堂（古耕虞）	0.1	10	0.02			
	宁芷邨	0.5	50	0.1			
	胡子移	0.6	50	0.12	0.1		
	衷玉麟	1	100	0.2			
	郑记（丁次鹤）	0.5	50	0.1			
	小计	4	400	0.8	0.1		
私股	美丰银行	37	3700	7.4	6	另由新民报社转来 1 万	
	重庆银行	22.5	2250	4.5	13.5		
	南开中学	10	1000	2	4		
	小计	69.5	6950	13.9	23.5		

资料来源：《重庆电力公司重估财产总结报告》，档案号：0298 - 0001 - 00399，第 6～7 页。

从表 5 - 3 和表 5 - 4 可以看出，与战前公司资本结构相比，战时公股比重增幅明显，分别占资本总额的 46.4%、42.83%。这与四行增资入股有关。前文已述四行在 1939 年增股的情况。另按表 5 - 3 所示，1939 年，"中央银行 52.5 万元、中国银行 52.5 万元、交通银行 30 万元、农民银行 15 万元"。[①]以交通银行为例，按 1942 年 2 月的统计，除股本计户名交通银行钱新之（交行总经理——笔者注）30 万元，还有交行代表计户名协记浦心雅 20 万元；助记张叔毅 20 万元；公记徐景薇 20 万元；用记汤筱齐 20 万

[①] 《重庆电力公司股份历次变动情况表》，档案号：0298 - 0001 - 00399，第 9 页。

表 5 - 4　重庆电力股份有限公司股份历次变动情况（3）

单位：万元，%

投资户性质	投资户名称	1941 年增资后公司资本总额由原金额 500 万元、共 5 万股升值为 2500 万元、共 25 万股，每股金额 100 元，另新增 500 万元、共 5 万股，总计 3000 万元、共 30 万股					
		投资金额	股份	所占百分比	新增金额	说　明	备　考
公股	四川省政府	150	15000	5			
	中央银行	315	31500	10.5	52.5		
	中国银行	415	41500	13.83	52.5		
	交通银行	180	18000	6	30		
	农民银行	90	9000	3	15		
	四川省银行	125	12500	4.17	30		
	刘航琛	10	1000	0.33			四川省财政厅厅长、粮食部政务次长、公司总经理（至 1942 年 5 月）
	小计	1285	128500	42.83	180		
公私合营股	川康银行	433	43300	14.43	158		
	川盐银行	544	54400	18.13	189		
	华西公司	5	500	0.16			
	中兴公司	25	2500	0.83			
	聚兴诚银行	130	13000	4.3			
	小计	1137	113700	37.9	347		
怀疑股	哲记（刘安哲）	80 万元	8000	2.67			股东登记存疑股份
	英记（耿含英）	1500 元	15	0.005			
	程本藏	13000 元	1300	0.43	0.6	另由新民报社转来 0.1 万元	
	范绍增	5 万元	500	0.17			
	小计	86.45	8645	3.27	0.6		

续表

投资户性质	投资户名称	1941 年增资后公司资本总额由原金额 500 万元、共 5 万股升值为 2500 万元、共 25 万股，每股金额 100 元，另新增 500 万元、共 5 万股，总计 3000 万元、共 30 万股					
		投资金额	股份	所占百分比	新增金额	说　明	备考
不明股	周啸岚	5	500	0.17			股东登记存疑股份
	龚煜南（衷玉麟）	1.2	120	0.04	0.2		
	何傅静愚（何竹波）	0.5	50	0.017			
	保安堂（古耕虞）	0.5	50	0.017			
	宁芷邨	2	200	0.07		另 5000 元已登记列入私股报告第 5 项	
	胡子移	3	300	0.1	0.1		
	衷玉麟	5	500	0.17		详报告第六项	
	郑记（丁次鹤）	2.5	250	0.08			
	小计	19.7	1970	0.66	0.3		
私股	美丰银行	190	3700	6.33	6		
	重庆银行	112.5	2250	3.75	13.5		
	南开中学	50	1000	1.67	4		
	小计	352.5	6950	11.75	23.5		

资料来源：《重庆电力公司重估财产总结报告》，档案号：0298 - 0001 - 00399，第 6~7 页。

元；事记薛遗生 20 万元；业记唐寿民 20 万元。[1] 另据是年 5 月 13 日统计，交通银行增资股本 30 万元计户名建记，代表人王彝尊 15 万元；户名设记，代表人严懿卿，15 万元。[2] 需要说明的是，除交通银行建户投资外，其他代表采取了匿名记名式，以"借道入股"的方式到交通银行名下

---

[1] 《关于查收认股代表人新名单及股款收据、印签致重庆电力公司的函》，档案号：0219 - 0002 - 00285，第 132 页。

[2] 《交通银行重庆分行关于查收加认新股代表人清单及股东印签卡的函》，档案号：0219 - 0002 - 00285，第 171~172 页。

进行投资。

公司公私合营股、私股及不明、怀疑股权重较战前处于下降趋势。而后文将提及 1942 年公司因新股未如数收足,向四行借款作抵股本,四联总处的投资权重"隐性"增加。

第三,战时公司股息分配状况分析。股息又称"官利","是近代中国募股企业对股东本金额定利率按期支付的息额"。[①] 一般而言,股份制公司在向社会募集股本时,通常公布股息政策以吸引股东投资与稳定资本,"这与认股者希望稳定收入回报的心理相互应和"。[②] 重庆电力股份有限公司也不例外,在创建初期,实行官利按每年 8 厘起息的政策。"公司向股东支付官利,就犹如支付其他债权人的借款利息一样,官利对公司来说只是一种营业成本,而不是营业利润的分割。"[③] 股息被纳入企业的成本计算中。战前重庆电力股份有限公司盈利颇丰,1936 年度除提存公积和折旧准备外,股息之分配"可得 1 分 5 厘,按股本 250 万元计应付股息375000 元于各股东"。[④] 但从 1939 年始,公司经营由以前的盈余变成亏折状态,以致产生股息分配不足的问题。

1939 年公司第三届股东常年大会主要讨论了股息分配问题。会上,股东认为股息分配应与认股同步进行。康心之股东发言:"认为认股与发息应分为两案个别办理;如果联带进行,在公司固有特殊苦衷,倘因认股不能决定而迁延发给股息日期,似觉于受阻碍。拟请一面决定发息日期,同时在发息期内仍由公司分函各股东接洽,请其自由加股,则两案虽有联带关系但分头办理自易,促成进行也。"[⑤] 对于认股办法,采取"康心之股东所提议,股东会决议案函所持股票 7000 元增加一半,另有放弃权利之股额尚原认加 6000 元凑足 2 笔之数。新增新股至 13000 元"。[⑥] 而发息办法则按照下列方式进行:"(1)确定 1939 年 2 月 15 日发给 1938 年度职员奖金。2 月底发给股东 1938 年度官红息,通告方式不必登报,可用书面

---

① 张忠民:《近代中国公司制度中的"官利"与公司资本筹集》,《改革》1998 年第 3 期。
② 李彤:《近代中国公司法中股东权制度研究:以法律与社会的互动为中心》,法律出版社,2010,第 184 页。
③ 张忠民:《艰难的变迁——近代中国公司制度研究》,第 388 页。
④ 《渝电力公司 25 年度营业状况》,《四川月报》,第 10 卷第 1 期,1937 年,第 187 页。
⑤ 《重庆电力公司第三届股东常年大会纪录》,档案号:0219 - 0002 - 00105,第 29 页。
⑥ 《关于准予康心之增加股本的函》,档案号:0219 - 0002 - 00285,第 28 ~ 30 页。

通知。（2）在发给股息期以后再由各旧股东提前自向公司接洽加股确数。"①

会上讨论的议题表明，公司欲采取募足股本与发给股息相结合的方式解决股息分配问题。需要说明的是，"官利（股息）是公司在创办之初时，即对股东额定股息予以承诺，因而公司总是将官利发放视为公司必须对股东兑现的首要大事"。② 按商业习惯，"公司所欠股东的官利（股息）常被视之为公司对股东的一种负债"。③ 公司采取了发放公司债抵充股息的做法，这是由于公司 1939~1940 年度处于经营亏折中，未发股息，股票价值受到影响。后第五届股东会决议："借债发息，迭与经财两部（经济部、财政部——引者注）商洽均认为此系本公司本身之事部分，无法批示，如果借款发息，部方可置不问。现拟定期发给（1940）年度 8 厘官息，只因书面通知各股东，不登报公告请公决。决议是通过临时动议事项。"④ 即决议同意公司借债以发放股息。公司管理层认为："1939、1940 年各股东均未领股息，而物价工资与日俱增，市场利率亦高涨不已。公司股票持有人既虑其资本行将丧失，复无几微股息以补起利息损失，对于公司信心动摇，股票价格跌落，影响公司前途甚大，公司欲求继续进行，势不能增加股本，惟以股票价跌落，投资者衷是不前。"⑤ 为维护公司营业之下兹拟斟酌官商合资事业保付商股股息成例，恳请特准借债 40 万元，发给额定 8 厘股息，以负债股利来保障股权投资方获得相应收益。是年 5 月 1 日，经济部 "核发 40 万元借债用于 1940 年度股息发放"。⑥ 据资料记载，中国银行享有收益股份，"收取 1940 年度股息计 5.8 万元，查照公司开给敝行抬头支票"。⑦

公司第五届股东大会召开时为 1941 年，当时公司经营已颇为艰难。会上总经理刘航琛提议："前数年尚有盈余可发给各股东股红息，自抗战

---

① 《重庆电力公司第三届股东常年大会纪录》，档案号：0219-0002-00105，第 29 页。
② 张忠民：《艰难的变迁——近代中国公司制度研究》，第 390 页。
③ 张忠民：《艰难的变迁——近代中国公司制度研究》，第 390 页。
④ 《重庆电力公司紧临时董事会关于会报 1941 年 8、9 月份会计月报会议记录》，档案号：0219-0002-00047，第 215~216 页。
⑤ 《关于请发给股息上财政部、经济部、重庆市政府的呈》，档案号：0219-0002-00037，第 48~49 页。
⑥ 《关于准予核发 1940 年度股息的批、指令》，档案号：0219-0002-00037，第 44 页。
⑦ 《关于检送 1940 年度股息收据致重庆电力公司的函》，档案号：0219-0002-00285，第 124 页。

起后各项物价高涨，电价未能与物价平衡上涨，以致于1939年亏损6万余元，去年（1940年——引者注）虽3月、9月各增加电价一次，但物价又以变动电价线路，物价之援故去年结算结果又亏损108万余元。维持电价成本，现正请求经济部核准电价随物价指数附加中，此后或可不致再有亏折情事，惟连年亏损，各股东毫无股息可言。殊足有损本公司股票之价格。拟借债发给股息是否可行请付公决。"① 公决结果是全体股东举手通过。由此可见，公司旨在采取借债发的办法分配股息。

1943年，公司第73次董事会决议将其利润提存公积金、特别公债以及付所得税、8厘官息，余为598000余元，余款拟发股东官息8厘，给职工正薪一个月之慰劳金，再剩余金额作为盈余滚存之用。② 另1942年1月14日，"中国银行重庆分行兹有贵公司股东中建记尹国镛、中渝记徐广迟、中坊记王君报、中成记孙祖瑞、中上记顾敦夫等5户委托敝行代收，贵公司1940年度股息兹将签具领息计5.8万元，查照开给敝行抬头支票"。③ 1941年11月29日，"四川省银行接准贵公司通知附送本行应收1940年度股息收据计行记、银记、川记、省记四记各注股息4800元嘱查收现等由，查本行原送公司股东印签系由本行董事长潘昌猷签盖，因潘董事长出公改由本行总经理杨晓波签盖。股息相应检同业已签盖之收据派员送请查收。"④ "1942年度四川省银行股息收据二件为拨付各注5.7万元，共11.4万元，由股东签名盖章后持发等由准此除查照办理并将原收据函送四川省银行代为洽发外相应函达请烦。"⑤ 1942年5月20日，"四川美丰银行投资股本计美记户名180万元、康心如户名5万元，合计185万元，应分1941年度股红息，业经收注无讹，唯股息扣缴所得清单一支计1480元，前曾派员前来索取"。⑥ 再如"公司就1944年度股息，经股东大会决议准许各股东依据往例借支官息8厘"。⑦

① 《重庆电力公司第五届股东大会记录》，档案号：0219－0002－00105，第153～156页。
② 《重庆电力公司第73次董事会决议录》，档案号：0219－0002－00325，第45页。
③ 《关于检送1940年度股息收据致重庆电力公司的函》，档案号：0219－0002－00285，第124页。
④ 《关于派员送请签盖之1940年度股息收据致重庆电力公司的函》，档案号：0219－0002－00285，第122页。
⑤ 《关于将1942年度股息收据递拨四川省银行致重庆电力公司的函》，档案号：0219－0002－00285，第225页。
⑥ 《关于检送缴股息所得税款通知单的函》，档案号：0219－0002－00285，第175页。
⑦ 《重庆电力公司第九届股东会议纪录》，档案号：0296－0014－00311，第290页。

就企业经营绩效言，如有盈余应先弥补上年亏损或滚存计入成本，然后提取公积金、缴纳税款、改良企业经营资产，最后才是分得盈余。然而，已是痼疾的"官利制度"是中国特殊国情下与近代工业孪生的一种制度。它要求企业无论盈亏，都必须依事先约定的固定息率定期支付资本股息。在战时面临亏损的情况下，重庆电力股份有限公司为偿付官利，不得不以借债的方式付息。针对此情形，郭红娟的论断甚为恰当："官利必付与官利先付的制度设计严重削弱了企业的自身积累能力和发展能力。官利制度的存在对现代企业的发展是一种桎梏。"[①] 尽管有此负面影响，"官利（股息）的存在和延续又是近代中国公司制度演进和发展的必要条件，发起人或创办者为了实现向社会的集资募股，不得不正视就范于传统的投资观念，以迎合公众投资习惯的方法来募集公司资本"。[②] 从公司营利性的角度分析，公司颁发股息的行为是一种必然，这在某种程度上是对股东分红权获利方式的保护。亦有法学学者认为："股东分红权债权化表明在投资公司的风险被特定社会条件放大，而盈利可能被特定社会条件减低的背景下，公司主动减弱股东的投资风险，允诺给予稳定回报能有效增强股东的投资热情，保证公司在设立时获得必要的资金作为物质基础。当然此种现象亦有消极影响，但为了公司创立目标的先行达成，附加上述特定的社会背景，近代公司必须作出让步和妥协。"[③]

二　国家资本的渗透性研究

从公司所有权看，在1939年3月11日举行的临时股东会上，董事长潘文华指出："用于业务发展之原有股本250万元已不敷周转，经于本年1月10日召集临时股东大会议决：增加股本250万元，合为500万元。依据公司法先由旧股东仅先承认，未足额之数再外招募，现在新增股本经本会通过函旧股东承认70万元，中（中央银行）、中（中国银行）、交（交通银行）、农（中国农民银行）四行认股150万元，四川省银行认股30万元。合共为250万元，业已认足收齐全并依法请监察人切实审查，并无以金钱以外之财产作抵押者。"[④] 这表明四联总处开始注入股本于重庆电力

---

①　郭红娟：《资源委员会经济管理研究——以抗战时期为核心的考察》，第123页。
②　张忠民：《艰难的变迁——近代中国公司制度研究》，第406页。
③　李彤：《近代中国公司法中股东权制度研究：以法律与社会的互动为中心》，第196页。
④　《重庆电力公司临时股东会议纪录》，档案号：0219 - 0002 - 00011，第1页。

公司，其所投股本占新增股本的 60%。再以 1941 年 2 月 24 日的股权登记表看："股权计 141 户计 5 万股、500 万元、25671 股权。"① 这反映了因资本规模的扩大，重庆电力股份有限公司募集股本范围较广，社会化程度较高，体现了当时《公司法》赋予中小股东的权利与地位，也表明民国时期公司制度在逐步完善，但其中也存在股权分配不均衡的问题，如重庆电力股份有限公司股权集中在董事会成员中。值得关注的是，"农民银行 1500 股、15 万元、股权 755 股，交通银行 3000 股、30 万元、股权 1505 股，中央银行 2625 股、26.25 万元、股权 1318 股"。② 可见，四联总处在公司股权中占有相当比重。1941 年 2 月重庆电力股份有限公司股东户名及股权登记如表 5 - 5 所示。

表 5 - 5　1941 年 2 月重庆电力股份有限公司股东户名及股权登记

单位：股，万元，权

股东户名	代表姓名	股数	股本金额	股权
四川省政府	何兆青	3000	30	1505
美记	胡汝航	1000	10	505
美记	周见三	1000	10	505
美记	龚农瞻	1000	10	505
川记	刘航琛	500	5	255
康记	卢作孚	500	5	255
平记	宁芷邨	500	5	255
民记	周见三	500	5	255
商记	范绍增	500	5	255
业记	罗震川	500	5	255
银记	何北衡	500	5	255
行记	周季悔	500	5	255
中建记	尹国镛	1500	15	7555
中渝记	徐广迟	2000	20	1005
中坊记	王君报	1900	19	955
中成记	孙祖瑞	950	9.5	480

① 《重庆电力公司股东户名及股权登记表》，档案号：0219 - 0002 - 00105，第 121 ~ 128 页。
② 《重庆电力公司股东户名及股权登记表》，档案号：0219 - 0002 - 00105，第 121 ~ 128 页。

股东户名	代表姓名	股数	股本金额	股权
中上记	顾敦瑞	900	9	455
和记	何说岩（石竹轩代）	3000	30	1505
德记	石竹轩	1800	18	905
德记	席文光	1300	13	655
诚记	杨璨三	1000	10	505
诚记	梅孝威	300	3	155
中国兴业	傅汝霖	500	5	255
华西公司	胡仲实	100	1	55
礼记	潘昌猷	100	1	55
庆记	潘昌猷	100	1	55
享记	潘昌猷	100	1	55
哲记	刘世哲（刘航琛代）	1500	15	755
动记	潘昌猷	100	1	55
祺记	潘昌猷	100	1	55
德记	潘昌猷	100	1	55
隆记	潘昌猷	100	1	55
翼记	潘昌猷	100	1	55
之记	潘昌猷	100	1	55
南基记	张伯苓	600	6	305
次记	徐次衍	50	0.5	30
夔记	徐次衍	40	0.5	30
行记	徐次衍	40	0.4	25
正记	徐次衍	60	0.6	35
翘记	徐次衍	100	1	55
政记	徐次衍	100	1	55
瓅记	徐次衍	100	1	55
刘航琛		100	1	55
振记	刘航琛	10	0.1	10
原记	刘航琛	10	0.1	10
华记	刘航琛	10	0.1	10
棣记	刘航琛	10	0.1	10

股东户名	代表姓名	股数	股本金额	股权
昌记	刘航琛	10	0.1	10
益记	刘航琛	10	0.1	10
重记	刘航琛	10	0.1	10
清记	刘航琛	10	0.1	10
永记	刘航琛	10	0.1	10
渝记	刘航琛	10	0.1	10
康心如		100	1	55
潘文华		250	2.5	130
范绍增		100	1	55
石体元		60	0.6	35
陈怀先		50	0.5	30
傅友周		60	0.6	35
杨伯昌		50	0.5	55
刘闻非		60	0.6	55
程记	周季悔	200	2	55
殖记	周季悔	50	0.5	55
李剑鸣		100	1	10
周啸岚		100	1	10
哲记	周啸岚	100	1	10
周见三		100	1	10
刘静之		50	0.5	10
务本堂		5	0.05	5
英记	耿含英	3	0.03	3
何宗武		4	0.04	4
郭绍林		5	0.05	5
衷玉麟		50	0.5	30
衷石麟	衷玉麟	50	0.5	30
郭声记	衷玉麟	50	0.5	30
启元堂	衷玉麟	30	0.3	20
过俊卿		50	0.5	30
龙强南		20	0.2	15

续表

股东户名	代表姓名	股数	股本金额	股权
保安堂	古青记	10	0.1	10
何傅静愚	何竹坡	10	0.1	10
潘登高		2	0.02	2
唐动序		4	0.04	4
寿记	简伯良	2	0.02	2
芸记	简伯良	5	0.05	5
威记	梅孝威	5	0.05	5
婉记	梅孝威	5	0.05	5
馥记	梅孝威	5	0.05	5
砚记	梅孝威	5	0.05	5
忠记	朱小佛	10	0.1	10
康心之		200	2	105
吴仲和		50	0.5	30
吴祖环	吴仲如	50	0.5	30
程俊记	程本臧	60	0.6	35
南渝记	张伯苓	400	4	205
交通银行	浦心雅	3000	30	1505
农民银行	尹志陶	1500	15	755
中央银行	潘益民	2625	26.25	1318
中央银行	李蓉	2625	26.25	1318
何九渊		50	0.5	30
宁芷邨		50	0.5	30
重记	宁芷邨	100	1	55
胡子昂		60	0.6	35
文记	郭文钦	100	1	55
钦记	郭文钦	100	1	55
睿记	卢作孚	50	0.5	30
鑫记	龚农瞻	40	0.4	25
女记	石锅南	20	0.2	15
恕记	朱小佛	10	0.1	10
陆记	朱小佛	300	3	155

续表

股东户名	代表姓名	股数	股本金额	股权
川盐银行	席文光	1000	10	505
郑记	丁次鹤	50	0.5	30
勇记	潘昌猷	50	0.5	30
实记	潘昌猷	100	1	55
仁记	潘昌猷	100	1	55
义记	潘昌猷	200	2	105
礼记	潘昌猷	200	2	105
智记	潘昌猷	200	2	105
孝记	潘昌猷	200	2	105
四川省银行	潘昌猷	2500	25	1255（1942年11月4日来过户）
南记	陈锺德	100	1	55（1942年10月30日来过户）
系记	陈锺德	100	1	55
新记	陈锺德	100	1	55
民记	陈锺德	100	1	55
报记	周新民	300	3	155
美记	康嗣群	300	3	155
连记	宁芷邨	200	2	105
启记	宁芷邨	200	2	105
昌记	宁芷邨	200	2	105
信记	宁芷邨	200	2	105
敏记	宁芷邨	200	2	105
填记	宁芷邨	200	2	105
勤记	宁芷邨	200	2	105
俭记	宁芷邨	200	2	105
模记	宁芷邨	200	2	105
寿记	宁芷邨	200	2	105
川记	潘昌猷	500	5	355
省记	潘昌猷	500	5	355
银记	潘昌猷	500	5	355
何记	潘昌猷	500	5	355

资料来源：《重庆电力股份有限公司股东户名及股权登记表》，档案号：0219 - 0002 - 00105，第121～128页。

四联总处也积极将生产建设股款投资于公司。1942 年 3 月 2 日，中央银行、中国银行奉财政部令饬，欲将投资、生产建设事业之股款撤回，两行认为："敝行（中央银行、中国银行）投资贵公司之股款计法币分别为 20 万元、13 万元应即遵令撤回。但四联总处特此函达即希查照，见后查照《公司法》规定股款只能转购不能退股，所请撤回股款一节无法办理。"①

关于四行认股的详细数额，1941 年 11 月 20 日临时股东会决议案做了详细说明："查公司目前需款赖增股以资应付旧股本。大部分为四行投资，此次增募新股，非四行踊跃认股，不能招募足额。既需四行应增股本：计中央银行为 52.5 万元、中国银行为 52.5 万元、交通银行为 30 万元、农民银行为 15 万元"，② 共计 150 万元。

关于四行入股经过，1941 年 11 月 21 日召开的公司临时股东大会上有详细说明。会上刘航琛总经理报告公司资产增值案。案由如下："经公司本年（1941 年——引者注）第五届股东大会决议资产增值原则交董事会妥慎处理，复由当年 3 月 3 日临时董事会的决议照 5 倍增值为 2500 万元。"③ 会后，公司经理部多次与经济部、财政部接洽。"在 6 月 4 日正式呈财政部请求准许资产增值添募四行新股，豁免此次增值股、各种直接税，其投资所得部分应先向直接税主管征收机关申报查核照常课税。其应纳税额于纳库后即由国库照数发给 2500 万元。"④

讨论公司股权问题时，不可忽视四联总处持有公司部分股权的现象。1939 年，公司新增股本 250 万元，"四行认股 150 万元"。⑤ 1941 年 2 月，"公司计 25671 股权"，⑥ 其中，"中国农民银行 1500 股、15 万元、股权 755 股；交通银行 3000 股、30 万元、股权 1505 股；中央银行 2625 股、

---

① 《关于增加股东股款致中央银行、中国银行的函》，档案号：0219 - 0002 - 00285，第 138~139 页。
② 《关于检送重庆电力公司临时股东会议记录致中央、中国、交通、农民银行联合办事处重庆分处的函》，档案号：0219 - 0002 - 00285，第 149~151 页。
③ 《关于检送重庆电力公司临时股东会议记录致中央、中国、交通、农民银行联合办事处重庆分处的函》，档案号：0219 - 0002 - 00285，第 149~151 页。
④ 《关于检送重庆电力公司临时股东会议记录致中央、中国、交通、农民银行联合办事处重庆分处的函》，档案号：0219 - 0002 - 00285，第 149~151 页。
⑤ 《重庆电力公司临时股东会议纪录》，档案号：0219 - 0002 - 00011，第 1 页。
⑥ 《重庆电力公司股东户名及股权登记表》，档案号：0219 - 0002 - 00105，第 121~128 页。

26.25 万元、股权 1318 股".① 从 1945 年公司第九届股东大会上董事所分配的股权情况看，四行代表徐广迟、浦心雅及郭景琨均持有股权.② 结合产权理论分析，股权是所有权方控制企业权力的重要基础。因而，战时公司股权的变动在资源配置上对原有股东的利益产生影响。再观察人事布局，"1939 年公司 22 名董事，四行代表占有 8 席".③ 1942 年，"四行派重庆银行经理浦心雅取代刘航琛任公司总经理。中国银行重庆分行经理徐广迟当选常务董事，中央银行人事处长潘益民、中国银行重庆分行副经理王君报、交通银行经理浦心雅、中国农民银行经理尹志陶当选董事",④ 取代原有部分管理层。进而言之，人事变动亦影响管理层的决策，公司被纳入"国家统制经济"运转轨道的表征明显。此外，公司的"一切事权甚至申请用电的批准权，统由经济部管制；外汇与财政收支由财政部控制与监督".⑤ 这表明当局管控已深入到公司经营的各个环节中。1943 年重庆电力股份有限公司主要股东如表 5 - 6 所示。

表 5 - 6　1943 年重庆电力股份有限公司主要股东

单位：万元

股东户名	中央银行	中国银行	交通银行	中国农民银行	四川省政府	四川省银行	川康银行	川盐银行	美丰银行	聚兴诚银行	重庆银行	南开中学	中国兴业公司
股本额	315	335	180	90	150	125	309	431	185	130	112.5	50	85

资料来源：四川省电力工业志编辑室编《四川电业志资料汇编 1》，第 42~43 页。

① 《重庆电力公司股东户名及股权登记表》，档案号：0219 - 0002 - 00105，第 121~128 页。
② 交通银行代表浦心雅 146049 权、中国银行代表徐广迟 146049 权、中央银行代表郭景琨 146049 权。其余董事：潘仲三 146049 权、康心如 146049 权、宁芷邨 146049 权、刘航琛 146049 权、石体元 146049 权、潘昌猷 145044 权、杜梅和 145044 权、胡仲实 145014 权、周见三 145014 权、周季梅 145014 权、刘敷五 145014 权、程本臧 143004 权。参阅《关于定于 1945 年 4 月 10 日召开重庆电力公司第九届第一次董事、监察联席会议及请准时出席给该公司各董事、监察的通知》，档案号：0219 - 0002 - 00117，第 89 页。
③ 四川省电力工业志编辑室编《四川电业志资料汇编 1》，第 122 页。
④ 《重庆电力股份有限公司董监名单》，档案号：0219 - 0002 - 00117，第 74 页。
⑤ 四川省电力工业志编辑室编《四川电业志资料汇编 1》，第 122 页。

从表5－6可以看出，四联总处中的中、中、交、农四行共投资920万元，渗入资源委员会官股的中国兴业公司投资85万元，张伯苓代表南开中学投资50万元，加上四川省政府、四川省银行、重庆银行投资387.5万元，共达1442.5万元，则国家资本约占公司3000万元股本的48%。刘航琛、康心如等所代表的川盐、川康、美丰三银行为私人资本，共有股金925万元，约占重庆电力股份有限公司股本的31%。其余股东资本约为630万元，仅占公司股本的21%左右。这表明国家资本已在公司资本中占有较大比重。

第三节　国家资本渗入公司资本的效应分析

抗战时期"电气事业经营私人资本均不顾及此，由资源委员会专任其事，乃得后方添设许多电厂，造成重要电气事业国营之趋势"。[①] 国民政府经济部与资源委员会主导了电气事业的建设，并取得了显著的成效。据统计，"1936年我国西部地区的发电容量为10822千瓦，到1945年增至56065千瓦，整个大后方发电容量为64728千瓦"。[②] 对民营电企，当局也尽力为其提供融资以促进其发展。以重庆电力股份有限公司为例，"四行惠借巨款促进着公司业务发展"，[③] 即1937年发电815余万度，到"1944年增至6800余万度"，基本满足了陪都各界的用电需求。[④]

但重庆电力股份有限公司融资的背后也暗含经营危机，即公司以大量资本保证生产能够不断进行的同时，却陷入资不抵债的困境。1939年，公司仅有资本500万元，新旧举债达200万元，完全支用于购置资产，但流动资金较少，于是通过多种途径寻求资金，遂逐渐背负沉重的债务。其"营业收入之全部支付经常费用尚感不足，应付款额太多。电费增加之速

---

① 《抗战大后方的电气事业》，重庆市档案馆、重庆师范大学合编《中国战时首都档案文献 第4卷 战时工业》，第525页。

② 中国电业史志编辑室、湖北省电力志编辑室《中国电业史料选编》（上），第281～282、290页。

③ 《关于限期清偿借款致中国银行的函》，档案号：0219－0002－00048，第79～80页。

④ 《重庆电力公司第九届股东会议纪录》，档案号：0296－0014－00311，第285页。

度不及物价上涨之速度，只有一再借债方能应付"，① 尤"流动资金不敷周转，则赖借债以维持"。② 据统计，"1941 年公司资产负债已达 30963535.23 元，包括资本及公债款 5343556.1 元、长期借入款 7464007.48 元、短期借入款 2215000 元及杂项负债款 11219211.69 元。但各项收入（电费收入 17093539.52 元、营业收入 42223 元及杂项收入 2258028.79 元）仅 1939379.31 元"。③ 由此可见，公司当时累积的负债额远远超出年收入额。具体而言，借入款项包含"有四行之材料借款 100 万元，购料借款 200 万元，保证产收入 170 余万元。暂收款项尚未转账者有中央信托局兵险赔款 200 万元，政府补助迁建工程款 600 万元。此外尚有未付各商行煤料款 200 余万元，公司认为前述资产之增加实多系此项负债之运用也"。④ 至 1944 年底统计，"公司债务更高达 288690782.5 元，固定资产仅为 56602285.49 元"。⑤ 此时，公司债务已超出核定 3000 万元股本金数倍，一时难以偿还。其"营业收入之全部支付经常费用尚感不足，应付款额太多。电费增加之速度不及物价上涨之速度，只有一再借债方能应付"。⑥ 而"需款也愈更浩繁，展长其还款期限方足以资周转为是"。⑦ 据统计，至 1942 年 8 月底，公司各借款项未结余额为 1516.666 万元。⑧ 为清偿前项借款，公司仍持续增加透支额、积压债款。公司在 1942 年 10 月与交行订立的 500 万元契约"后经交行总管理处准迭次展期、增加透支额至 2000 万元"。⑨ 1942 年 7 月，与交行两年期的 1000 万元购料借款项"因煤款猛

① 《关于检送重庆电力公司 1940 年 9~12 月及 1941 年上半年营业状况及收支情形、稽核报告的呈、代电》，档案号：0285-0001-00372，第 112 页。
② 《关于检送重庆电力公司 1940 年 9~12 月及 1941 年上半年营业状况及收支情形、稽核报告的呈、代电》，档案号：0285-0001-00372，第 284 页。
③ 《重庆电力公司决算报告表》，档案号：0219-0002-00070，第 54 页。
④ 《1941 年度重庆电力公司业务状况》，档案号：0219-0002-00105，第 81-86 页。
⑤ 《重庆电力公司第九届股东会议纪录》，档案号：0296-0014-00311，第 286~287 页。
⑥ 《关于检送重庆电力公司 1940 年 9~12 月及 1941 年上半年营业状况及收支情形、稽核报告的呈、代电》，档案号：0285-0001-00372，第 112 页。
⑦ 《关于报送向中、中、交、农行联合办事处请准借款三笔款项及还款方案请衡量裁夺上浦心雅的函》，档案号：0219-0002-00157，第 8 页。
⑧ 《关于重庆电力公司以每月电费收入担保透支的函、代电（附表）》，档案号：0285-0001-00375，第 239 页。
⑨ 《关于将重庆电力公司向交通银行借款展期的呈、代电、报会（附合约）》，档案号：0285-0001-00379，第 211~215 页。需要说明的是，透支额 2000 万元延至 1944 年 4 月到期，四联总处准展期一年至 1945 年。

涨而电价未蒙比照核加累计赔累"，① 作延期偿付。交行总管理处也准
"按合约顺延至 1945 年 1 月 31 日"。② 但直至 1945 年 11 月 30 日 "还款
835 万元，仍有尾款 165 万元"。③ 到 1945 年，公司 "全赖国家银行已将
达三亿元，虽云勉渡难关，仍是增加利息"，④ 而 "每月（1945 年 8 月统
计——引者注）所负利息已达万元。重以收入亏短，常至息利转为债
款"，⑤ 实有负债加剧之隐忧。另据统计，"止 1945 年，公司已积欠交行
（交通银行）及中信局（中央信托局——引者注）达 8000 余万之巨，如连
挪用应还之用户保押金及各种准备金等一并计算，则实已积亏至 1.8 亿以
上"。负债背后则是公司经营入不敷出。"惟是物价步涨若以 1937 年为其点，
则煤涨 212 倍、电表涨 450 倍、变压器涨 1090 倍、透平油涨 1744 倍、其他
铜线磁瓶水杆及管理费用等无不俱涨数百倍至千余倍不等"，⑥ 只能借债应
付。另据统计，"止 1944 年底公司长期负债 3224.8 万余元，短期负债
8881.8 万余元，流动资产为 9749.6 万余元"，⑦ 流动比率仅为 1.097，低于
合理均值 2，说明其偿债能力不足。而公司 1939 年当年即亏损 "7 万元"，⑧
1940 年 "亏损 87 万元"，⑨ 并 "长期负债 246.4 万元、短期负债 476.1 万
元"。⑩ 1941 年，公司收支虽稍有平衡，"纯益 144.01 万元"，⑪ 却 "长期负
债 946.4 万元、短期负债 221.5 万元"，⑫ 其债务额已远超出 500 万元资本总
额。实际上，这已是其背负着巨额债务而获得的 "表象性盈余"。尤其是到

① 《关于缓期偿还购料抵押之应付利息及借款致四联总处、重庆交通银行的函》，档案号：
　　0219 - 0002 - 00064，第 10～11 页。
② 《关于延期偿还购料借款并核查本息额致重庆电力公司的函》，档案号：0219 - 0002 -
　　000064，第 177 页。
③ 《关于报送向中、中、交、农行联合办事处请准借款三笔款项及还款方案请衡量裁夺上
　　浦心雅的函》，档案号：0219 - 0002 - 00157，第 10 页。
④ 《重庆电力公司第九届股东会议纪录》，档案号：0296 - 0014 - 00311，第 286 页。
⑤ 《关于检送营业税说明书致战时生产局的函》，档案号：0219 - 0002 - 00217，第 41～
　　44 页。
⑥ 《关于抄送重庆电力公司收支亏累进行困难情形的函》，档案号：0067 - 0002 - 00060，
　　第 62～63 页。
⑦ 《重庆电力公司第九届股东会议纪录》，档案号：0296 - 0014 - 00311，第 286～287 页。
⑧ 四川省电力工业志编辑室编《四川电业志资料汇编1》，第 121 页。
⑨ 四川省电力工业志编辑室编《四川电业志资料汇编1》，第 121 页。
⑩ 《重庆电力公司资产负债表》，档案号：0219 - 0002 - 00037，第 3 页。
⑪ 《重庆电力公司1941年度业务状况》，档案号：0219 - 0002 - 00105，第 81～86 页。
⑫ 《重庆电力公司决算报告表》，档案号：0219 - 0002 - 00105，第 79 页。

抗战后期，随着经营环境不断恶化，[①] 公司经营已深陷亏累。[②] 到 1944 年，亏损"达 1664.84 万元，亏累超过股本之半数，公司已濒于破产之地步"。[③] 公司虽通过融资活动取得一定的业绩，但经营成效欠佳，其主要原因如下。

首先，从战时经济环境观察，国民政府组建四联总处来担负扶助各项生产事业和推行战时金融政策的重任，旨在举国家之力促进工矿业融资，厚植抗战经济力。抗战时期的国民政府偏于后方，经济资源落后，工业相对薄弱，沿海大部沦陷后关税大幅减少，使得财政收入欠佳，且"国家外汇波动、军费的骤增导致财政赤字愈演愈烈，国民政府却大量发行钞票及公债"。[④] 愈演愈烈的通胀使得公司运营资本缺口越来越大。[⑤] 政府以超经济的国家干预方式主导国家金融机构透支，虽弥补了财政赤字，但破坏了金融管理的自身秩序。本质上"国家银行用来支持产业发展的基金，有相当一部分是靠增发货币的手段来筹集的，显然有悖于经济运行的客观规则"。[⑥]

[①] 从物价指数看，大后方 1942 年达到 4408，1943 年攀升到 13298，1944 年更攀升到 43050。参阅陆满平、贾秀岩《民国价格史》，中国物价出版社，1992，第 153 页。这导致公司的各项成本开支剧增，由于电价为经济部核定，公司收入低于支出问题在抗战后期尤为明显。

[②] 公司第五届股东会上，监察人何兆青查公司迭亏原因约有数端："（1）煤价之增加，自 1940 年度开始至年度终了时煤价由每吨 40 元涨至 120 元起，人力由每吨 2 元 8 角涨至 7 元 2 角，煤价涨至 2 倍余之多。（2）保险费增加。因轰炸关系，公司为求财产设备之保障曾向中央信托局保兵险 1500 余万元，因之每月保费支出达约 10 万元之巨。（3）一般物价之高涨。查本年度物价指数由 313% 增至 1090%，职工之生活津贴以物价指数为标准每月由 12271.24 元增加至 79816.20 元之多，耗用物料价格亦莫不倍涨。（4）电价之限制。电灯部分因市区之被毁用户大为减少，而电价仍系当煤价在 40～50 元时所核定者，普通电力电价只 2 角 2 分，系不敷成本，至年末每度电价成本已达 4 角 5 分，仅煤及人工两项之成本亦为 2 角 7 分之多。"参阅《重庆电力公司第五届股东大会记录》，档案号：0219 - 0002 - 00047，第 154～155 页。

[③] 《重庆电力公司第九届股东会议纪录》，档案号：0219 - 0014 - 00311，第 289、291 页。

[④] 周天豹、凌承学主编《抗战时期西南经济发展概述》，西南师范大学出版社，1988，第 158 页。

[⑤] 据四联总处统计，至 1942 年 8 月底，公司向该处借款余额高达 15166666.66 元。借款用途是抢购应用器材、恢复城内供电、购备材料、迁建发电设备、开展大溪沟电炉保护工程、购备电器及购储发电用电器材。参阅《重庆电力公司向四行借款未结各案内容一览表》，档案号：0285 - 0001 - 00375，第 239 页。

[⑥] 李一翔：《略论抗战时期后方银行资本与产业资本的溶合趋势》，《南开经济研究》1993 年第 1 期，第 78 页。

其次，统制政策的负面效应所致。一是受汇价限制影响。战时当局为防止日军套取外汇与国内资金流出，实施外汇管制措施。1938 年公司亦为外汇政策所牵掣，购机受阻，进而影响经营绩效。是年 6 月召集的董事会上亦有人指出："前向英方订购新机急需为宜，惟外汇限制极严，姑无论购机款资尚未筹集。筹获亦难一时汇出，况目前汇水增高吃亏甚巨，海口封锁，运川尤难。"① 董事会遂决议："乃一面分别商请有动力设备之公私各厂自行发电，一面向英配购可以内运之机件，修复旧机，用尽种种方法以增加发电力量，勉强应付。"② 二是受利率波动影响。公司首笔借款项"利率为月息 9 厘"。③ 因战时通货膨胀、供给缺少，四行提高了存放款利率，公司借款利率随之提高。至"1945 年 5 月，公司向交行订立的 2000 万元透约再次展期一年并增 8000 万元透支额并由中、交、农、中信四行局负责摊放，月息涨为 3 分 4 厘"。④ 国家行局为维持存放款差息，提高了利率，但其存息仍较黑市利率偏低，"则于争取游资，似难收实效"。⑤ 而"利息提高，则商人及生产者成本加重"。⑥ 为此，公司"深感以受物价波动影响，所筹资金早已用罄，以高利贷款推进工程是万分困难"。⑦

再次，受传统商业比期制影响。比期存放款"在渝市商场实有百数十年历史，时昔交通困难、集现不易，营贸有期交易，本身不过为商家收交之一种习惯"。⑧ 故公司也采取比期收交、按月收支的办法。"如根据 1942 年 8 月当月预算，比期收入部分应得 30 万元及现存款 44.6 万元。支出部分有投资企业：华安公司股款 25 万元、宝源公司股款 5 万元；短期借入

---

① 《重庆电力公司第 31 次董事会决议录》，档案号：0219 - 0002 - 00107，第 21 页。
② 《关于抄送重庆电力公司收支亏累进行困难情形的函》，档案号：0067 - 0002 - 00060，第 62 ~ 64 页。
③ 《关于检送重庆电力公司与重庆分处借款合约致公司的函》，档案号：0219 - 0002 - 00107，第 68 页。
④ 《关于将重庆电力公司前向交通银行透支展期并增加其透支额度的呈、函、代电》，档案号：0285 - 0001 - 00380，第 170 页。
⑤ 重庆市档案馆、重庆市人民银行金融研究所合编《四联总处史料》下册，档案出版社，1993，第 525 页。
⑥ 重庆市档案馆、重庆市人民银行金融研究所合编《四联总处史料》下册，第 530 页。
⑦ 《关于将借款合约转送财政部致重庆电力公司的函》，档案号：0219 - 0002 - 00129，第 16 页。
⑧ 《关于废除比期制的往来代电》，档案号：0053 - 0023 - 00147，第 51 页。

款：川康银行 9 万元、川盐银行 8.35 万元；长期借入款：四行迁机借款 66.6 万元、修建工程处借款偿债基金 122.2 万元；管理费用：债款利息 15.2 万元；预付款 79 万元；材料款 459 万元。收方差额达 586.9 万元。"① 由此可见，战时物价激涨，游资为祟，而比期制的流行使得公司经营收支不敷。究其弊病，"所惟以利息特高期限遂短使一切定期活期存款均改趋此途，设遇风险普遍提存"。② "短期收付之习惯，亦使资金周转，过于频促，不但不合商业与金融上之需要，且转成为金融运用与商业流通之桎梏。"③

　　最后，受日常管理的负面影响。一是人事管理上，"公司成立初期职工仅 170 人"，④ 至"抗战末期职工达到 1360 余人，但日渐表现出人浮于事的情况"，⑤ 由此也增加经营成本压力。如 1941 年全年"薪工津贴以一般物价指数不断上涨达 310 余万元"。⑥ 此一项支出就占公司当年资本总额 500 万元的 60% 以上。二是窃电问题突出。抗战时期的陪都重庆人多事杂，再加上日机不断轰炸，重庆的社会秩序较为混乱。社会的动荡与生活的困窘也使市民通过偷盗等方式发泄对社会的不满。窃电问题突出也是社会治安欠佳现象的反映。如 1944 年公司《业务调查报告》所云："售出电度约占实际输出电度总额 73% 强，其他 27%，为路线漏耗、机关强接电流及用户窃电之损失，尤以窃电为最巨。"⑦ 这一问题也影响着公司经营效益。据统计，"在 1943 年公司每月抄表度数仅为发电度数之 70%，除线路损失与自用外，每月损失之达 600 ~ 700 万元"。⑧ 关于窃电、盗电问题，本书第六章将做详述。

　　四联总处对重庆电力股份有限公司的借贷是本章的研究主题。回到历史语境，战时国府西迁至渝，促进了重庆之后方战略中心地位的形成。电

---

① 《重庆电力公司比期收交预算表》，档案号：0219 - 0002 - 00054，第 33 页。
② 《关于拟定停止施行比期存放款管制办法日期的代电、训令》，档案号：0053 - 0023 - 00147，第 2 页。
③ 杨泽：《四川金融业之今昔》，重庆市档案馆、重庆师范大学合编《中国战时首都档案文献　第 5 卷　战时金融》，第 121 页。
④ 四川省电力工业志编辑室编《四川电业志资料汇编 1》，第 126 页。
⑤ 四川省电力工业志编辑室编《四川电业志资料汇编 3》，第 143 页。
⑥ 《重庆电力公司 1941 年度业务状况》，档案号：0219 - 0002 - 00105，第 81 ~ 86 页。
⑦ 重庆市档案馆、重庆师范大学合编《中华民国战时首都档案文献汇编　第 4 卷　战时工业》，第 328 页。
⑧ 《重庆电力公司之现状》，档案号：0219 - 0002 - 00283，第 51 ~ 54 页。

力事关国计民生，"是一种关系社会福利最重要的事业，民营经营电气事业因其特殊性，不能脱离与政府的关系"。[1] 因此，四联总处在后方主导构建工矿业融资体系的同时，也力图解决重庆电力股份有限公司的融资问题，体现了国府对陪都电力保障的重视。从经营属性看，公司已演变为有国家资本渗入，在股权控制、人事管理方面受当局管控的"民营企业"。[2]

进一步讨论，银行的投资取向是获得相应收益。但就本书研究个案而言，因公司长期负债经营，四联总处未能如数收回其贷放资金的本息，其投资股份也以"公司债"的形式充息获取。在抗战后期，政府甚至以贴补费来弥补公司的债务亏空。上述现象，从经济政策的取向看，战时国民政府以股权、债权等融资手段介入民间资本，是为了发展国家资本、建立国有经济体系，进而达到统制经济之目的。本书的个案研究可反映这一趋向。从公共利益的角度看，电力作为重要能源，具有公用性的表征。事实也证明，当局基于经济发展和社会民生不断加大对公司的资金支持，这不仅在一定程度上帮助公司解决了经营问题，还直接促进了陪都电力供应的大幅度增加，为"抗战建国"提供了能源保障。对公司来说，资金是其生存、发展所不可或缺的"生命之血"，其也期待从金融统制中获取自身生存发展的外部条件，二者互为依存。再就四联总处的投资绩效来说，因后方恶性通胀之现实，融资垫款行为可谓"饮鸩止渴"，未能有效解决公司资金的匮乏问题。就战时政府实施统制经济政策而言，可从外汇管制、利率波动、比期旧制、营业税问题及日常管理等视角分析公司运营中存在的种种问题。以小见大，笔者认为对抗战大后方民营工矿企业融资问题及其与社会环境互动的研究还有进一步深入讨论的空间。

---

[1]　何清儒：《政府对于民营电业的关系》，《电业季刊》第 7 卷第 2 期，1937 年，第 25 ~ 27 页。

[2]　1942 年 9 月，公司文件明确其经营属性系商办归经济部管辖，股本由四行与本地银行及商股筹集。参阅《关于检送重庆电力公司是商办归经济部管辖及筹集股本情形致国民政府军事委员会军法执行总监部的代电》，档案号：0219 - 0002 - 00191，第 150 页。

第六章 战时公司经营管理的制约因素

第一节 经济环境恶化引起的问题考察

一 经济环境的恶化导致公司负债亏损

1939 年后，重庆电力股份有限公司经营状况逐步恶化。具体情形从表 6 - 1、表 6 - 2 中可以看出。

表 6 - 1 1938 ~ 1945 年重庆电力股份有限公司经营状况

	1938 年	1939 年	1940 年	1941 年	1942 年
装机容量（千瓦）	12000	12000	11000	11000	11000
最高负荷（千瓦）		7000			9910
发电量（万度）			3834	3341	4886
售电量（万度）	1415	3378	3353	2329	3585
用电总数（户）	16557	13944	10778	10116	12315
电灯户/万度	16163/536	13482/754	92152/903	9544/62	11517/985
电力户/万度	291/870	366/1685	515/2352	511/1616	780/2514
灯力比	1：1.62	1：2.23	1：2.60	1：2.7	1：2.55
总收入（万元）	185	296	625	1939	5869
总支出（万元）	134	303	712	1795	5279
盈亏（万元）	盈 51	亏 7	亏 87	盈 144	盈 590
股红息（厘）	14	0	8	8	8
职工人数			860	1021	1258

资料来源：四川省电力工业志编辑室编《四川电业志资料汇编1》，第 121 页。

表 6 - 2　重庆电力股份有限公司 1943 ~ 1945 年生产、用户、收支盈亏、利润统计表

	1943 年	1944 年	1945 年
装机容量（千瓦）	11000	12000	11000
最高负荷			
发电量（万度）	6062	6798	5514
购电量（万度）	166	549	
售电量（万度）	4454	4897	4362
用电总数（户）	13357	12758	14877
电灯户/万度	12273/1310	/1633	13584/1674
电力户/万度	1031/2933	739/3030	1274/2559
灯力比	1∶2.24	1∶1.85	1∶1.53
总收入（万元）	21098	60800	361455
总支出（万元）	20462	62455	362335
盈亏（万元）	盈 636	亏 1655	亏 879
股红息（厘）	10	8	8
职工人数			

资料来源：四川省电力工业志编辑室编：《四川电业志资料汇编1》，第128页。

从表 6 - 1、表 6 - 2 中可看出，抗战后，尤其是 1939 年、1940 年、1944 年、1945 年，公司经营严重亏损。1945 年公司的一份呈文中说："（本公司）在 1938 年以前，每年略有盈余；1939 年以后，有 4 年均亏折。……截至 1945 年净亏 11667086.00 元。"[1] 尽管从表 6 - 1、表 6 - 2 中可以看出，1941 ~ 1943 年公司经营稍有盈余，但此时公司已经是负债经营，负债额已超过了盈余额。再以公司年度业务报告做进一步的考察。

1939 年度公司业务情况分析。1940 年公司第四届股东大会上亦指出："惟自 1939 年 5·3、5·4 炸后困难尚多，至盼各股东尽量指示以凭移交董事会查照。查本公司年度其财产状况如下：关于资产部分，固定资产为 5282150.17 元；流动资产为 1107321.49 元；杂项资产为 3665347.75 元；总计为 10054819.41 元。关于负债部分：资本及公债为 5132229.87 元；长期负债（四行借款截至 1939 年 12 月底止——引者注）除前按月摊还外尚欠 1364007.7 元；短期负债（应付合同材料及短期借款等）为

---

[1]　杨玉林：《"重庆大轰炸"下的重庆电力公司》，周勇、陈国平主编《给世界以和平——重庆大轰炸暨日军侵华暴行国际学术讨论会论文集》，第 175 页。

2022976.16 元；杂项负债（包括折旧、呆账、催收、电表损失等准备及其他等项）为 160660.63 元；前期盈余滚存为 3204.96 元，以上 5 项总计为 10123079.4 元。决算情形是：1939 年度全年电费及其他收入总额为 2967566.37 元，计分下列 3 项：电费收入 2758666.32 元，业务手续收入 16115.4 元，杂项收入 196242.65 元。同年度全年各项支出 3035826.36 元，计分下列 6 项：发电费用 18502339.78 元，供电费用 24873.35 元，营业费用 234809.9 元，管理费用 581244.78 元，疏散费用 69411.3 元，战时损失费用 417147.25 元。以上收支两项品迭亏损为 68259.99 元。"① 在这次股东会上，监察人石竹轩做公司决算报告："年度预算电费收入总额为 282 万元，计每月平均收入为 23.5 万元，年度各项收入决算总额为 2967566.37 元，每月平均为 247297.19 元，总计全年度收入数超出预算为 147566.37 元。"② 在支出方面，"支出预算总额为 1881448.92 元，计每月平均为 156787.41 元，年度各项收入决算总额为 2967566.37 元，每月平均为 247297.19 元，总计全年度收入数超出预算为 147566.37 元"。③

1941 年度业务概况分析。计"全年售电度数照抄见电度统计售出电灯为 6026164 度（占比 25.8%——引者注），电力 16160993 度（占比 69.5%——引者注），电热（大部系工业用）108442 度（占比 4.7%——引者注）。总计全年售出电度为 23271599 度。查年度两厂发电总度数为 34418753 度，两厂自用发电度数为 1030058 度，约当发电度数 3%，售电约当发电度数 67%，损失电度计为 30%，是项损失电度为线路消耗及盗电强用电流等之总和。电费收入计电灯正收入 6941437.12 元，补收 327642.93 元，合计 7269080.05 元；电流正收入 8512054.29 元，补收 1020421.01 元，合计 9532475.3 元；电热正收 593573.66 元，补收 68892.82 元，合计 662466.48 元。总计电费收入为 17464021.83 元，自 7 月份起遵经济部令售电每度附加卸迁机炉费 5 分专款，拨存计本年度内共应发还 537708.07 元。两相除本年度电费收入实为 16926313.76 元，收入较 1940 年增加约 290%"。④

具体而言，"1940 年度公司资产值为 1480 余万元，至 1941 年度结账

①　《重庆电力公司第四届股东大会记录》，档案号：0219 - 0002 - 00105，第 36～39 页。
②　《重庆电力公司第四届股东大会记录》，档案号：0219 - 0002 - 00105，第 36～39 页。
③　《重庆电力公司第四届股东大会记录》，档案号：0219 - 0002 - 00105，第 36～39 页。
④　《重庆电力公司 1941 年度公司业务状况》，档案号：0219 - 0002 - 00105，第 81～86 页。

全部资产总额就账面价值已达 2980 余万元，约为去年资产总额之 2 倍。各项资产中以杂项资产为最多，较上年增加 1000 万元，计鹅公岩分厂工程已竣，部分支出 380 余万，本公司第一煤厂预借煤款 90 余万元，香港仰光材料运缴费 150 余万元。增订电料、燃料、大砖、油类等约 200 余万元。投资川康兴业公司、华安煤矿公司及公司第一煤厂等 160 余万元至流动资产项内积存应收电费一项达 390 余万元，再历年订购各项材料已于去年陆续收到，较上半年增加 80 万元余，各项固定资产除输电配电资产外尚无显著之变动。公司线路设备虽遭多次之轰炸、毁损，经迅速之修补添置，仍较上年增加 90 余万元。此公司资产增加之大概。关于负债方面，有巨额之增加借入款项，诸如四行之材料借款 100 万元，购料借款 200 万元，保证产收入 170 余万元。暂收款项尚未转账者有中央信托局兵险赔款 200 万元，政府补助迁建工程款 600 万元。此外尚有未付各商行煤料款 200 余万元，公司认为前述资产之增加实多系此项负债之运用也"。[①]

在"收支方面，1941 年全年收益约 1939 万元，约为去年收益总数之三倍，内计电费收入约 1709 万元，约占总收益 88.10%；营业收入 4 万元约占总收益 0.2%；杂项收入 225 万元，占总收益 11.6%。电费收入中，以电力居第一位，计 930 万元，电灯 710 万元，电热 60 万元，其他各路灯补缴电费及日用电度收入约 4 万元。至杂项收入，当以各项补助费收入为最大，计被炸补助费 130 万元、杆线补助费 60 万元，其他为利息收入。租金收入及材料盘盈等共约 20 万元"。在开支方面，"1941 年全年共计支出 1795 万元。约占去年支出总数之二倍半，内中除战时之特殊开支如增加防空设备、休整被炸办公房屋等费 33 万元外，以燃煤消耗为最大，每月耗用达 4000 余吨。全年共计消耗 810 万元，约占总开支 45%，次为薪工津贴，以一般物价指数不断上涨，职工生活津贴月有增加，全年共计为 310 万元，约占总开支 17%，此外计陆地兵险保费约 130 万元，四联总处即川康盐各行借款利息 100 万元，向龙章造纸公司贷电费用约 50 万元，资产折旧约 40 万元，耗用物料及其他事物费用约 300 万元，收支相抵，计获纯益 1440103.23 元"。[②]

---

① 《重庆电力股份有限公司 1941 年度公司业务状况》，档案号：0219 - 0002 - 00105，第 81 ~ 86 页。

② 《重庆电力股份有限公司 1941 年度公司业务状况》，档案号：0219 - 0002 - 00105，第 81 ~ 86 页。

　　尽管从账面上看公司获得纯益约 144 万元，但我们从 1941 年公司业务报告中发现，此时公司负债总额约 1470 万元。负债额可分为材料借款、购料借款、固定资产的投入、兵险赔款、政府迁建工程款项及未付煤款等多项。这说明战时公司始终面临着业务扩展与经营效益间的矛盾，且这一矛盾一直未能缓和，至抗战末期更有加剧之势。到抗战后期，公司业务状况进一步恶化。结合公司 1943 年的资产负债表（按法币计），可得公司资产负债状况如下。

　　该年度公司资产分为以下种类："（1）固定资产为 44583636.47 元，其中发电资产为 18131320.13 元、输电配电资产 16895121.56 元、用电资产 3259010.33 元、业务资产 6298184.15 元。（2）流动资产为 65826933.67 元，其中银行存款 197460.02 元、应收票据 473396.19 元、应收账款 26048078.34 元、借出款 150000 元、有偿证券 611337.5 元、材料款 28346661.62 元。（3）杂项资产为 52867412.03 元，其中战时防护费 86783.39 元、存出保证金 497866.99 元、暂付款项 21631710.38 元、应计欠 11302.33 元、预付款项 9474252.94 元、提存基金 8694.65 元、催收款项 17944.53 元、投资企业 5205000 元、合同订购材料 14289418.06 元、合同订购新机 97438.76 元。以上三项资产合计 163477982.17 元。公司负债情况是：（1）资本及公债为 32519436.3 元，含资本总额 3000 万元、法定公债 866472.8 元、特别公债 211326.23 元、特别汇备 1441637.27 元。（2）长期负债为 31556056.73 元。（3）短期负债为 37652688.57 元，含银行透支 15475041.58 元、存入保证金 16411169.95 元、应付股款 303171.3 元、应付红利 4 角 5 分、应付职工酬劳 985.41 元、应付合同款项 5355193.01 元。（4）杂项负债为 54787674.17 元，含折旧汇备 7204232.74 元、呆账汇备 546860.54 元、材料溢价汇备 364058.2 元、暂收款项 21573420.89 元、应计存项 23599101.8 元、其他各项汇备 150 万元。（5）盈余为 6962221.4 元，含前期盈余滚存 601232.29 元、本期盈余 636989.11 元。总负债额为 163477982.17 元。盈余分配方法是除去法定公债 636099.91 元、所得税 343493.95 元、特别汇备 1144979.84 元，照 1 分发给股红息计 300 万元，尚余 1236425.41 元作滚存之用。"①

　　1945 年公司业务情况："年终决算计全年电费及其他收入总收入为

---

　　①《重庆电力公司第七、九次股东会会议议程》，档案号：0219 - 0002 - 00105，第 177～179 页。

3614588952.45 元，计列三项：（一）电费收入为 32287313.28 元；（二）营业收入为 969737.6 元；（三）杂项收入为 384859201.57 元（补助费收入 370801643.03 元）。又各项支出总额为 362335783.16 元，计分五项：（一）发电费用为 2320968461.59 元；（二）供电费用为 343322879.99 元；（三）营业费用为 32984348.02 元；（四）管理费用为 628156312.07 元；（五）战时损失为 1062871.49 元。以上收支各项迭亏损为 8791830.71 元。"① 撇开单纯的电费收益来看，"公司电价因受管制收入几成固定，而需用之燃煤五金器材不问质价格为何，凡为发电所需者均系不能减少，致供收支失去平衡，每月不敷之数约计 9 亿余元。中间除追收旧欠外，完全举债，以度物价波动不已，今后尚些增无已。截至该年 6 月负债达 33 亿 4 千余万元之多。全向外息借而来，此种困难情形若不设法改善，公司只在趋于奔溃之一途"。②

　　1944 年 4 月 29 日重庆市第二届临时参议会第二次大会议决通过的《关于本市水电供应一案原案》，系统总结了抗战中后期以来公司的经营情况："所需器材□可以搜购，而国内可制造者均经添配，尚不致成问题，其他各变压器、磁瓶、电表等已形事实，不按尤补充急须□。各透平、方棚、红车等油料公司库存已罄，市面搜购不得，上年呈请主管机关向外代购等，本年三月谓印度政府以存料缺之未□出口，经又呈请急电美国购买当函无确认，而公司需用之透平油事实上不能见端倪，乃向兵工署第一工厂及民生实业公司或暂借，或以其他油类各交换条件，始得透平数桶，仍可供整□时间之用。现一面向各方请借，一面电催主管机关连将向美订购之油空运济用，以维发电。就燃料问题来说，本公司各月燃煤数吨。因煤上涨，煤中搅煤砂仁更变本加厉，经分函各厂商请改善并呈请经济部及燃料管理处即饬煤商改进，终鲜效果。公司长期委托西南化学工业社化验结果，其灰份占 27% 至 38%，以致烧不起磅，电压减低且机器亦易损坏，若任其□皆搅煤，影响兵工民生之境何堪设想。再就经济状况而言，查发电成本以煤之支出多，大宗煤焦验收须随即付款，而电费则向系月底抄表再经制票通知派收等手续，故利收考，每为两个月以发之电费，因之资金周转时，却不堪加以煤价不时上涨，公司电费又未能比照随予调整，计算

---

① 《重庆电力公司临时董事会议讨论 1945 年年度决算的会议记录》，档案号：0219 - 0002 - 00156，第 12 页。

② 《重庆电力公司业务概况及整理经过》，档案号：0219 - 0002 - 00116，第 7～19 页。

累有增加，不但变数甚微，抑且耽延日久，逮至实施，而物价高昂，目前负债已达 6500 万元之巨，以故日复径困难之境，不容有苏兵之时，本年三月煤价每公吨又涨 60%，其他费用亦不断增加，经造具开支预算及平衡收支，实觉计算呈请市政府、经济部比照调整，迄尚未本核准，倘不准予照加，皆后方唯一之生产动力则将趋于无法维持。再查之，窃电之户日益增多，用户积欠电费至数百万元。尽管派员催收却置之不理。切实取缔而不许装表，虽收实效，然积欠损失仍为公司亏赔原因之一。希望政府及社会人士予以协助维持得可减少困难。"①

　　1941 年 12 月太平洋战争爆发后，日军入侵东南亚地区，并进一步封锁了我国海岸线。香港与越南海防等地沦陷，而这两个地点为公司进口油料的中转地。尽管国民政府打通了国际交通线，但该路甚为艰险，耗时耗费。1942 年后，"重庆民营工业逐渐衰退萎缩直到陷入停滞破产的困境"。②重庆煤炭业则出现煤炭不敷供应、煤质不佳的现象，亦陷于萎缩衰退的局面。煤炭业的情况则连带影响了重庆电力股份有限公司的业务发展。综上所述，这些因素致使公司负债经营，亏损严重。

二　公司与营业税收问题

　　征稽税收是国民政府获取财政收入的一个重要途径。战时国民政府始终面临资源匮乏、汲取能力不足的问题，为解决财政危机，国民政府采取增税办法，即推行战时税制，极力整顿税政，创设新税，尤其在战时间接税收入大幅度下降的情况下，不得不增加直接税税种。1936 ~ 1943 年国民政府直接税增长指数如表 6 – 3 所示。

表 6 – 3　1936 ~ 1943 年国民政府直接税增长指数

年度	1936	1937	1938	1939	1940	1941	1942	1943
指数	100	110	127	310	1282	2709	16770	65824

注：1938 年度指数仅包括下半年。

资料来源：周天豹、凌承学主编《抗日战争时期西南经济发展概述》，第 83 ~ 84 页。

---

① 《关于核查重庆电力公司业务概况致重庆市临时参议会秘书处的函》，档案号：0219 – 0002 – 00090，第 55 ~ 59 页。
② 重庆抗战丛书编纂委员会编《抗战时期重庆的经济》，第 79 页。

　　战时重庆所在的西南地区的税收情况是："战时国民政府的直接税收入基本源自西南地区，四川的直接税收入在1940年已占全国直接税收入的45%，其余省区诸如广西占7%、云南占5%、贵州占2%、上海占9%、浙江占8%。抗战时期直接税收入中的80%，皆由西南各地工商业者承担，税收的增加无疑是将加重工商业者的负担，尤其值得提及的是随通货膨胀和物价上涨的影响，直接税的过分利得税征收造成工业企业'虚盈实税'；当时通货膨胀率往往是百分之几百，甚至上千，但当局最大限度地搜刮西南后方的财产，仍然坚持竭泽而渔的财政政策。"①

　　营业税原为地方税，征税客体是以营利为目的的事业，其本身是直接税种的一类。1942年7月2日，国民政府公布修正之《营业税法》，文本规定："第一条，凡以营利为目的之事业，均应依本法征收营业税。"第三条对课税标准规定如下："1. 以营业总收入额为标准者，征收其百分之一至百分之三。2. 以营业资本额为标准者，征收其百分之二至百分之四。"第五条对免征营业税的情况做出规定："1. 以营业总收入额为课征标准，其营业总收入额月计不满500元者。2. 以营业资本额为课征标准，其营业资本额不满2000元者。已纳出厂税或出产税之工厂或出产人。"第七条规定："官商合办之营业，均应课营业税。"第八条规定："营业税以营业总收入额为课征标准者，按月征收，以营业资本额为课征标准者，按季征收。短期或一时营利事业，于营业发生时按次征收。"② 营业税"在1942年第三次全国财政会议之后，建立划一收支系统，始由财政部管征收。1945年以来修改税法，铲除积弊，税收已递增至25倍以上"。③ 但在实际征收中，"营业税既有逐渐演变为交易税或贩卖税之趋势"。④ 这说明该税种在征收中存在一定的弊端。在战时工业领域，"多数企业为日损月耗之房屋及机器。依法定百分率存拆旧准备，则因原价与现价之悬殊，势将无法除旧以布新。再执此以计算盈余，缴纳税款，则虚盈实税之结果，流动资金日拙，将使生产逐步低落，而终于无以为继"。补救之办法乃不断增

① 周天豹、凌承学主编《抗日战争时期西南经济发展概述》，第83~84页。
② 中国第二历史档案馆编《中华民国史档案资料汇编　第5辑　第2编　财政经济（二）》，第30~33页。
③ 李学通编《抗日战争　第5卷　国民政府与大后方经济》，第93页。
④ 孙照海、初小荣选编《抗战文献类编·经济卷》，第174页。

资，尤其"复见虚盈，复课实税，则增资之收入，或不足以偿税捐之支出"。① 无疑，当局稽征营业税等直接税给企业造成了极大负担。

值得关注的是，电力属于公用事业中的重要领域，在民营公用事业领域，企业营利性与公用事业的公益性矛盾十分突出，特别在经营资金短缺、设备老化的困境下，此情形更为突出，也促使公用企业依照经营特许权限要求减免税额。按照《营业税法》规定，重庆电力股份有限公司应按期缴纳营业税，但基于经营困难的处境，公司多次向当局要求豁免营业税，扶植电力事业的发展，申请理由如下。

第一，基于经济法规中"扶植公用企业，可豁免直接税额"的规定，要求免予缴税。当时民营电气生存状态是："我国电气事业尚未充分发展，前经建设委员会呈准行政院于 1930 年 6 月 10 日以第 2229 号通令关于民营电厂，非经呈院核准不得征收各项税捐，以示提倡，而资扶植，最近复奉行政院本年 5 月 21 日训令：'查征收民营电厂各项税捐，须先呈院核准，方得举办一案：前经本院于 1930 年 6 月 10 日以第 2229 号通令饬遵在案，惟近来复有擅自征情事发生，殊属不合，兹将重申前令。'"② 对于"嗣后（抗战时期——引者注）关于征收民营电厂各项税捐，仍应遵照前令办理，除分令外合行令仰该省政府遵照"，③ 旨在保障电业发展。"公司成立以来业经数载，并未缴纳任何捐税，乃直接税局忽于本年饬缴各项税款，不稍宽假，妨碍电业，良非浅鲜。除分别呈请政府、经济部、行政院邀恩援令豁免外，相应函达，请烦查照。尚祈共表同情，一致呼吁，以期达到免税目的，用维电业，实级公谊。"④ 经行政院核准，不得征收各项税捐，此乃"用恤商艰，乃本省（四川省——引者注）各税局置若罔闻，擅征如故，按月催收，不稍宽假，而且锱铢必较，不与通融。兼之营业税须照每月电费收入征收 30‰，不问营业之盈亏，按月须缴数万元之巨。对于电业，妨害滋多。敝公司亦同感此痛苦，早有向政府陈情邀免，以轻负担之拟请。

---

① 重庆市档案馆、重庆师范大学合编《中华民国史战时首都档案文献　第 4 卷　战时工业》，第 174 页。
② 《关于转饬电气事业应援例免缴直接税及营业税等款致重庆电力股份有限公司的函》，档案号：0219 - 0002 - 00217，第 39 ~ 43 页。
③ 《关于转饬电气事业应援例免缴直接税及营业税等款致重庆电力股份有限公司的函》，档案号：0219 - 0002 - 00217，第 39 ~ 43 页。
④ 《关于转饬电气事业应援例免缴直接税及营业税等款致重庆电力股份有限公司的函》，档案号：0219 - 0002 - 00217，第 39 ~ 43 页。

照行政院前令，豁免直接税，及改营业税额征税而依照资本额征税，俾使喘息稍安，而维公用事业"。①

重庆电力公司股东罗震川等指出："查扶助民营事业为国府既定政策而抗战期中无论国营民营同为国家效力何分彼此，然实际民营事业负担捐税至为繁重，以言论国税则有印花税、营业税、所得税、利得税，地方税则有房捐地价税，临时尚有公债、储蓄券、兵役、优待金等摊派，而国营电厂一概豁免。"② 其认为电力公司与国营电厂在政策上应同等享受税收豁免的待遇。

公用事业涉及社会公共利益与公共安全，行政机关对其有监督权，又因具有营利属性，税收机关对其有征税权。战时当局对于重庆电力股份有限公司缓征税额诉求的态度也大致是从宽松趋向严厉。具体来看，在新的《营业税法》颁布前的1941年，重庆市营业税处对公司的回函是："就其恳请豁免营业税一案，准缓1940年7～12月应纳营业税。惟1941年始公司仍继续亏折，特此函呈请仍本一向维护公用事业之热忱，各月份应缴营业税仍恳豁免等情，当经函请四川省营业税局转呈四川省政府核示在案，兹准函复。"③ 而省营业税局"查重庆电力公司前因空袭损失，亏折甚巨，曾函该局（重庆直接税局——引者注）呈经本府（四川省政府——引者注）核准缓征1940年7～12月的各月应纳税款在案，既呈明该公司仍在继续亏折时期，且关渝市公共福利事业自应准予暂缓征收，以示体恤，仰转知照此令。经四川省政府核准暂缓征收，所有该公司各月营业收入仰仍按月据实申报以凭查放，勿稍迟延为要"。④

但自1943年始，当局的营业税征收趋于严厉，税务机关按照1942年7月2日新颁布之《营业税法》厉行征税。在此情形下，公司向多方主管机构历陈其困难，如呈请市府营业税处转洽财政部暨转呈行政院等机构准予豁免其应缴税额，但未被核准。这一时期公司是"一再祈求系民营，然

① 《关于转饬电气事业应援例免缴直接税及营业税等款致重庆电力股份有限公司的函》，档案号：0219-0002-00217，第39～43页。
② 《重庆电力股份有限公司临时董事会议讨论审核1944年度年终决算、请重庆市政府随时合理调整电价等会议记录》，档案号：0219-0002-00117，第108～109页。
③ 《关于缓征重庆电力公司营业税给重庆电力公司的通知》，档案号：0219-0002-00217，第28～29页。
④ 《关于缓征重庆电力公司营业税给重庆电力公司的通知》，档案号：0219-0002-00217，第28～29页。

系公用事业，其在政府严格管制之下早无自由营运之余地，实与政府办理，此益无之改，后方国防兵工及一切民生必需之生产莫不维之动力，故历年来均系不计万艰，全力以赴，所营较政府经营之公用事业既无特殊之享，严密之管理，内外交迫"。面对公司豁免营业税的请求，国民政府行政院的回函是："自 1942 年起物价步涨，成本剧增，而电价自 1942 年 8 月稍予调整后直至 1943 年 7 月份始蒙再度调整以至于公债重创深远甚胜。昔以致自 1942 年起至 1943 年 12 月份止，应付营业税额款 6726730.28 元，却尚未照缴。"①

　　同时，重庆市营业税处也对公司应缴罚锾项做出回应："查公司尚欠有本处营业税款 500 余万元，应缴滞纳费罚锾 200 余万元，迄未完缴，上项电费即在应缴罚锾项下如数拨账。"② 数目计 "1943、1944 年两年度应缴营业税共计 1700 余万元。迭经电呈主管当局豁免，奉行政院秘书处函，以本案经呈奉院长谕所请免征营业税未便照准，惟该公司欠缴两年度营业税，姑准全数作为政府增加该公司各该年度之特别补助费支出转账。自 1945 年度起其应纳之营业税款应由该公司按月缴库，否则在政府拨发该公司补助费项下按月照数划抵"。尤其是 "现在收支日巨，照目下营业税额每月须达一千数百万元，经电请生产局时陈在抗战结束以前暂以照国营电厂免征或将应纳税额按月加入煤价调整费俾可照期照缴"。③

　　重庆市直接税局与重庆市营业税处的拟定方案相互呼应，同认为："公司应纳 1944 年度所得税 11579776.68 元、利得税 24674385.87 元。即为如数缴送中央银行至库局制取收据。送呈备查等因。查公司 1944 年度亏损 16648482.69 元，除应缴之营业税 117698.16 元。"④ 但这一时期公司财务状况是："蒙财政部呈准行政院作为政府特别补助费优于豁免外，尚亏折 4888384.51 元。既无盈余，及蒙政府豁免营业税，何能有下及与利及钧局。估计而核定之所得税与利得税与事实迥然不符，无力缴纳未便承

---

①　《行政院豁免营业税》，档案号：0219 - 0002 - 00117，第 146 ~ 151 页。

②　《关于重庆电力公司尚欠财政部重庆市营业税处营业税在应缴罚锾项下如数拨账致重庆电力公司的函》，档案号：0219 - 0002 - 00217，第 76 ~ 78 页。

③　《重庆电力公司第 87 次董事会记录》，档案号：0219 - 0002 - 00327，第 24 ~ 29 页。

④　《关于派员查核重庆电力公司应纳 1944 年营业税额致重庆直接税局的代电》，档案号：0219 - 0002 - 00217，第 94 ~ 98 页。

认，请财政部派员复核。"① 当局在厉行征收公司营业税外，又稽核其所得税与利得税，这无异于增加公司税负。

面对《营业税法》的规定，重庆电力股份有限公司仍意图减免营业税，并做出回应："自转售其51厂、大渡口钢铁厂、电镀厂后，无利润所得且须贴补线路损失折耗。仅就目前购电与支出月达一亿以上。此非本公司之自备设备自顾营业。拟请呈市府转税局对此采购转售部分电度豁免营业税。"② 为进一步澄清事实真相，公司称："对于政府法令素即尊奉准谨，未敢借词逃税，复不愿含默置之 于顽抗之流。近兹政府体恤按月补助1000万元。然急要之开支尚感不够，并经再度陈明，恳予增加，但告贷无门，实无力负此巨额捐税。是其征收电价不敷成本，尤在调整。事同抗战以来艰苦贡献，不遗余力，兹以限价仍无法维持。鉴察并恳转资财政部暨特呈行政院系分呈俯赐将公司应纳营业税于抗战期间呈暂缓征收以业喘息。"③ 这表明公司并无抗税之意，而是迫于现行的开支趋于枯竭，无奈向当局请求豁免。

然而，公司历次要求豁免营业税的请求直至抗战结束时仍未得到满意答复。在1945年2月20日，公司因无力缴清税捐，转行政院准予比照国营电气事业予以豁免等情未便，则转请电经济部，电文如下："前据该公司请转咨财政部及转呈行政院缓征营业税等情即经本部（经济部—引者注）函准财政部函复：自1943年度至1944年度欠税总额为15098347.95元。限于本年（1945年——笔者注）3月31日以内照数缴纳，否则依法严办等由。然成本亏累，负债深巨，艰苦支撑，早在洞鉴。价格方面，复管制甚严，为求免予弥补，并蒙政府核定按月贴补2000万元，但仍不敷颇巨。"④ 尤最近"燃煤官价业经核增一倍有余，其他各物莫不飞涨，公司际兹困境，现状早虽维持，倘再责全负此巨额款，委实有不逮。政府言一方面予以少额之贴补，一方面各种税捐之负担，巨额之税捐是否有待全

---

① 《关于派员查核重庆电力公司应纳1944年营业税额致重庆直接税局的代电》，档案号：0219-0002-00217，第94~98页。

② 《关于派员查核重庆电力公司应纳1944年营业税额致重庆直接税局的代电》，档案号：0219-0002-00217，第94~98页。

③ 《行政院豁免营业税致重庆电力公司代电》，档案号：0219-0002-00117，第146~151页。

④ 《关于豁免重庆电力公司所欠营业税代电》，档案号：0219-0002-00217，第1~4页。

盘改善?"① 公司态度十分恳切,"未敢忘陈意见,惟是目前处境,既属如此,而政府方面,除予以贴补外,并由四行投资经营,且迭予贷款"。公司既无殊国营属性,却供应抗战兵工厂及民生必需生产之动力,使命较为重大,"现国民政府努力经济建设、奖掖民营工业之时拟请行政院特比照抗战时期国营企业予以豁免,体念历年以来公司不无贡献,建成使命"。②

1945 年 6 月,政府对重庆电力股份有限公司豁免营业税案予以批复:"奉行政院交下该公司为请免征营业税以维公用事业由,查商营公用事业并无免征营业税之规定,该公司所称亏本、亏累系实情,为维护陪都电力供应,特准 1943 年至 1944 年所欠营业税款 17818111. 82 元作为政府增加该公司该两年之特别补助费,自本年起应纳之营业税应按月缴库,否则在政府按月补贴之 2000 万元补助费项下照数划抵。"③ 行政院秘书处函:"公司目前收入已逾 2 亿元,按税法规定应缴纳营业税 31‰,每月税额达 700 万元以上,及煤价变动更应纳税款。实乃公司现刻情状所能负担,拟请办理力争继续免征一案转请监委会核加调整费以便按月缴纳。据前国家总动员会议移交案内尚于电力公司电请豁免 32、33 年两年度欠缴营业税一案兹奉院长谕:'所请免征营业税未便照准,惟该公司欠缴 32、33 年度营业税资产全数作为政府增加该公司各该年度之特别补助费支出转账,自 34 年度起其应纳之营业税款应由电力公司按月缴库,否则在政府机关所列该公司补助费项下按月照数划抵。'"④ 这意味着政府当局欲以特别补助费(贴补费的方式)来划抵营业税额。

1945 年 8 月 11 日公司做出回函,认为按政府的方案会加剧其经营困境。业务方面,政府管制甚严,其程度常超过国营事业,至于缴税方面自应参酌《营业税法》之规定,视同公营公用事业予以豁免。公司现在收入已达 3 亿余元,照税法规定应纳营业税 31‰,即每月税款须达一千数百万元,以后物价步涨,收支必更加大,则应纳税额自更增多,实非现时经济

---

① 《关于豁免重庆电力公司所欠营业税代电》,档案号:0219 - 0002 - 00217,第 1 ~ 4 页。
② 《关于豁免重庆电力公司所欠营业税代电》,档案号:0219 - 0002 - 00217,第 1 ~ 4 页。
③ 《关于准予免征营业税给重庆电力公司的批》,档案号:0219 - 0002 - 00217,第 25 ~ 26 页。
④ 《关于豁免 1943、1944 年度欠缴营业税致重庆电力公司的函》,档案号:0219 - 0002 - 00217,第 21 ~ 23 页。

状况所能负担。① 事实是"1945 年 8 月公司负债亿余元。每月所负利息已达万元。重以收入亏短，常至息利转为债款。循至债款递增，即须电价调整，原不足抵付开支，而政府补助费每月 2000 万元，与实际亏损相距甚远，迫使公司增重亏累，无法办理，似均未便"。② 按"目今物价步涨之势，全部机器之重建，约须 10 亿元。而照政府规定之折旧率，每月仅有 20 余万元，不足重建全部机器百分之一。此种无形之负累，已极深巨，倘再欲课以巨额营业税捐，则除破产外，似无他法"。③ 基于以上理由，公司冀期政府"俯察实情，准予在抗战未结束前暂予豁免，或再准加入煤价调整费"。④ 政府似不能简单地以微薄的贴补费来划抵营业税额。公司认为政府每月贴补，"原以其收支不能相抵，固无论与实际亏损相距甚远，若又课以巨额营业税是无异于取消贴补，促使其加重亏损，与政府贴补之初旨亦似未符"。⑤

财政部仍认为，"公司积欠 1943 年、1944 年度营业税款业经财政部呈准，行政院作为政府特别补助已属优予体恤。1945 年起应纳之营业税，自应按月报。鉴于公司电请俯察商艰，准予豁免本年份营业税，自明年一月份起再行征收一案。公司所欠 1943 年度之云，仰即知照等因奉此。查本公司自抗战以来，因电价不敷成本，成本折旧；须照原值既负债甚巨，复员乏术，痛苦情形谅邀洞鉴。本公司 1943 年、1944 年度营业税蒙准予作为政府特别补助费转账已居优待；1945 年度营业税原应遵个照纳，以重税收。实为目前收入仅能勉敷维持，迩来收费困难，周转更感窘，即暂时不理债务，不事后欠□，实无力缴纳；自本年一月份起之巨额税捐必须借债，方能完纳。是又将加重负担，仅再陈困难情形，仍恳俯念 8 年来竭尽供应工业动力之微劳。赐将 1945 年度应缴营业各税仍准援照 1943、1944 两年度成例改由政府增拨特别补助费转账，准明年（1946 年——引者注）元月份起决遵章缴纳，俾苏喘息，不□近迫，付命之函重受电力公司"。⑥

这一时期，公司也呈请经济部要求豁免 1945 年度营业税额。其理由

---

① 《关于检送营业税说明书致战时生产局的函》，档案号：0219 – 0002 – 00217，第 41 ~ 44 页。
② 《关于检送营业税说明书致战时生产局的函》，档案号：0219 – 0002 – 00217，第 41 ~ 44 页。
③ 《关于检送营业税说明书致战时生产局的函》，档案号：0219 – 0002 – 00217，第 41 ~ 44 页。
④ 《关于检送营业税说明书致战时生产局的函》，档案号：0219 – 0002 – 00217，第 41 ~ 44 页。
⑤ 《重庆电力公司亏损说明》，档案号：0219 – 0002 – 00217，第 55 页。
⑥ 《财政部关于豁免 1945 年营业税的批、代电》，档案号：0219 – 0002 – 00217，第 57 ~ 60 页。

如下："电力公司属商营，原系公用事业，于国防军工之生产，关系至切。重以政府管制，素来严厉，即论电价一项，国营电气事业之价格莫不较本公司为高，而同受贴补之国营公用事业，近来莫不纷起增价，惟公司之电价，既未合理核增，而贴补数额，复甚微薄，以致亏累愈深，已成朝不保暮之势。在政府言之，商业固无免税之条例，我商营事业之重受管制，较国营者尤有过之，原系战时变通之法，政府既以新法严制其价格，使限于亏累，复据旧章，仍课其税额，似来非战时管制政策之本言。且政府既因平抑物价，予以贴补，姑无论为如数能否敷用。"① "我（公司——引者注）一面复须课以力寡，虽及之税捐，则所贴补者，非独无补于实际，实非适以更增其亏累。虽'课税'与'贴补'原为个别之机关，我战时经济政策与财政之策配合，要无二改。战时税收固甚重要，亏累原系实情。公司既系公用事业，政府管制甚严，原不以营利为目的。故恳经济部办理转咨岁入机关：特准予豁免或修改法令，只不为过。奉批前因仅缕陈困情及法外可原之理。"② 公司要求当局体察其艰难。1945 年 11 月 7 日，经济部批复："至于该年度营业税改为政府增拨特别补助转账，明年度起再行征收请核示等情形，尚经别情函转财政部核复并批示该公司知照各在案，兹准财政部核复并批示该公司兹准财政部本年（1945 年——引者注）10 月 25 日函复：电力公司以同一情词呈请到部，经查：此案前公司呈请业经本部批示碍难照准在券仰，仍遵前批报缴，勿再递延为要。"③ 是年 10 月，行政院秘书处同函："现在国库支用浩繁所请，拟难照准，相应函达。"④ 这意味着公司仍须足额缴纳营业税额。

综上，自抗战中期开始通货膨胀日益加剧，原料价格飞涨，生产成本大增。公司呈请当局提供资金，缓解经营压力，但当局却以增资为由，实施累进课税，加大对营业税等直接税种的征收力度，而这实为变相削减应得之补助费。为此，公司甚感："按月照缴，这使得公司万分困难，负债

---

① 《关于请豁免重庆电力公司营业税款致经济部的代电》，档案号：0219 - 0002 - 00217，第 161 ~ 163 页。

② 《关于请豁免重庆电力公司营业税款致经济部的代电》，档案号：0219 - 0002 - 00217，第 161 ~ 163 页。

③ 《关于将 1945 年度营业税改为政府增拨特别补助费给重庆电力公司的通知》，档案号：0219 - 0002 - 00217，第 83 页。

④ 《行政院秘书处关于豁免 1945 年营业税致重庆电力公司的函》，档案号：0219 - 0002 - 00217，第 73 页。

甚巨，无法清偿巨额税捐，实属无负担之力。"①

三　恶性通货膨胀的冲击

战争期间，由于"中国丧失沿海经济重镇，财政收入骤然下降，军费支出急剧上升，国府财政收支严重失衡。为弥补日趋庞大的财政赤字，财政部增加法币发行。与此同时，由于自然灾害，及日军封锁国府统治区，加深了供给与需求间的矛盾，大为刺激物价上涨"。② 国民政府为应对经济危机，采取了增发大量货币以弥补财政赤字的做法，但大量货币进入流通领域后造成物价进一步高涨。在"1939 年前大后方通货膨胀的速度相对缓慢，物价上升指数还未超过法币增发指数。1940 年起，物价指数上升超过法币增发指数。到抗日战争结束的 1945 年 8 月，法币增发指数为 394.84，同期重庆物价指数为 1795.00"。③ 这使得"货币（法币）贬值、市民社会购买力下降，严重干扰了社会经济的正常发展"。④ 后方企业因受通货膨胀影响，经营严重亏损。

据统计，抗战末期后方"物价指数平均已达战前之 2000 倍，电料器材及各种应用油类等涨率特昂有高至万余倍"。⑤ 相对而言，重庆电力股份有限公司所核定的"电价近（增幅）尚不足 300 倍，三个月前相差更巨，目下收支仍不能相抵"。⑥ 这缘于"电价向来由政府管制。收不敷支，历受亏累，现已经加价仍数量甚微，仍不足以平衡收付，依照 6 月份订算，公司仍须亏折 9 亿余元"。⑦ 不仅如此，通货膨胀造成公司的生产成本压力剧增。公司业务报告称："7 月份（1945 年）各售煤公司函告煤价较上月加一倍，预计又须增加支出至 10 亿元之巨，而员工生活高涨，复分请救济前收支表所列赤字 9 亿余元，实际当不止此，照此收费，即公司现状已虽维持，遑论偿还旧债，更遑论改进设备，本公司为渝市唯一动力之原，关系国计与民生此至巨，似不能听所趋向奔溃之途，复查渝市生活

---

① 《关于派员出席重庆电力公司第 90 次董事会议致重庆电力股份有限公司各董、监察的函》，档案号：0219 - 0002 - 00117，第 78 页。

② 杨菁：《试论抗战时期的通货膨胀》，《抗日战争研究》1999 年第 4 期，第 90 ~ 95 页。

③ 杨菁：《试论抗战时期的通货膨胀》，《抗日战争研究》1999 年第 4 期，第 90 ~ 95 页。

④ 潘洵主编《抗战时期西南后方社会变迁研究》，第 72 页。

⑤ 《重庆电力公司亏损说明》，档案号：0219 - 0002 - 00217，第 54 页。

⑥ 《重庆电力公司亏损说明》，档案号：0219 - 0002 - 00217，第 54 页。

⑦ 《重庆电力公司业务概况及整理经过》，档案号：0219 - 0002 - 00116，第 19 ~ 30 页。

指数报处，官方公布为 17000 余倍，向本公司电价为战前之 2920 倍，不设之践殊途情理，若以为公用事业不能与货品市价等量齐观。然又观政府主办之邮政电信民营之公共汽车及车船莫不涨之万倍以上，本市以轮渡为较低，仅达 8300 余倍，即与本公司并称之自来水费率仅增至 9900 余倍，公用事业也仍原发之然殊此。基于以上各理由应请整理会公众力主张酌予调整，维持本公司之生存即所以维护市民之福利也。"① 其"机炉历经 8 年来（1945 年止）抗战日夕不停之使用。已达其本能之寿命，此时重建按照目下物价或须百亿以上，而所提折旧遵照政府规定月抵 20 余万元，历年所请尚不足以购一较大之变压器。换言之，公司已每年赔贴 10 亿元以上，若当局再课以巨额之营业税，不独力所不及亦似殊欠公允"。② 当局"若再课以营业额 31‰之营业税，月达千数百万。此后物价步涨，收支亦必加大。则应纳税额自更随而增多，实非电力公司现时经济状况所能负担"。③ 该语一方面是回应公司豁免营业税的诉求，另一方面也反映出物价高涨使得公司的生产经营愈加困难。

此外，物价高涨也严重危及公司员工正常生活。从当时市场物价指数看，"1944 年 1 至 3 月重庆市面物价比率是：猪油为 60∶110，增涨比率 183%；猪肉为 42∶70，增涨比率 166%；菜油为 35∶50，增涨比率 150%；米为 78∶400，增涨比率 513%；盐为 16.5∶39，增涨比率 239%；布匹为 26.5∶43，增涨比率 162%；牙膏为 65∶160，增涨比率 246%；水为 2.3∶5，增涨比率 175%；车费为 8～10∶37，增涨比率 205%；理发业为 29∶50，增涨比率 172%；洗澡业为 20∶40，增涨比率 200%；皮鞋为 950∶2200，增涨比率 231%；袜业为 100∶220，增涨比率 220%；租房业为 100∶400，增涨比率 400%；衣衫业为 750∶2200，增涨比率 400%"。④ 针对物价上涨之势，1944 年 4 月 3 日，重庆市电力产业工会函公司："查渝市物价逐日升腾，3 月（1944 年——引者注）来百物高涨将及一倍，本会各会员谨守责任，忍苦耐劳，历尽艰辛，无奈月收入微薄，米珠薪桂之期，一人生活尚属难以安度，何况家有老小，日需饮食，夜需安寝。逼逼所夺，实难予以分配，而所员任务重大，当不敢兼营私业，以致怠工均各

---

① 《重庆电力公司业务概况及整理经过》，档案号：0219 - 0002 - 00116，第 19～30 页。
② 《重庆电力公司亏损说明》，档案号：0219 - 0002 - 00217，第 55～56 页。
③ 《重庆电力公司亏损说明》，档案号：0219 - 0002 - 00217，第 54 页。
④ 《关于调整工友薪津致重庆电力公司的函》，档案号：0219 - 0002 - 00035，第 72～74 页。

叫苦连天，饥渴之声不绝于耳，长此以往，难免弊病丛生，意古名言'饥寒起盗心'之句乃入不敷出之最后归宿，有鉴及此，登查准将各工友薪金急急予以调整，借以安定工友生活增强工作精神于公于私而得其便。"①电力产业公会要求公司改善员工的生活待遇，并对当前物价倍涨的形势做了进一步分析，亦指出："窃自抗战以来，本市生活程度即日趋高涨，举凡日常生活衣食所需，莫不较前高过三四倍，年来尚不止此。闻公司最近有鉴及此，已拟具补救办法呈请钧鉴会准，现虽尚未最后决定，但其为职等福利设想，意至亮善，令人至深感奋。惟职等深恐钧会诸公以已度人，不悉职等苦况，故有不得已于言者。窃公司此次拟议，虽现对于采用加薪或津贴之方式尚未决定，但其目的纯系补助职员生活之不足，故关于金额之规定应求其适得其当，以现刻物价比例较以前增加数倍者，有之增加十余倍者亦复不少。即以伙食一项而论，先则五六元已足，现非十余元不可。至衣者一项，更不待言。所需妻子所费，均感困难。职等以每月所得，虽极度省俭，亦无济于事。按现时物价情形，每人每月非津贴五十元以上不足以言温饱。"② 1944 年 8 月 15 日，重庆市社会局电力产业公会调查了公司职工生活状况后认为："窃会员等服务重庆电力公司职工每月薪津最高不过万元，最低仅数千元，而小工最高则仅 7000 余元。此项数字自表面视之，似觉公司不供善，窃无平价物品供应仍利事业，尚在以剧，故每月所得，如眷较多，实不敷维持生活，非如其他机关有宿舍居住，生活得以解决也。兹因公司电价未加，亏累愈深，以致职工薪饷配发尤难。自本年 3 月份起除减裁紧缩外，并将职工薪津原应依照生活指数按月调整，此亦予停止调整会员等际，兹时会本应勉竭全力以赴事功，奈何数月来除食米外，其他物价无不上涨。今物价既亦上涨，薪津复予减少，以此情况，势将不获一饱，仰事俯畜，更所不遑。"③

面对公司员工艰苦的生活环境，管理层对津贴稍做了调整。董事刘航琛致函稽核科，经公司临时维持委员会第 5 次会议决定并依照董事会议定事项："案据 1943 年 12 月修订、嗣于 1944 年 5 月重行修订，董事会原定

① 《关于调整工友薪津致重庆电力公司的函》，档案号：0219 - 0002 - 00035。第 72 ~ 74 页。
② 《关于请照物价指数增加王泽策、朱立志、陈光武等人薪资上重庆电力公司董事会的呈》，档案号：0219 - 0002 - 00196，第 342 ~ 343 页。
③ 《关于调整重庆电力产业工会工人薪津致重庆电力公司的代电》，档案号：0219 - 0002 - 00035，第 96 ~ 98 页。

每半年调整一次，现于 11 月已满半年，事实上用膳乘车皆已涨价甚多，应请依据原规定照指数增涨情形比例核算重行修订，查上次修订时系根据 32 年（1943 年——引者注）3 月份指数（27989.0——引者注）为标准，现 9 月份指数为 49134.5 计增加 2145.5，约增加 75.6%。依照上列数字比例核算各项出勤津贴、加班津贴及办公费、交通费等事项。具体方案为：津贴名称：甲等种膳费由 1200 元改后 2100 元，车费由 1300 元改为 2300 元；乙等种膳费由 1200 元改为 2100 元，车费由 650 元变为 1500 元；丙等种膳费由 850 元改为 1500 元，车费由 650 元变为 1150 元。临时出勤费：股长以上由 90 元变为 160 元；科员由 72 元变为 130 元；见习技工由 54 元变为 100 元；小工公役由 40 元变为 70 元。值班津贴：空袭值班费由 90 元变为 160 元，值日费由 72 元变为 130 元，厨房值班工务人员由 54 元变为 100 元，技工由 27 元变为 50 元，小工由 18 元变为 34 元。"[1]

尽管公司提高了员工津贴，但新增之津贴却显得杯水车薪。值得关注的是，抗战时期的通货膨胀势如猛虎，法币贬值速度已远远超过公司员工津贴的增长率，这使得员工生活愈加贫苦。正如 1944 年 8 月《新华日报》所载："谈到重庆电力公司职工待遇，除高级职员外，低级的职工只能拿到一万把元。小工杂工则仅能拿到 6000～7000 千元。尽管 1 万元确已不是一个太小的数目，可是究竟又有多大的购买力呢，或者可以说个人的生活是可以了。但是职工大多是家庭负担极重的，就目前物价而言，4 个人的伙食费就非要七八元不可，何谈其他。衣物、鞋礼、房租、医药的支销当更难应付了。就比较而言，较战前，物价增加了 1000 倍，但职工的待遇还未增加到 350 倍，不及战前的 1/3。"[2]

第二节　政府限价与公司提价之间的矛盾

"电气之为物，虽属无体无形，但供给或消费电气时，其量之多寡仍可计算。故经营电气事业之公司，在交易上亦可视电气如其他商品厘定适当之价格，以作售电计费之基础，是为电价。"[3] 从电价的定义看，电价

---

① 《关于调整重庆电力公司出勤人员津贴、加班津贴、办公费等致稽核科的函》，档案号：0219 - 0002 - 00035，第 112～114 页。

② 《论重庆电力公司》，《新华日报》1944 年 8 月 18 日，第 3 版。

③ 钱仲超：《电价及其制度》，电业年会论文，第 15 页。

之高低能影响电气事业之成败。电力企业"若设定之价格过高，则购买者少，营业难以发达。过低则有亏成本，营业不能支持"。① 所以，"电价是决定电力生产成本是否得到补偿和电力销售收入高低的重要因素"。② 观察电价波动是分析公司成本与收益是否平衡的关键。

当时重庆电力股份有限公司电价浮动情况如下。自经营组建到抗战初期，定价系以营业成本与收益情况自主核定。因初期经营效益较好，为吸引更多的客户购买电力，公司采取了减价措施来吸引客户用电。据当局《电价业编》统计，1938 年，全国一等电厂电灯价格最低每度 1 角 7 分、最高 2 角 5 分，众数 1 角 8 分；二等电厂每度最低 1 角 7 分、最高 2 角 8 分，众数 2 角以上。以上仅就价格本身比较，对于容量大小、地方交通、燃料价格、用户多寡等均未计及。重庆电力股份有限公司原属二等电厂，1937 年扩充容量，升列一等，现行电灯价每度 2 角 8 分，在全国一等电厂中无此价格，在二等电厂中系最高价，该公司电灯减价案自 1937 年 10 月 10 日起实行，以上核定价格已打破一等电厂最高电价之纪录。该公司新机装竣发电后，燃料节省不少，成本上已减轻，且查该公司前两年盈余系达 40 万元。1938 年发电度数复较去年间增加一倍，故降低电价后，在经济方面不致受差价影响，况减价后，用电必可增加，收入可望比以前更多。

经济部在具体审定公司电力价格时做了进一步的说明：据前建设委员会出厂之《电价业编》统计，全国一等电厂电力价格就同一计算制度比较，即以 20 马力每月用电 100 度为标准，每度平均电价最高 8 分 2 厘 5、最低 5 分，众数 5 分 7 厘 5；就各厂营业章程比较，第一级每度最高为 9 分、最低 6 分，众数 6 分。二等电厂电力价格就同一计算制度比较，即以 20 马力每月用电 100 度为标准，每度平均最高 9 分 5 厘、最低 5 分，均数 7 分；就营业章程比较，第一级最高 1 角、最低 4 分 5 厘，均数为 7 分。以上均仅就价格本身比较，对于容量大小、地方交通、燃料价格、用户多寡、电力目数、供电时间、力源种类等均未计及。重庆电力股份有限公司本为二等电厂，去年扩充容量升列一等，其电力价格以 20 马力每月用电 100 度计，每度平均电价为 8 分 5 厘，在全国一等电厂中，无此高价，即在二等电厂中，以超过众数甚多；若就营业章程比较，则该公司第 1 级每

---

① 钱仲超：《电价及其制度》，电业年会论文，第 15 页。
② 四川省电力工业志编纂委员会编《四川省电力工业志》，第 383 页。

日马力平均用电一度至 50 度，每度高达 9 分，在二等电厂中为最高价，超过众数甚多。前工矿调整委员会曾函经济部工业司谓据该会视察报告认为：公司电力价太高，借此政府鼓励工厂内迁复业，并提倡小工业发展之时，自应首谋取廉价电力之供给方获实效。故该公司电力减价，刻不容缓。况减价后，用户必可增加，因迁川工厂或原无发电设备或有而未迁之需电甚多，为此电厂负荷增加，即此减轻电度成本。查该公司现有电量为 12000 千瓦，晚间最高负荷仅 43000 千瓦，日间仅 2000 千瓦，余量甚多。"该公司前两年盈余甚较之去年达 40 万元，本年电力用户增多，盈余更优厚，是减价影响其经济方面等实至微弱，同时该公司自去年装竣后，新机发电，燃料节省不少，成本减轻，自应减价。"[①]

　　从以上文字可知，在营业初期核定电价较低的境况下，公司可获得良好的经营效益。管理层认为电力用户增多，盈余增多，减价自应进行。政府也同意其减价行为，甚早在"1936 年，四川省建设委员会在审批重庆电力公司注册时认为电价偏高，使其电价再次降低，取得的盈利仍为丰厚。据统计，1936 年售电总量 4898374 度，盈利 386596 元。每度电平均售价 0.185 元，平均成本 0.111 元，平均利润是 0.0789 元"[②]。抗战初期，主要由经济部对公司的电价实施调控，如 1937 年的《重庆电力公司电价审查意见》中说："公司电价过昂，中央主管机关前经迭令核减，迄未遵守行，并拟将电力、电灯分别核减为下：电力、电灯：初级核定为每度 7 分 5 厘，第二级每度 7 分，第三级 6 分，第四级 6 分，大宗用户另议。照此核减，以 20 马力每月用电 100 度，计该公司每度电力平均价格为 7 分 2 厘 5，仍超过全国一等电厂电力价众数 5 分 7 厘甚多；就营业章程比较，该公司核减之第一级电力价每度 7 分 5 厘 6，超过全国一等电厂众数 6 分甚多。电灯电价：仍照前建设委员会原核定数将现行电价每度从 2 角 8 分减为 2 角 6 分，并自 1939 年 1 月 1 日起实行，即由去年 10 月 10 日起超过全国一等电厂众数 1 角 8 分甚多。"[③] 在 1938 年社会物价开始上涨而电价未动甚至稍有降低的情况下，公司全年售电量 1415 万度，仍获利润 50 万

①　《关于检送经济部对重庆电力公司迁机、扩充计划意见的训令》，档案号：0219 - 0002 - 00024，第 6～9 页。

②　重庆市地方志编撰委员会编著《重庆市志》第 3 卷，第 337～338 页。

③　《关于检送经济部对重庆电力公司迁机、扩充计划意见的训令》，档案号：0219 - 0002 - 00024，第 10 页。

元，每度电平均利润为 0.035 元。

进入抗战中期后，由于政府实行统制经济政策，公司电价始受政府管制，但发电成本不断高涨，电价与发电成本之间的矛盾（电价低于生产成本而形成亏折）凸显。在战争环境下，日机频繁轰炸重庆造成公司线路损失惨重，售电减少，收入锐减，也导致电费亏折，公司遂开始向当局申请提高电价。具体来看，当时"公司新机因沪战发生，长江封锁尚有一部无法以致双十节发电之议不能如现，仍以 1000 千瓦发电机三部照常发电情形与前无殊，此不能减价。此一抗战期间电气事业关系国防之充实，工业之推动此大。本公司负有重庆市区供电之使命，更须尽力筹集现金购储巨量材料以作长期准备，方能预防实虞。前于此时令其减低电价则收入短少，何以应事机而济宏艰，此不能减价，自在沪作战封闭沿海各口岸，水陆交通陷于停顿，各种材料为五金燃煤等因来源断绝，莫不飞涨。因之公司担保等本身事业之不坠非实行增加电价不足以资维护。固自来水厂以同一公用事业因感材料奇涨，无法支持以经呈准省府以 2 角一吨水价增至 3 角 5 分。实今公司鉴于此虽之严重，不愿增加电价，既阻各工业之进展，故实忍痛挣扎勉竭。再继不以减价实难支持，此不能减价等三也。此三种原因故请市府转呈四川省政府核转中央建设委员会鉴此苦衷，在此抗战期间准予提高价以渡难关，俟战事结束、交通恢复、物价平衡即当遂令照减决不再延云。又公司电价自新机发电后每度按成本完摊，请经理部饬工务科根据发电费用及发电总量求一精确数字以备核计电价考查"。[1]

1939 年 9 月 22 日，公司呈报："本年 6 月 6 日的煤价至今是节节上涨，曾再历因苦恳，援前建委会调整煤价之规定及材料购运各费增加与本市被炸后之损失照电灯、电力价赐加 50%，以免亏折；过去一案迄未奉明令兹此煤价又复继续上涨，前日法币 24 至 25 元一吨，此今则涨至 30 元以上，而材料上因欧战爆发增涨数倍，运缴各费又较前加巨，今日情形与前 6 月中呈请核定加价时迥不相牟，似此情形，公司何能符合。"[2] 这表明公司对经济部核定的电价有异议。公司进一步申述："今重庆为首都所在地暨抗战策源地，地域比上海重要，公司所负使命又较上海电厂为重大，而煤价材料之奇涨又较上海有过之无不及，拟恳援照上海比例准收现

① 《重庆电力公司董事会第 24 次会议纪录》，档案号：0219 - 0002 - 00320，第 75 页。
② 《关于请准援照上海增加电价办法增加重庆电价上经济部、重庆市政府的呈》，档案号：0219 - 0002 - 00024，第 124 ~ 126 页。

行电灯电力电价增加100%，庶几公司生命不致短期崩溃，自知公司此种高度请求似属不情，惟因战事影响物价剧变，为维持现时生存上迫不获已之举，所增电价不能行此事变弭平之较则上司俟物价回复原状时即自动请减价，决不使用户感受长期电价过高之痛苦。"①

1940年，"敌机甚狂轰袭渝市，公司器材损毁至巨，加以市民迁乡，收入锐减，开支激增，无法弥补。经济大有朝不保夕之势。查公司虽为公用事业之一，对社会对每家应当竭力贡献，但负累日重。钧部（经济部——引者注）素注念公司生存，仅造具电价概算表。"② 尤为严重的是"自去年5月敌机频施轰炸以来，本市物价更益飞涨，尤以公司所需五金材料为甚，至燃煤一项较之前日呈准加价之时，煤价仅每吨38.7元，今则涨至62.7元，加80%，复以敌机历次袭渝，公司线路器材损失奇重，又因市民疏散，若干用户无法调查其迁移地点，即无获电费收入，故公司收入锐减，开支激增，数目以致负债之感"。③ 公司呈请经济部予以核定的执行电价（1940年3月）是："电灯电价一律每度3角6分。普通电力电价每度1角2分。普通电热电价一律每度1角8分。合同电力电热电价及其调整办法与大宗用电用户协商规定按照煤价每公吨40元为准。"④ 迄今数目核计损益亏累殊巨，"致使经济已陷绝境"，公司遂于1940年6月"造具新电价概算表，说明增价理由"。⑤ 是年6月20日，公司第51次董事会拟定电价概算表，刘航琛总经理做出说明："鉴于电价太低，电灯、电力之平均发电成本为3角1分7厘，而每度平均售价仅为1角4分7厘，因合同电力有低至9分一些者，若不亟谋补救，不到明年4月本公司资本已亏蚀净尽。"⑥ 会后，公司向经济部说明了拟增电价情况。《重庆电力公司电价概算表》主要内容如下：

（1）燃料消耗：公司每月主要支出暂以每日用煤240公吨及煤价

① 《关于请准援照上海增加电价办法增加重庆电价上经济部、重庆市政府的呈》，档案号：0219 - 0002 - 00024，第124~126页。
② 《关于报送重庆电力公司电价概算表及电度成本统计表等上经济部的呈》，档案号：0219 - 0002 - 00024，第148页。
③ 《关于请准予增加电价上经济部的呈》，档案号：0219 - 0002 - 00024，第158~161页。
④ 《关于请准予增加电价上经济部的呈》，档案号：0219 - 0002 - 00024，第158~161页
⑤ 《重庆电力公司电价概算表》，档案号：0219 - 0002 - 00024，第150~152页。
⑥ 《重庆电力公司第51次董事会商讨向四行借款议案记录》，档案号：0219 - 0002 - 00047，第9~11页。

每公吨 62 元 7 角 5 分为计算标准。

（2）平均发电煤耗以每度耗煤 1.7 公斤为标准。

（3）损失度数以占发电度数 25% 为标准。

（4）售电度数之分配以百分数为标准：（a）每月售电总数（照未轰炸以前数字）3202500 度（100%）；（b）满价电灯售电度数 640500 度（20%）；（c）特价电灯售价度数 356300 度（8%）；（d）合同电力售价度数 1819020 度（56.8%）；（e）普通电力售价度数 384300 度（12%）；（f）合同电热售电度数 32025 度（1%）；（g）普通电热售电度数 22415 度（0.7%）；（h）路灯售电度数 48040 度（1.5%）。

（5）全年电费实收部分与制票总数之比数以 93% 为标准。

（6）1940 年每月经常支出款预算按照以下各项费用为标准：（a）每日 240 公吨，每吨 62 元 7 角 5 分，计 45180000 元；（b）薪工计 5015284 元；（c）劳务费 5895820 元；（d）维持材料 6435690 元；（e）摊提折旧（固定资产金额 550 万元，再以现在物价高涨约至 7 倍以上，即照 7 倍计算为固定资产金额 3850 万元，按照 7% 折旧率计算）22456000 元；（f）呆账损失 1000000 元；（g）兵役保险 6300000 元。以上 7 项共计 94482784 元。

至股息一项依照《公司法》171 案规定应于弥补前期损失及提出法定公债金后方得分派，又战时路线轰炸准备金应在年终结账时按照实在情形于提出公债金及缴纳营利所得税后提出。

（7）全年收入总数之计算以能支付全年经常开支分派股息、摊提战时线路、轰炸损失及尚有利润为原则。

（8）各种电灯电力电热之现在电价：（a）电灯价满价灯一律每度 3 角 6 分，特价灯一律照满价 8 折（每度 2 角 8 分 8 厘）。（b）电力电价系合同电力价格按照煤价每吨 40 元计算，每度最高不得超过 7 分 5 厘。煤价复动时，电价依下列办法调整：甲，煤价每吨在 37 元以上，42 元以下时电价仍旧不予调整。乙，煤价每吨超过 41 元时每超过 5 角，电价每度增加 7 毫 5。丙，煤价每吨不及 37 元时，每相差 5 角电价，每度减少 5 毫。普通电力系每度 1 角（平均价）。（c）电热电价：合同电热与合同电力价相同，普通电热一律每度 1 角 8 分。

（9）电价增加后预计收支状况：（a）每月平均电费收入 4709600 元；（b）每月平均经常开支 9448278.4 元；（c）全年收入总数含电

费收入、营业收入、杂项收入计 6076900.00 元；（d）全年经常支出 11337934.08 元。因而收支相抵呈现出亏损额 5261034.08 元。若再派提股息（400000 元）及摊提战时路线轰炸损失（450000 元），本年全年亏损总额 6201034.08 元。

照《重庆电力公司电价概算表》所列。"1 度电所需成本已达 3 角 1 分 7 厘，平均核定电费 1 角 4 分 7 厘。加之一般用户因电灯之费远低于煤油、菜油用，电愈多，损失愈大，甚至以电炉代替煤炭以求省费，公司电费既已较煤炭为低，损失奇重，不难想象"。[①] 公司遂向当局呼吁提高电价，以弥补营业亏损。而其经营亏损情形如下："公司向自备电厂购电转费索价每度甚至 2 角 8 分，若加入一切其他消费，亦须超过 3 角 1 分 7 厘，原件俱存尽可覆案。兹者寇机肆渝未已，物价指数增至 500% 以上，但电价较之 26 年度仅增加 30% 以下。值总厂机器奉令拆卸一部，如不敷出，长此以往，不遇丰年必致倒闭，是迫不得已再行呈恳增加电价，无论电灯、电力、电热一律照 120% 计算增收，较之一般物价所加未及在半。公司本为公用事业，决不敢有借国难而牟利之心。在政府体念艰难必不使一业，独已无损。且公司在行都之中，加价之后盈亏如何尤易稽考制裁，当无若何流弊，所有上呈因百物飞涨，不能不请予照现在电价增加 120% 以免亏折而利工商缘由。"[②]

就增加电价之缘由，公司认为扩充发电设备需要较大的开支，"例如添购两部新机本应收供电材料、机器备件完全购齐，奈因受经济上束缚未能一时照办，迫迁川工厂纷纷订约时，感察不容再缓乃分次订购：（1）机器配用零件；（2）用户需用之铜线及风雨线；（3）大小变压器；（4）电表及其他零件。上列四项材料先后委托华西公司、安利洋行陆续订购支出英金总额在 3 万磅左右。即送次订购可凭似此巨量英金未请及外汇而税收煤费仍较前增加数倍之，折耗损失亟巨。公司既受股本过低之害，而四行所借之 200 万元早经支付无余，现正请求续借 100 万元即为清偿上列支额之准备。此最近经济窘迫情形也"。[③] 抗战时期燃料价格逐年攀升，公司称："发电经常支出以燃煤为大宗，现在使用新机，每月消耗煤量视前加

---

① 《关于请准予增加电价上经济部的呈》，档案号：0219－0002－00024，第 158～161 页。
② 《关于请准予增加电价上经济部的呈》，档案号：0219－0002－00024，第 158～161 页。
③ 《关于报送增加电价缘由》，档案号：0219－0002－00024，第 45～50 页。

倍，而煤价近又奇涨，计去年（1938年——引者注）2月初与宝源矿业公司订立用煤合同时，定价为每吨8元。到10月订立第2次合同增为每吨10.5元。11月订第3次合同又增为每吨11元。现复与本年（1939年——引者注）10月4日再与宝源公司订约竞增加每吨17元。同时因用量增加，该公司一家不能供应，为准备周密计更向本市三才生炭号订购5000吨，每吨为18元均有合同可查。"① 这表明在短短的一年多时间里，公司燃料成本飞涨，例如，"以宝源矿业公司的新约比较第一次旧约而言，每吨增加9元，以三才生矿业公司新约比较宝源公司第一次旧约而言，每吨增加10元"。② 比较同时期的市场煤价与电价，公司电价调整可谓严重滞后。具体来看，1938年是"以公司章程所载，电灯、电力价目均系按照平时材料及8元一吨煤价计算成本。当煤价由8元涨至11元时，遵照前建设委员会即行电厂营业章程用电合同条例第六条第一项燃料价格调整之规定为'煤价超过1元时其超过数，每5角或5角以内加电费每度国币1厘'，即应增加电费而卒未呈请此以所增负限损失尚轻"。此时电费并未随煤价同步调整。不仅如此，"发电成本以煤之支出，多大宗煤焦验收须随即付款而电费则向系月底抄表再经制票通知派收等手续，故利收者每为两个月以后之电费，因之资金周转时，却不堪加以煤价不时上涨，公司电费又未能比照随予调整，计算累有增加，不但变数甚微，仰且耽延日久，逮至实施，而物价又高倍连年获赔"。③ 在如此艰难情形下，公司"欲略尽非常时期贡献物力于国家社会之微意，故忍茹痛苦，不敢呻吟。今则源之奇涨复感受外汇之巨创重。煎迫力弗腾，倘若不将电价亟待调整、以资补救，则决难维持颠踬，□立见实、再四思维，谨沥困苦"。④ 因而，公司要求"经济部鉴此危情准援前建设委员会调整煤价之规定及俯鉴外汇之损失，赐加现行电灯、电力费30%，统以每月抄定用电银数，照加似此办法较为公允，谨为增加电费之原因及计算方法。仰更有陈此查重庆自来水公司同一区域，同为公用性质；曾于去年以材料上涨，故呈准省府（四川省政府——引者注）增加水费75%。因公司当时并未援例，以致今损失情形

---

① 《关于报送增加电价缘由》，档案号：0219-0002-00024，第45~50页。
② 《关于报送增加电价缘由》，档案号：0219-0002-00024，第45~50页。
③ 《关于核查重庆电力公司业务概况致重庆市临时参议会秘书处的函》，档案号：0219-0002-00090，第55~59页。
④ 《关于报送增加电价缘由》，档案号：0219-0002-00024，第45~50页。

较前尤甚且所加又较自来水公司为少"。①

据此，公司阐明增加电价缘由，但受一些因素的制约，申请提价进展并不顺利，制约因素如下。

第一，战时统制经济政策下公司电价受经济部管制。例如，1942 年 6 月 23 日、26 日和 7 月 1 日，经济部据公司呈请调整电价之事宜，先后三次约集有关机关会商核定电价表。出席单位及人员有：经济部张家祉、朱大经、唐毅、李文虎、程光煜；财政部孙孝续、杜岩雙；内政部师连舫；重庆市政府邓卓哲、胡二瑗；兵工署袁铁忱；工矿调整处陈裕生；燃料管理处丁继明、杨奉百。列席人员：重庆电力公司程本臧。会上拟定公司电价办法如下："电价（1）普通电灯一律每度 2.8 元。（2）特价灯（军警部队照特价计算）一律每度 2.24 元。（3）电力价：一、电价一律每度 1.5元。二、煤价调整以到厂平均价每公吨 377 元为计算标准如煤价变动不及 10 元时，电价不变动；在 10 元以上时，每变动 10 元电价每度随之增加 2 分 2 厘。（4）工业用电热价为：电力及煤价调整办法均与电缆料相同。（5）普通电热价一律每度 4.5 元。均自 1942 年 7 月起实行。"② 而经济部拟定的电价与公司先前于 1942 年第 66 次董事会上议决向政府申请增加电费案拟定的电价差异较大。具体来看，公司依照"预算电力价每度需 1.6元，电灯价每度需 3.3 元并请规定调整电价办法即以后煤价每涨一元，电力电灯电价每度均增高 5 厘以免随时须呈请重核电价之方案"。③ 但公司拟定之电价较经济部所定价格要高，故未能被当局批准。在当时社会各界要求当局应对恶性通货膨胀，解决物价问题，限制物价上涨的背景下，经济部认为，电力作为公用事业不能轻易加价，应首保民生，对公司电价予以"压制"。

经济部要求公司"尤应切实研讨，俾期事业发展"。其要点如下："其一，查自 1934 年接办迄今对于公司组织规程及办事细则等项规定，素未拟订，因之内部组织系统分歧，人事纷扰，职员不明，行其各素，工作进行，诸乏联系，逐致公司全部事业推行，无由准则，似应首将公司组织规程明白，确定办事细则，详为厘订，庶各项设施，均有范轨。公司收入

---

① 《关于报送增加电价缘由》，档案号：0219 - 0002 - 00024，第 45 ~ 50 页。
② 《关于检送重庆电力公司请加电价案会议记录致邓卓哲、胡二瑗的函（附会议记录）》，档案号：0067 - 0011 - 00005，第 62 ~ 65 页。
③ 《重庆电力公司第 66 次董事会决议记录》，档案号：0219 - 0002 - 00047，第 1 ~ 5 页。

之增加，固有赖业务之推进也。现查军警机关之窃电，已属秘密公开之。普通即商号住户，亦时见不鲜，揆厥原有，似由于窃电取缔组现行办法之欠善，及与用户股和三办事处未能密切联系，遂使蒙此重大损失，亟应将办法从速改善，以增收入。其二，际兹非常时期对物料之撙节，自属要务，应对设计工程上，竭力设法使用代用品，借省减轻成本，如胶皮线、风雨线至或可改用，用裸铜线及角铁之或可改用木横担，务使物料节省减轻成本，嗣后更应互相研究，力求材料合理化。其三，沙坪坝与鹅公岩之通讯设备，尚未装置，因之双方消息不密，供电修理迟缓，拟请早日装设、以利通讯。并利用渝市久无空袭时分别赴各处测量电压，如有相差过多者，即可设法调整，务使各处用电压得以迅速平衡。论鉴拟公司开源节流办法识以为用，应尽量利用全部发电量，并认真窃电取缔工作，以裕收入。节流方面，设计工程应力求材料合理化，并就开支费用亦应力求紧缩，务期材不虚耗，款不虚糜为准。"[1] 经济部认为，公司需在业务方面加以整顿，以取得经营绩效，而对公司所申请之提价问题没有做出正面回复。

第二，各用电单位积欠电费问题较为突出，致使公司征收电费甚为困难。1940~1941 年，军事委员会兵工署所属各工厂"以公司增加电价未及兵工署同意，追加预算，亦未获经济部、军政部同意允许为理由，拒绝照新电价付费。其中，第 10 及第 20 两厂虽已照新电价结付 6 月份电费，复来函要求公司扣还照新价多付之电费"。[2]1942 年 12 月 16 日公司第 61 次董事会报告："本年 6 月份起增加电价后，预算每月收入可逾 200 万元，实际每月平均收入约 170 万元左右。11 月份实收电费 280 万元，本月已收进 140 余万元，现应收未收电费约 420 至 430 万元，兵工厂因拒照新电价付费未解决电费约近百余万元，经多方疏通交涉已得通知承认照付。其他大电力用户积欠约 150 至 160 万元，正竭力洽收中，余系新出票据，应收未收票据实仅 7000 余张，不足一个月制出额。党政军机关电费办理最为困难，积存票据较多，金额约在 15 万元左右"。[3] 公司电价本不敷成本，

① 《关于拟具经济部指示单意见数点上浦心雅、程本藏的呈》，档案号：0219 - 0002 - 00053，第 167~170 页。

② 《关于转饬军政部兵工署所属工厂自 6 月 1 日起照新电价付费上军政部、经济部的呈》，档案号：0219 - 0002 - 00013，第 29~32 页。

③ 《重庆电力公司第 61 次董事会决议录》，档案号：0219 - 0002 - 00047，第 1~2 页。

而各兵工厂电费占公司收入之大部分，今拒绝照新价付费影响至巨，其以至影响公司生存。这时"公司只求仅以维持，不冀利润的境况下，然必须如能敷出，方能生存，自抗战以来历年亏损欠债甚巨，无法再借，全赖电费收入以维持发电；目前灯、煤、材料、人工等日涨，不能不加价之苦衷"。① 由此可见公司加价愿望之迫切。

在抗战后期的通胀压力下，发电成本日增，公司遂有提价之诉求。1943 年 2 月 20 日，公司举行第 74 次董事会，仍决议向经济部、市政府呈请提高电价："电价系由经济部于去年（1942 年——引者注）3 月煤价在300 余元时核定，现平均煤价已涨至 890 余元。经济部取消电力用电煤价调整费之办法重行核定，电力电价每度为 2.56 元，仅加 1.06 元，即以调整费计尚不止此电灯电价，复未蒙加。虽有用电超过百度，其超过度数加倍收费之规定，但为数究属有限，公司将不胜赔累，已其呈国家总动员会议、经济部、市政府请求核定电力电价，即每度为 3.6 元，电灯电价每度为 6.8 元，并经分别向孔副院长、沈秘书长、翁部长、徐部长陈明困难，请求维持，虽均以同情，惟事商限价政策，短期内恐难为愿以偿。政府或照补助自来水公司办法予以补助，但可能补助之数决不能补助损失，因而即须提价。"②

当局回函却是："增加电价各方均表同期，惟最高当局对于公用事业加价非经其核准不生效力，主管机关又不须签请核示，加价办法遂致搁浅。"③ 战时通货膨胀严重，物价迭涨，重庆市民对关系国计民生的电力事业十分关注。为安定人心，稳定社会秩序，国民政府对该行业实行限价政策。1942 年 11 月国家总动员会议通过《管制物价方案》，后又陆续颁布《限价实施办法》和《限价议价物品补充办法》等条例，对限价环节做了较为详细的规定。表面上，当局在采取限价办法进行反通胀。实际上，恶性通货膨胀已如脱缰之马，政府仅靠行政限价是无法解决物价问题的，尽管在限价政策的管制下，公司电价在一定时间内得到限制，但是其高昂的生产成本早已超过了经济部核定的电价，致使公司亏损严重。1943 年 7 月 20 日，公司第 78 次董事会上，总经理浦心雅报告请核加电价并补

① 《关于转饬军政部兵工署所属工厂自 6 月 1 日起照新电价付费上军政部、经济部的呈》，档案号：0219 - 0002 - 00013，第 29 ~ 32 页。
② 《重庆电力公司第 74 次董事会决议录》，档案号：0219 - 0002 - 00323，第 49 ~ 50 页。
③ 《重庆电力公司第 76 次董事会决议录》，档案号：0219 - 0002 - 00325，第 55 ~ 58 页。

助亏损案办理经过时指出："呈请核加电价并补助亏损案除书面请求外，经一再向各方面陈困难，先由经济部核具意见，再送国家总动员会议另经签孔副院长核交行政院，请院以事关限价又移送国家总动员会议复由孔副院长批饬该会移回致院辗转。"[1]

经公司多方努力，行政院同意其提高电价之申请，照经济部核定办法通过，计电力价每度由 2.7 元改为 5 元，电灯价由每度 4.4 元第一级加为 10 元，第二级加为 15 元。1943 年 8 月 24 日经济部通知，"行政院令知审查本公司补助及电价案检发电价表饬及遵照办理"，"遵即自 7 月 1 日起所用电度概照新价计算其 7、8 两月用电额度。已按旧价缴付者照算补收（7 月底以前，例如于 7 月 20 日抄表者，此一个月间有 6 月份用电在 10 日内，按该 20 日共用电度之每日平均数照新价来补收新旧差价——引者注）"。[2]

此时公司电价情况如表 6 - 4 所示。

表 6 - 4 公司电价概况

（1）普通电灯，按电表安培数及每月抄见度数电价分级合并计

级 别	第一级	第二级
每安培每月用电度数	10 度以下	超过 10 度
电价（国币）	每度 10 元	其超过度数每度 15 元

（2）特价电灯（军警部队照特价计算）

级别	第一级	第二级
每安培每月用电度数	10 度以下	超过 10 度
电价（国币）	每度 8 元	其超过度数每度 12 元

（3）路灯计算

瓦特数	50	75	100
每盏月电价（国币）	90 元	135 元	180 元

资料来源：《关于重庆电力公司增加电价的通知书》，档案号：0053 - 0025 - 00045，第 4 页。

结合表 6 - 4，"电价随煤价调整以到厂平均煤价每公吨 1250 元为计算

---

[1] 《重庆电力公司第 78 次董事会决议录》，档案号：0219 - 0002 - 00325，第 67~73 页。
[2] 《关于重庆电力公司增加电价的通知书》，档案号：0053 - 0025 - 00045，第 4 页。

标准，如煤价变动不及 10 元时，电价则不改；如变动在 10 元以上时，每变动 10 元电价每度随之增减 5 分。工业用电方面，电价与煤价调整办法均与电力相同，各项办法自 1943 年 7 月起实行"。①

1943 年后，国内经济形势进一步恶化，物价上涨也愈加厉害。"重庆物价指数的 126 到 1942 年达到 4408，1943 年攀升到 13298，1944 年更攀升到 43050"。② 随着物价步涨，公司电价之攀升不可避免。1944 年初，公司再次呈请当局提高电价，以应对通胀危机。同年 3 月，全市各大煤矿煤价再度增加 60%，公司遂收支失衡，亏累甚巨。公司从收支平衡考虑，认为"须核定电力每度为 9 元满价，在十度以内者每度为 14 元，十度以上者每超过一度为 22 元，特价煤照与满价 8 折为 12.2 元，16.8 元尽以属市民享用，列入电费成本内计算，不另收费，收支助抵，尚盈余 765748 元，否则面临亏折"。但重庆市政府认为，"电气事业系公用之一种，自非普通商业专以年利为目的。本府（重庆市政府——引者注）管理该公司业务，对于调整电价，系以利润与市民利益应同时兼顾，不同意公司新增电价之请求"。1944 年 4 月 7 日，重庆市政府召集各有关机构与重庆电力股份有限公司商讨增加电价方案，"决定仍按照经济部核定电价电力每度为 9.1 元满价，将在 10 度以内计每度为 16 元，10 度以上者计每度为 25 元，特价与满价 8 折，每度分别为 12.8 元与 20 元。路灯电费每度每月为 3 元，列入电费成本计算须由市政府均计全市每月路灯电费为 315591 元，收支助抵 11314738 元"。③ 重庆市政府与经济部通过了此方案。国家总动员会议也派员会同经济部另外核定本案。④ 1944 年 10 月重庆电力股份有限公司增价说明如表 6-5 所示。

从表 6-5 可以看出，公司日常开支巨大，每月达 69300000 元，电力加价虽一定程度上弥补了开支缺口，但公司仍面临严重跌亏。实际上政府对公司采取贴补政策与允许公司适度提高电价，其目的仍是抑制电价的过快上涨。1943 年 6 月 21 日重庆市政府发文："查本市各民营事业加价应先由

---

① 《关于重庆电力公司增加电价的通知书》，档案号：0053-0025-00045，第 4 页。

② 陆满平、贾秀岩：《民国价格史》，第 153 页。

③ 《关于将重庆电力股份有限公司划归经济部管理上重庆市政府的呈》，档案号：0067-0011-00002，第 48~50 页。

④ 《关于抄发电价增加办理情形给重庆电力股份有限公司的指令》，档案号：0067-0011-00002，第 111~112 页。

表 6 – 5　1944 年 10 月重庆电力股份有限公司增价说明

类　别	公司报告及申请摘要			重庆市政府签核意见
	科　目	数额（元）	请求事项	
每月开支预算（1944 年 10 月份）	燃料消耗 材料消耗 薪工津贴 事务费用 购电费用 兵险火险 债款利息 折旧 呆账 税捐 奖恤准备 合法利润 总　计	22000000 64000000 18000000 4000000 6000000 700000 1300000 2500000 2000000 2300000 3600000 500000 69300000	（一）请贷 4600 万元购储燃煤 2 万吨； （二）请贷 2 万万元购储需用材料； （三）现在每月只提 2 余万元，请求准提高 20 倍； （四）请求缓征	（一）该公司储燃煤 2 万余吨，几个月来因赔无款购煤，全已烧完，应照补储，提准照贷； （二）连年轰炸，该公司损失不赀，陆续补充，又以几个月来无款购储，应用殆尽，现在交通不便，应速协助补充，准予贷款以免青黄不接； （三）电料器材涨度最高至数千倍者，照作资产入账，一旦战事结束，物价平衡，亏损实属过巨，拟准照加 20 倍，以资抵补； （四）该公司既日常赔累并由政府贴补，所有利得税及营业税拟准暂予缓征，至所得税及印花税拟令继续照缴
成本计算	每月发电度数 5300000 度 购电度数 500000 度 共计 5800000 度 实售电度数 4060000 度 售电成本 69300000 总开支 10000000 贴补 59300000	（一）政府津贴 1000 万元； （二）现在电力加价，煤价调整费每度实收 11、80 元，请改为 12 元； （三）电灯第一级每度 20 元，第二级每度 30 元，以现在平均到厂煤价 2250 元为标准，以后煤价每加 5 元，每度收调整费 5 分； （四）电力每度 14 元； （五）电灯第一级每度 24 元，第二级每度 36 元。以现在平均到厂煤价 2250 元为标准，以后煤价每吨加 5 元，电力及商店与住户电灯每度一律收煤价调整费 5 分	（一）电力每度 12 元； （二）商店及住户电灯第一级每度 20 元，第二级每度 36 元； （三）各级政府、机关电灯第一级每度 10 元，第二级每度 18 元； （四）路灯免费； （五）政府每月再贴补 2500000 元。前已核准 10000000 元继续支付； （六）将来煤价如有变动，以现在平均到厂煤价 2250 元为标准。如每吨煤加 5 元，电力及商店与住户电灯每度一律收煤价调整费 5 分，政府贴补亦随增加（关于电力部分，前经经济部核准随煤价调整）

资料来源：《重庆电力公司增价说明表》，档案号：0053 – 0030 – 00210。

重庆市政府核签意见，奉行政院指令应由地方监督机关签发，是以依据《民营公用事业监督条例》第 7 条之规定。"① 其导致的结果是："当局核定公司不能加价，每月仅补助 1000 万元，公司的加价请求是毫无结果。"② 客观而言，抗战以来社会物价连年上涨，货币贬值，电价涨幅远远落后于物价。而当局核定电价的行政效率低下，调整价格的时间间距较长，显得十分迟缓。社会物价上涨迅猛，致使公司严重亏折。至 1944 年 12 月，电价"自 1943 年 7 月调整后，迄今 1 年又 5 个月，始终未蒙调整，而一般器材与发电成本，莫不继涨增高，以故公司成本负累，亏损甚深。此种种困难情形早蒙社会人士所洞察。嗣经公司不断呼吁，分别呈请，复蒙社会舆论之协助，始荷改府核定不准加价。自本年 6 月份起每月补贴 1000 万元。是时公司亏赔每月已达 2500 万元"。③

综上，1937 年公司核定的电价平均每度仅 0.28 元，1944 年已经提高到平均每度 10 元，"约合战前每度电价 2 角 8 分的 36 倍。但衡之目前几近千倍的物价，就此一点，已可说明公司经济困难"。④ 战时重庆地区物价、电价指数变化如表 6 - 6 所示。战时重庆电力股份有限公司电价调整情况如表 6 - 7 所示。

表 6 - 6　战时重庆地区物价、电价指数变化

年份	熟米	煤	单相电表	变压器	透平油	瓷瓶	铜线	木杆	电光	电力
1937	100	100	100	100	100	100	100	100	100	100
1944	530	212	458	1090	1744	358	300	576	35	50

资料来源：四川省电力工业志编辑室编《四川电业志资料汇编 1》，第 100 页。

价格是资源分配的表现形式，其高低取决于成本与供求关系。因此，电价则是"决定电力生产成本是否得到补偿和电力销售收入高低的重要因素"。⑤ 在战时物料成本上涨和社会用电需求剧增、供需紧张的境况下，公

① 《关于检送重庆市民营事业加价应先由地方监督机关签具意见转呈中央主管核准给重庆电力公司的训令》，档案号：0219 - 0002 - 00090，第 211 ~ 212 页。
② 《关于重庆电力公司》，《新华日报》1944 年 8 月 15 日，第 3 版。
③ 《重庆电力公司现状》，档案号：0219 - 0002 - 00283，第 51、58 页。
④ 《关于重庆电力公司》，《新华日报》1944 年 8 月 18 日，第 3 版。
⑤ 四川省电力工业志编纂委员会编《四川省电力工业志》，第 383 页。

表 6 – 7　战时重庆电力股份有限公司电价调整情况

时间	电光价（元/千瓦时）	电力（包括电热）价（元/千瓦时）	大宗用户附加煤价附加调整费（元/千瓦时）
1937 年	0.28	0.11	—
1939 年 6 月	0.28	0.06 ~ 0.09	—
1940 年 3 月	0.36	0.09 ~ 0.12	0.0075
1940 年 9 月	0.65	0.22 ~ 0.27	0.0082
1941 年 6 月	1.20 ~ 2	0.7	0.11
1942 年 7 月	2.80	1.50	0.22
1943 年 1 月	2.8 ~ 5.6	2.56	0.05
1943 年 5 月	4.4 ~ 6.6	2.7	0.5
1943 年 7 月	10 ~ 15	5	0.35
1945 年 4 月	30	23.7	0.70

资料来源：重庆市地方志编纂委员会编《重庆市志》第 4 卷（上），第 205 页。

司只有提升电价且涨幅超出其成本涨幅，才能获取营业利润。受统制经济限价政策①的制约，电价的涨幅远远低于其成本涨幅，故公司深受赔累之苦。政府对公司进行电价管制，使得电价严重背离了价值，酿成公司经营危机。对此，重庆《新华日报》评论道："自 1943 年 7 月份所核定之电价，至 1944 年 2 月，电力公司深感赔累之苦，即着手请求电价的调整。但电力公司却始终得不到调整，尽管政府采取增补贴补电价，但物价是天天上涨，这些补贴当然解决不了问题，相反使其走向困难。不准加价与贴补的结果早已损害了电力公司的健康，大大削弱了它的工作机能。冀希望政府予以合理的电价调整，解决月月亏折、月月负债的现象，以慰其历年的创伤。"②

_____

①　当局为应对恶性通货膨胀，解决物价问题，运用国家力量，采取非常手段对物价加以控制。当局认为，电力行业为公用事业，为保民生、安定人心、稳定社会，应对电价进行"限制"。据相关档案，1943 年 7 月 ~1945 年 1 月，社会生活指数上涨 7 倍，煤价增加 4 倍，公司材料费用猛增，公司每月需 1.6 亿元，而政府审核之电价连补贴每月仅 7000 万元，不敷甚巨。参阅《重庆电力公司董、监联系会议记录》，档案号：0219 - 0002 - 00327，第 3 ~ 4 页。

②　《论电与重庆电力公司》，《新华日报》1945 年 7 月 15 日，第 3 版。

第三节　窃电问题及其对公司的负面影响

　　窃电问题是个体道德素质低下的反映，源于社会经济发展水平不高。抗战中后期，大后方经济的持续衰退与物价上涨导致人们面临着空前的就业压力。在近代中国工业现代化进程中，产业工人在城市职业结构中占有十分重要的地位。但受工商业发展水平及城市规模的限制，城市虽为社会创造了许多就业机会，但其经济容量和接纳容量毕竟有限。激增的后方人口使面临战时经济持续衰退的大后方劳动力市场受到更大的冲击。无业人员占如此之高的比例反映出劳动力过剩对大后方的影响。中国近代工业化水平偏低，大量的难民又缺乏谋生技能，流入大城市的难民难以在现代产业部门得到合适的职位。严重的职业结构失衡、商业吸纳劳动力数量大于工业、服务人员数量大于产业工人、无业游民大量存在等畸形现象，是"近代中国农业危机与农村破产、城市商业的畸形繁荣所造成，非城市化与工业化的自然拉动"。① 在战时后方城市中，人多事杂，再加上敌机的不断轰炸，使得城市秩序混乱，管理异常困难。社会的动荡与生活的困窘使市民通过嫖娼、偷盗、赌博等方式来发泄对社会的不满，引发了严重的社会问题，其中偷盗问题最为严重。1941 年 2 月 7 日，重庆市警察局颁布的防缉窃盗计划中说："最近本市迭遭空袭，灾区广大，灾民繁众。虽经赈济机关办理急赈，施行普济，然而僧多粥少，受惠仍微，因此生活无着落之市民，乃多铤而走险，流为盗窃。尤其年来生活程度日高，物价飞涨，一般雇佣工人工资微薄，与无业游民无法生活，因而内外相应，巧计百出。外来人口较多，各分局长警对于各该管区户口情形未尽了明，对于境内可疑人口，难经调查登记，未行统制管理，窃盗尤为活跃。"② 由此可见战时重庆社会治安问题严重，而治安欠佳的问题也表现为窃电与盗电问题严重。进言之，窃电问题严重影响公司的供用电管理秩序。例如，重庆自"5·3、5·4 轰炸以后，用户被炸或疏散市郊者甚多，电表之清查，颇感困难。以后用户如有迁移，务请照章申请过户。新户亦须履行手续，

---

① 张超:《民国娼妓盛衰》，社会科学文献出版社，2009，第 58 页。
② 重庆市档案馆、重庆师范大学合编《中华民国战时首都档案文献汇编　第 3 卷　战时社会》，第 228 页。

若接用前户户名，本公司不易考查，流弊甚多"。① 在电表管理较为混乱的情况下，"常有强用窃用电流情事发现"。② 战时重庆电力供需矛盾突出，经常停电，电力紧俏，窃电现象实属常态。驻地重庆的"国民党军政机关及其所属事业和人员，大多通过窃电、强行用电、拒付电费、优待电价等方式偷电"，③ 这使得窃电、强用电流现象更为突出。1944 年 9 月，重庆电力股份有限公司《业务调查报告》指出："公司售出电度约占实际输出电度总额 73% 强，其他 27% 为路线漏耗、机关强接电流及用户窃电之损失，尤以窃电为最巨。"④ 据统计："1936 年公司窃电案件年度 64 件，1939 年达到了 532 件，至抗战末期 1945 年高达 1528 件。"⑤

窃电现象大致可分为以下四种情形：

> 其一，无表用电，在接户线或低压线上私自接，复利用窃电转售他人，是在夜间照明钩接，白昼不易发现。其二，电表窃电，在电表以外另接大线达室内灯线窃取电流或将电表大门封印毁坏，折借进出线接头电表送转减少电度或将接头铜伴松脱，折断线路，使供电表不转，大量窃用电流或利用其他换线及电器工程上之技术，窃电此种类尚多。其三，以电力线接电灯，以电灯线接在电力表线路上，用电换取低压电费。其四，强用电流，为盗窃之用户无限制在线路上接用电流，虽有军警维持，实无法取缔。⑥

通过分析公司发电数据也能看出公司窃电损失甚为严重。据统计，"1941 年公司第一、第二两厂发电总度数为 3441 万 8753 度；售电及自用电度约 2430 万度，约占发电度数 70%；其余 30% 除线路损失外，即为窃电损失。窃电用户大致分为以下种类：（1）奉经济部令停止报装新户，因不获正式接电而窃电者。（2）党政军机关借口预算不敷而窃电。（3）党政军机关虽装电表，然借预算不敷拒付电费。（4）宪警机关视窃电为荣。

---

① 《渝电力公司吁请用电户合作》，《实业通讯》1940 年创刊号，第 33 页。
② 《渝电力公司吁请用电户合作》，《实业通讯》1940 年创刊号，第 33 页。
③ 四川省电力工业志编辑室编《四川电业志资料汇编 1》，第 132 页。
④ 重庆市档案馆、重庆师范大学合编《中华民国战时首都档案文献汇编　第 4 卷　战时工业》，第 328 页。
⑤ 四川省电力工业志编辑室编《四川电业志资料汇编 1》，第 132 页。
⑥ 《重庆电力公司业务概况及整理经过》，档案号：0219 - 0002 - 00116，第 7~19 页。

（5）机关部队自行窃电又转售附近居民渔利。（6）临时驻防部队"。① 其中，军警及基层官员等群体窃电现象十分严重。据资料记载，"重庆南岸某高射炮营曾窃电并转卖牟利；保长洪紫铭、把头黄绍臣沆瀣一气，窃电转卖飞仙寺一带居民多达 96 户，每盏收费 20 元"。②

由于窃电问题严重影响了公司的经营绩效，故公司采取了相关的措施来制止窃电行为的发生。

首先是厉行《重庆电力公司拟具限制装表窃电处理意见》中的规定。抗战中后期窃电之风日盛，一方面影响兵工生产，另一方面攸关国民道德，"以其装接每达程式，尤虑危害公众安全"，应彻底检查并拟斟酌处理如下："第一，适于解决宪警稽查机关的窃电行为。一是拟请卫戍司令部、宪兵司令部暨警察局将必需用电之附属机关地址开单交由电力公司（已装表者亦请列入）一律装表供电。二是由宪警暨稽查机关装表一律免收补助费保押金，其已无表用电者并免缴赔款，以示优待。三是拟请宪警暨稽查机关通令所属装表后不得避表用电或供给其他用户用电，如须移表应通知电力公司办理，如不续用并应通知电力公司将表拆回。四是宪警暨稽查机关所装之电表及其他接电器材拟请卫戍总司令部、宪兵司令部暨警察局予以保障，如有遗失被窃情事，电力公司得请部局予以照价赔偿。五是宪警暨稽查机关之电费一律照特价即 8 折计算。六是宪警暨稽查机关用电拟按月由电力公司派员抄表时，请用电机关负责人在抄录单上签盖证明按月由电力公司将电费收据连同抄录单送请卫戍司令部宪兵司令部暨警察局汇总给付。七是宪警暨稽查人员之私人住宅用电拟照一般用户办理。第二，适于解决党政机构人员窃电行为。措施是：1. 党政机关之无表用电者一经查觉，拟即为其装表呈报工务局备案。2. 党政机关仍照经济部核定办法照缴一切装表费用并照装表第 1 个月之用电度数缴付 3 个月至 6 个月之赔款。解决一般用户的窃电行为是：对于工厂住户商店之无表用电者一经查获照经济部所颁法规追偿赔费，其不遵缴者并拟请治安机关予以协助。查获之窃电用户经缴付赔款复拟由电力公司每周报由工务局备案。"③ 按照当局拟定的办法，公司于 1943 年 1 月 16 日召开的应对窃电专题会议认为："在民众方面，

---

① 《重庆电力公司所列之窃电用户数种》，档案号：0219 - 0002 - 00310，第 77 ~ 78 页。
② 四川省电力工业志编辑室编《四川电业志资料汇编 1》，第 133 页。
③ 《重庆电力公司拟具限制装表窃电处理意见》，档案号：0219 - 0002 - 00110，第 7 页。

以根据建设委员会 1937 年 7 月 1 日第一次修正之《电气事业人处理窃电规则》第五条规定：凡窃电者，经查实后，由电气事业人通知该用户限期赔偿损失。对于凡窃电住户，经通知未依限办理者，电气事业人对一般住户，应申请重庆市警察局传案法办，必要时由警察局转送地方法院处理，至对军警政各机关部队所属人员住宅应呈请卫戍总部通知该户主管转饬送办，必要时由卫戍总部呈请军事委员会转饬依法究办具要。在机关方面，采取由重庆卫戍司令部依照军委会于 1942 年 1 月颁发《取缔军警政机关部队及所属人员强用电流之规定》布告缩小翻印。送请军委会盖印分发各检查队应用，并由电力公司制具'重庆市节约用电检查队'臂章，送请卫戍总部盖印，检查时各检查队必须佩带臂章及翻印之布告。尤其是对于凡未按照规定用电之各机关部队，经查实后，电力公司应规定时间通知该机关照章办理。经通知仍未依限办理者，电力公司一面呈请卫戍总部通知该机关办理，一面派员剪灭停电，必要时由卫戍总部呈报军委会严饬送办。"① 会议记录对如何制止窃电行为做了详细说明，是公司应对窃电问题的文本依据。

其次，以整顿业务的方式应对窃电问题。一是充实设备。公司认为，出现窃电的原因之一是现在发电能力不足，供应紧张，因而要求购电特供等方式须顾及供电能力，"充分供给需要外，自允充实设备，经呈请行政院附收重置发电设备费，按月存入国家银行专款存储以备扩充"。二是严加取缔窃电，减少窃电所受之损失。针对"以前检查人员太少，各方联系上未臻紧凑，致鲜成效"的问题，须健全本公司用电检查组织，增设熟悉业务之训练人员若干人，不断执行检查任务。"当须裁减人员以节开支，若再向外增雇，殊是违紧缩之旨。因就本公司各单位中择优适宜于外勤工作者，随时调派检查组工作，庶几双方均收实效。"三是对机关学校用电实施优待办法进行调整。按每安培每月用电在 10 度以内照普通电价三分之一付费，每安培超过 10 度以外，此超过电度则照实际电价付费。关于优待付费办法，公司实施"中间除三分之一，由各机关学校付现三分之一，饬三分之一原案规定请中央补助"。对普通用户，要求"收费人员依照每次所领应收票额，由收费股酌定区间之难易，限期清扫，其结果按领、缴退之百分比分别订定责任额

---

① 《重庆电力公司窃电取缔会议记录》，档案号：0219 - 0002 - 00137，第 19 页。

为：甲等区域：90%；乙等区域：85%；丙等区域：80%"。① 该举措旨在强化收费员责任意识，降低电流损失比例。四是取缔黑市电表。自公司缺表以来，"不尚之人利用机会，造成黑市电表交易，行为以致皂白，不分影响。公司信誉亟大，兹经设法取缔之后，业已逐缴，趋入正轨，目前办理情形其步骤各次：（A）考核合法用户，过去电表一经过开关之开放之说，即是一人登记，若干电表之件及合格登记取为公司保押金收取以后，即用黑市卖出，买主自向公司办理迁办过户手续，现在须由用户自备电表，本公司方能接受安装。凡以前已收费而未装出之电表除查照系原直接用户，实因房屋纠纷迁移而又经公司批准在新址物装于此，解决查明实不符合，皆不仍经意迁移过户更名用以防止转卖行为或可消泯前种种之不合理现象而供业务遵人正执。（B）改善收购用户自备电表办法：过去公司收购用户自备电表办法未臻完善，供不肖之徒利用机会造成黑市交易，现在除已由公司向各报登载取消收购自备电表办法外，今后凡用户自备表，此电表主权原于用户不收押金并须用户亲函公司办理手续，谢绝请托代办。函已收购而未装出之表不及亦有迁移更名过户情事，今后自办可减免前干流弊，尽可消释用户种种误会"。②

最后，对窃电行为严加取缔。如在取缔居民用户窃电方面，1944 年 4 月，国府路一带 8 家用电户以有紧急公务带家料理，无灯不便，于当月 8 日由国府路 153 号门外接线用电。对于这种接电不规范的情形，20 日，公司要求"对于未采用包灯制新户用电必须向市政府工务局申请，在未奉核准以前请即停止用电，并派员切实取缔"。③ 在取缔工厂窃电方面，主要是取缔其不规范的用电安装设备。如一次"公司赴军政部、制呢厂、李家湾等分厂洽商该分厂装置灯力电表事时，发现该厂所用之灯全系皮线接与变压器上。当即嘱其早来公司办理装置灯表手续以符公司定章。殊该厂（制呢厂）竟不见装置灯表，仅愿装安电力表，忽视《公司营业章程》并有损失国民政府《公司法》，亦为不贯彻公司立法精神，计当即报，取缔

---

① 四川省电力工业志编辑室编《四川省电业志资料汇编 3》，第 210 页。
② 《重庆电力公司业务概况及整理经过》，档案号：0219 - 0002 - 00116，第 7～19 页。
③ 《公司关于派员前往取缔国府路各窃电户致重庆电力公司用电检查组的函》，档案号：0219 - 0002 - 00099，第 33～34 页。

在案"。① 另一次是"由公司窃电取缔组赴李家湾该分厂进变压器室则见平时窃电用之皮线已移挂于墙壁上，另一灯之皮线（窃电时亦挂于变压器上）散落于变压器旁，由此种情形，观之关系，该厂临时将线取下隐藏所致。当时窃电取缔组以挂线未去，以后仍可窃电且虑内有挂线是为公司所不许，当即会同该处职员将变压器室之挂线剪下，并告其以后不能有此种情形发生"。② 尽管公司采取了一些制止窃电的措施，但窃电之风仍盛行于世。究其原因，公司认为："取缔窃电行为甚为困难，除去经济部令停止报装新户，因不获正式接电而窃电者经查觉后照章办理，其他各种窃电用户，在执行取缔时甚为困难。"这表现在："（1）不准取缔人员入内检查，动施威吓手续甚至毁辱扣押执行人员；（2）以治安不便，剪线停电；（3）即经查觉，在准重正式供电前多置不理，随剪随接；（4）供电区域辽阔，稽查困难；（5）注入战争因素，临时驻防部队随来随去，事实上更无法取缔；（6）关于党政军机关窃电及不付费用，用户业经查获而未解决。"③

为此，公司已呈请最高当局拟定最严厉处置办法，并由各治安机关派员会同分区按户清查落实处置，但收效甚微。1943 年 5 月 30 日，公司总经理浦心雅将窃电问题呈报市政府："窃电之户增多，为提高社会道德，减少损失曾先后贵呈用电检查办法及工作周报表。电请鉴察各在案，惟窃电之户虽经查觉，不予装表，仍必续窃；乃核定以便装表而免续窃一案，奉 4 月来一面以其早已用电于几总负荷并无出入而近来因工厂决不愿自动请装增加支出。令饬即转知遵照规定到局办理申请用电。照缩电流供应勉强可以支配。为求多少解决窃电问题，免及随查随窃，难期实效起见。"④
1944 年 10 月 5 日，公司临时维持委员会第 4 次会议指出，尽管已采取了"组织用电检查组严切取缔窃电及强用电流等项，实行以来遂收宏效，但

---

① 《关于报送办理取缔窃电工作经过情形上刘泽民的呈》，档案号：0219 - 0002 - 00137，第 161 ~ 163 页。
② 《关于报送办理取缔窃电工作经过情形上刘泽民的呈》，档案号：0219 - 0002 - 00137，第 161 ~ 163 页。
③ 《重庆电力公司所列之窃电用户数种》，档案号：0219 - 0002 - 00310，第 77 ~ 78 页。
④ 《关于减少损失解决窃电问题准予给窃户装表致重庆市政府的代电》，档案号：0219 - 0002 - 00085，第 132 页。

阻碍多端"。① 因为窃电之户大都为"宪警、部队及政府机关，无不遵向均局申请用电。随剪随接，对之毫无办法。伏思此等窃户为不即予装表继续窃用：实际于发电负荷毫无出入，而受损甚大"。② 由此可见，公司取缔窃电行为的成效并不显著。

窃电问题给公司经营管理带来负面效应。一是影响正常的电力供应。战时重庆电力股份有限公司"本电力有限，现在负责供给国防民生工业，使命甚重，已苦不能尽量承荷。然对于窃电情事，却致某一区域电灯不明，变压器烧坏，直接破坏全体分配计划及电机安全，间接使正常用户受灯光暗淡、电力不足之苦"。③ 二是影响了公司经营绩效。由于"窃电之户日益增多，用户积欠电费至数百万元。尽管派员催收，却置之不理。影响线路电灯不明，许多用户常以此为推付电费之口实。切实取缔而不许装表，虽收实效，然积欠损失仍为公司亏赔原因之一。这对公司经营效益带来极大影响，电费收费距理想甚远。如 1945 年 5 月，公司发电机购电费度数为 6458039 度，抄见度数为 3891500 度，窃电电流为 2567539 度，约占 40%，以当月份电价每度 795.7 元，计共损失国币 204299782.3 元。此种行为不但妨碍公司营业，亦影响正当用户之光明及安全。刻公司正尽力取缔中，当望政府及市民之合作协助"。④ 在取缔窃电行为时，公司与机关部队还发生了冲突，如"1942 年 8 月 25 日公司对于取缔窃电及强用电流办法应即遵照迭次指示，拟具切实处理办法，呈部核准请有关机关负责协助。窃查窃电及强用电流，多属机关部队，在外勤人员查获时，各机关部队人员，不谓已函公司请求装表相搪塞，即以经费作借口，甚至互相推诿，负责无人，致交涉毫无结果，而在外勤人员被迫执行停止时，各机关部队人员司始出面横加干涉，且有纵令公役杂兵殴辱外勤员工，酿成种种不幸事件，而公司为一商业组织，虽经政府及主管官署善心维护，然对此种事件，亦莫可如何。因之取缔虽严，而窃用强用之风仍炽，以致电流虚耗，权益被损，且影响国防工业。拟请呈请，经济部函请有关机关转饬所

---

① 《重庆电力公司临时维持委员会第 4 次会议记录》，档案号：0219 - 0002 - 00283，第 20 ~ 21 页。
② 《关于减少损失解决窃电问题准予给窃户装表致重庆市政府的代电》，档案号：0219 - 0002 - 00085，第 133 页。
③ 《渝电力公司吁请用电户合作》，《实业通讯》1940 年创刊号，第 33 页。
④ 《重庆电力公司业务概况及整理经过》，档案号：0219 - 0002 - 00116，第 7 ~ 19 页。

属，嗣后如必须用电，应依照规定，备函公司请求装表，或派专员办理各项合法手续，在电表未装置前，各机关部队，不得擅自自接大功率电表，否则一经查获，由公司呈请最高机关严行惩处各该主管人员既可免除无谓纠纷，复可维护权益"。①

在社会窃电之风大为盛行，电流屡遭损失的境况下，国民党重庆党政机关公务人员却大肆浪费电流。如有一次"公司用电检查组奉命检查了国民政府检察院。检查员们吃惊地发现在当时电力极端紧俏的情况下，所有办公室无论有无人在，都通宵达旦地开着灯，从来不关，以至电灯开关早已锈蚀。这件事看来，可能有点小题大做。可电在当时，还不大不小算件奢侈品。至于用电烧水煮饭等超量用电的情形更是屡见不鲜"。② 这种浪费现象与重庆普通市民用电紧张的情形形成了鲜明的对比，并引发了民怨。民众要求公司剪断"不正之风"，但效果不佳，以至于发生了 1945 年震惊国内的"胡世合惨案"③。这也从一个侧面反映出国民政府政治生态欠佳。

窃电问题也反映出当时社会的失范。时人指出："政府应对民营电业减少消极的损失，凡行政机关用电流的，应同购别的商品一样的，照价付偿。至于公务人员私用的电流，必须付资，不然依法处置。欠付或不付电费的，应有法律的制裁，窃取电流的应受严厉的处置。这类的事如有政府的力量为后者，自然可以减少许多的损失。这亦是政府为扶植民营事业应尽的责任。"④ 然而，国民政府却纵容军政警机关大肆浪费电流、窃电偷电，甚至发生行政机关阻碍电力公司进行用电检查的情形，由此助长了窃电之风。从深层次上看，电价与窃电问题表明，抗战中后期国民政府实施片面管制行为，对民营企业采取单纯的限制价格政策，"使其售价与原料等成本增大了距离"。⑤

---

① 《关于报送签经济部指示单意见上浦心雅的呈》，档案号：0219 - 0002 - 00053，164 ~ 166 页。
② 重庆市渝中区政协文史资料委员会编《重庆渝中区文史资料》第 14 辑，第 186 ~ 190 页。
③ 1945 年 2 月，重庆邹容路中韩友协餐厅私自偷接线路用电。但在卫戍司令部稽查员、餐厅"外交经理"田凯的包庇下，一直无人过问。重庆电力股份有限公司得知中韩友协餐厅违章用电后，在 20 号派胡世合等工人前去处理，田凯极力阻挠，并开枪致胡世合身亡，这就是震惊全国的"胡世合事件"。
④ 何清儒：《政府对于民营电业的关系》，《电业季刊》第 7 卷第 2 期，1937，第 25 ~ 27 页。
⑤ 李紫翔：《胜利前后的重庆工业》，《四川经济季刊》第 3 卷第 4 期，1946 年，第 13 页。

当局管制措施使得公司电价问题未能妥善解决，而窃电之风盛行，更加重了公司经营困境。具体来看，自 1943 年 7 月调整电价后，"迄今年有 5 个月电价未蒙调整，而一般器材与发电成本，莫不继涨增高，最高者已达 4000 到 5000 倍，以致于公司成本负累，亏损甚深。此种种困情，早蒙社会人士所洞察。嗣经公司不断呼吁，分别是请蒙社会舆论之协助。始荷政府核定不准提价，自本年（1943 年——引者注）6 月份起，每月补助贴 1000 万元，是时公司亏赔每月已达 2500 万元，政府补贴数仍难维持。然在准予贴补及增加贴补以前，公司早已深受巨额亏赔，至今负债巨大，仍无法填补。以本公司素日忠诚服务之精神以及服膺政令之诚恪，自应勤勉将事，先赴目前之急。惟是当有若干亟待解决之困难问题，以及最低限度之希望"。① 而其面临之困境如下：（1）供应不敷之实情。"公司各发电厂之总共发电量为 1.1 万千瓦，是为之最大发电量，据估计公司所有供电区域之需要量，最低限度约为 2 万千瓦。供求不能平衡，每日午后 5 时至 11 时，电灯已开，工厂未停之时间，问题尤为严重，存在锅炉负荷过重，电压降低，形成灯光时明、马达转动变慢之现象。多数用户因是改用轻磅灯泡，调节变压器，改换马达接线方式，或使用较大之马达，以致变压器愈弄愈糟，灯光愈益暗淡，此经常之现象也。近来到厂燃煤，量既石多，品质尤坏，掺杂沙泥、石块已达 50%，常使锅炉无法烧用，更无从烧足额定气压，被迫拉去一部分用电，以资维持。凡此种种，不但经常阻碍电压，且更增加锅炉损伤之程度。公司各厂之机炉七八年来日夜开动，未尝有一刻之休息，并非如战前电压，当有备用机件；倘遇任何一厂机件发生故障，必须停电方能修理，该厂供电区域内势必全部断电，机炉故障时有发生，则停电次数自亦随之增加，且虽事前报告，此为最近时常停电之原因，亦为公司最大之痛苦。一般用户对于时常停电莫不责怨纷函，殊不知公司之苦衷以及所蒙损伤，更有难于尽言者。"（2）燃煤问题严重。"机炉之制造系配合重庆市煤质而设计，若煤质太差不但影响机炉寿命，发电容量亦将大减，加煤熄火之事屡次发生。公司到厂之煤每星期取样化验水分常达 2% 以上。灰份达 46% 以上者。煤中掺杂石块、泥沙等不能燃烧之物，浪费运力，莫此为甚。"② 这使得公司发电深受影响，且更因电价及

① 《重庆电力公司之现状》，档案号：0219-0002-00283，第 51 页。
② 《重庆电力公司临时董事会议讨论审核 1944 年年度终决算、请重庆市政府随时合理调整电价等》，档案号：0219-0002-00117，第 124~126 页。

生产关系，时常断绝，"不但益须调度之繁，且偶一不继，即迫而停电，影响所及，尤为不堪设想。最近兵工署第 50 兵工厂，亦因煤源断阻，竟函停电，致本公司所购以转供之电源，亦告断绝。发生此种现象，则本公司燃煤问题之严重，已不言可知。窃查公司每届冬季均有存煤约 2 万吨。嗣因电价限制，无钱购煤，折甚巨，不得已陆续烧用存煤，已拾整尽，现在各厂均系随到随烧，虽欲购储而不可及不济，断电堪虞，业蒙主管机关加力协助，并派专人负责主持，公司尤不避艰难，全力以赴，得以勉缮现状。惟似此朝不保暮，随时不可以发生问题。故加紧储煤，实为当务之急。"（3）材料不济之困难。"因不合理之限价使公司所储材料，逐渐应用，未使补充，现所存此数量日少，且不齐全。铜线量存 20 吨，高压磁瓶接户材料等存量更微，方棚油早已告罄，以致线路方面应调整改善，此无法办理，为遇空袭，更将不堪收拾。透平油仅敷一月之用，机炉配件□几微，查请政府代向国内定购，尚无消息，已至危险，其须转向国外定购，此固费时间，即在国内可以收购或制造者，亦不能即得，亟应赶速补充，以免青黄不接。"（4）窃电用户之增繁。"本公司负荷增重之原因即为窃电之风加厚，公司力权微，无法取缔，以致此风逐日加涨，收入方面亦蒙重大影响。兹据统计，公司每月抄表度数约为发电度数之 70%，除线路损失与自用外，即以 15% 计算，每月损失之达 600 万 ~700 万元。故窃电实有双重之损害。"根据调查，窃电用户约可分为两类，"一为呈请装用未准者，不得已而出窃用；一为军宪特机关之强行无表用电，或虽有表而延不付费。虽一般工务机关办公费用甚短少，或并未有电费之预算。公司实无负担，此种损失之责任均有未当，倘能加强以合理之取缔，则不独以负荷，可以稍起平允，而收入方面上随以增加，以减少成本之亏累也。"①

　　针对业务方面的处境，公司冀期能得到改善："1943 年以前亏赔更深，原请自 3 月份起予以贴补，政府自上月份起每月借 1000 万元，津贴不敷之贴补，燃煤系发电之主要成本，故电价向随煤价，而燃煤上涨，电价未加，故成本之负累益甚；原请 3 月份起予以补助；但政府核定自 6 月起，3 月至 5 月期间的 3 个月亏损仍无法弥补。又据报载最近核准增加之 1000 万元系自 10 月份起，则 6 至 9 月期间的四个月不敷部分仍未解决，若以所增加补照 1000 万似应自 6 月份，补贴 2000 万元。并其 3 至 5 月的

---

① 《重庆电力公司之现状》，档案号：0219 - 0002 - 00283，第 51 ~ 54 页。

每月 1000 万元之津贴自应一次予以补发俾能稍填。窃电取缔的成效上，公司力量不及似政府加价宪警切实协助，俾可一面减少负荷，一面提高国民道德。在拟以增加公司之收入前，订《党政军机关用电付费办法》系经约集各有关当局开会所决定，办法甚为平允易行，尤望迅予呈请最高当局通饬实施。"[1] "公司在事员工已竭其最大之努力，唯有全力以赴，惟望政府特予援救，社会加以赞助，俾保此后方之动力而可继续为国效力，以达成抗战建国之最后使命。"[2]

在公司要求下，当局实施了"扩充电源、节用电源、调整电价三项措施来解决重庆电力供应问题"。[3] 但这并未从根本上改善公司经营环境，实施效果并不明显。当局拟定的三项解决措施如下：

1. 扩充电源。（1）协助扩充设备。"以重庆为后方工业中心，工业用电每虞不继，重庆电力股份有限公司原有 1000 千瓦发电设备两部，其一部以齿轮箱损坏废置未用，本期（1943 年下半年～1944 年上半年——引者注）内经令饬工矿调整处协助购运新齿轮箱于 1944 年 4 月装配完成正式供电。其第一厂 4500 千瓦发电设备亦经督饬自来水公司每小时供给冰水 600 吨，减低循环用水温度以减少其发电之困难。"（2）指导设立新厂。如前文所述，当局于 1944 年主导设立了巴县电厂（巴县供电公司），供应李家沱一带之工厂用电。当局在协助公司扩充发电容量、提升供电能力的同时，也积极协调各企业自发供电。主要自发电厂发电容量是：兵工署第 2 厂 500 千瓦、第 20 厂 500 千瓦、第 50 厂 3250 千瓦。

2. 节用电流。面对城市电力供应紧张且窃电、盗电问题十分突出的情况，当局采取以下措施以节用电流：（1）取缔窃电及强用电流行为，会同有关机关随时严密查禁，加强取缔。（2）推行节约用电，对各新装用户按期开会审视其轻、重、缓、急，核定用电数量以示限制，并将不生产之电灯用电尽量移为增加生产之用。

3. 调整电价。（1）核定各厂电价。年度（1943 下半年～1944 年上半年）核定对象有四川等 13 省电厂 68 家，调整次数为 108 次。对于不生产之电灯用电以用电愈多电价愈高之方式，促使各用户自行节省。（2）试行

---

① 《重庆电力公司之现状》，档案号：0219 - 0002 - 00283，第 54～58 页。

② 《重庆电力公司之现状》，档案号：0219 - 0002 - 00283，第 58 页。

③ 《经济部关于 1943 年 7 月至 1944 年 6 月工作报告》，中国第二历史档案馆编《中华民国史档案资料汇编 第 5 辑 第 2 编 财政经济（五）》，第 373 页。

贴补办法。经济部按照国民党十二中全会通过的"加强管制物价方案紧要措施案"中"对于公用事业应采贴补办法,力求稳定其价格"之规定,以重庆电力股份有限公司成本加高呈请调整电价;后经行政院核准,暂由政府每月津贴 1000 万元,以弥补其亏损。[1] 通过行政手段,公司电价稍有提高。据资料记载,这一时期"电灯电价众数每度为 30 元,较 1943 年上半年增加 212%。电力电价众数每度为 15 元,较 1943 年上半年增加 275%,与一般物价指数相较尚为不高"。[2] 但该调价方案提交到国家总动员会议进行讨论时,公司表示异议,认为该方案与实际情形不相符。[3] 当时"其收入 70% 以上是用于购煤等途径,现行电价虽系本年 5 月核定数目,惟当时所核定之数目实不足以维持生产成本,以致每月仍亏达 400 万左右;今煤价及其他开支节节增高,如系予以适当调整则本公司将无法维持。按经济部提案所核电价仍属过低,务望政府重订公允价格,予以维护,虽俾利抗建,至此 5 月以后加价以前实亏之数仍请政府如数补助,俾资维持关于路灯电费问题亦请准依照规定以普通灯价之半数订算并按现特价事实有盏数核算费额"。[4] 现"各地电价向由政府管制,每感不敷成本,公司仰体政府平抑物价之苦衷向不随众计较,如遇收支不能相抵,只是随时搏节、力自紧缩,万不得已亦自行借款周转设法救济。盖今日任何事业其所有物料之贵应无高于电料者,而公司电价则比任何物品上涨之比率为低,亦比任何公私所营电厂之电价为小,如电灯现为每度 10 元,只涨 35 倍,电力现为 5 元连煤价调整费亦只涨 50 余倍,相差过巨,然而为不可避免之事实。本公司大量开支之煤于今年 3 月涨 60%。惟独本公司之电价一年以来未许调整在此期间百物狂涨,似此不平衡之限价其必无法支撑,无属黯然"。[5] 对此问题,当局不得不承认:"电力电价波动有时反较电灯电价为甚,其原因即以电力核价之中包括有煤价之调整,而电灯电价则无致前

① 《经济部关于 1943 年 7 月至 1944 年 6 月工作报告》,中国第二历史档案馆编《中华民国史档案资料汇编 第 5 辑 第 2 编 财政经济(五)》,第 379~381 页。
② 《经济部关于 1943 年 7 月至 1944 年 6 月工作报告》,中国第二历史档案馆编《中华民国史档案资料汇编 第 5 辑 第 2 编 财政经济(五)》,第 381 页。
③ 出席这次会议的有:财政部贺菱僧;重庆电力股份有限公司浦心雅、程本臧;市政府吴华甫、邓卓哲;兵工署马绍乾;国家总动员会议张延哲;物价处周伯奋。
④ 《关于核加电费并抄发审查记录致重庆电力公司董事会的函》,档案号:0219 - 0002 - 00300,第 244~247 页。
⑤ 《关于抄送重庆电力公司收支亏累进行困难情形的函》,档案号:0067 - 0011 - 00060,第 62~64 页。

者上涨有超过后者之情事。"① 即当局也认为，电价与物价严重脱节，给公司带来了不可克服的困难。加之公司常遭遇窃电、苛捐杂税等问题，致使"公司靠借债生活"，②"连年负债增多，经济状况无法稳定，到战后是濒于崩溃"的境地。③

第四节　战时生产局的成立对公司经营效益的影响

1944 年 11 月 16 日，国民政府仿照美国战时经济行政办法，成立了战时生产局，由经济部部长翁文灏兼任局长，直隶行政院并受军事委员会的指挥监督。战时生产局的主要任务是指挥监督并联系公私生产机构，注意协调原料与运输的配合，以增加战时工业生产。该局内设秘书、优先、材料、制造、兵工、运输、采办、财务 8 处，以及审议委员会等。审议委员会由外交、财政、军政、经济、交通等各部部长任委员，以战时生产局局长为主席。④ 经济部将管理物资的权力部分移交该局，燃料管理处则并入该局改为"煤焦管理处"。工矿调整处亦于 1945 年 1 月并入战时生产局。按照《战时生产局组织办法》规定，"该局成为综理战时生产事务的最高机关，对公私战时生产机关负指挥、监督和联系之责"。⑤

按照《战时生产局组织办法》的规定，重庆电力股份有限公司被纳入战时生产局的管控范围。1945 年 2 月 20 日，公司第 85 次董事会议决按照"战时生产局为增强重庆电力供应以利生产案起见，成立重庆电力监理委员会。聘请潘铭新、马维轨及周见三为委员，并指定潘铭新为主席，主要职责是：（1）增加电力工业；（2）提高供应效率；（3）节省电力消耗"。⑥ 按照《战时生产局组织办法》，公司将配合战时生产局负责全市的电力供应。具体办法如下：

---

① 《经济部关于 1943 年 7 月至 1944 年 6 月工作报告》，中国第二历史档案馆编《中华民国史档案资料汇编　第 5 辑　第 2 编　财政经济（五）》，第 381 页。

② 《关于重庆电力公司》，《新华日报》1944 年 8 月 15 日，第 3 版。

③ 四川省电力工业志编辑室编《四川电业志资料汇编 1》，第 139 页。

④ 傅润华、汤约生主编《陪都工商年鉴》，第 3 页。转引自张守广《抗战大后方工业研究》，第 165～166 页。

⑤ 佚名：《战时生产局特辑》，《工业问题丛刊》第 2 号，1945 年 3 月 1 日，第 1 页。转引自张守广《抗战大后方工业研究》，第 167 页。

⑥ 《重庆电力公司第 85 次董事会议报告战时生产局成立重庆电力监理委员会、请战时生产局向美国洽实体购机炉器材等会议记录》，档案号：0219－0002－00117，第 62～64 页。

第一，在组织机构上，公司按照《战时生产局组织办法》制定了《战时生产局重庆电力监理委员会监理办法》。① 其内容如下：

一、战时生产局为增强重庆电力供应以利生产，设立重庆电力监理委员会（以下简称"本会"）。本会设委员 3 人，以战时生产局兵工署及重庆电力公司主管人员各一人为委员，由战时生产局指定一人为主席。

二、本会开会时应邀请国家总动员会议、经济部及重庆市政府主管人员出席参加。

三、本会之任务如左：甲、增加电力供应；乙、提高供应效率；丙、节省电力消耗。

四、本会应由委员会调用有关机关人员考察重庆发电、配电、输电及用电情形；拟具改善办法；督促办理呈报战时生产局备案。

五、本会对于重庆区域内公私电力设备应统筹妥为联系以加强供电能力。

六、本会对于工业动力及照明所用电力应妥筹分配拟订优先秩序，呈由战时生产局核转经济部及重庆市工务局执行。

七、本会对于电力成本应妥善调查并依照供应及节省之需要拟订电价等级标准，呈由战时生产局核转国家总动员会议及经济部酌核。

八、本会重庆发电输电所用器材应查改实存数量、实用情形及供应来源，随时协助。

九、本办法自公布日施行。

《战时生产局重庆电力监理委员会监理办法》的颁布表明，战时生产局从人员派驻、督察公司电力技术、统筹供应公司电力生产分配等环节对重庆电力股份有限公司进行了管控，亦说明国民政府实施战时统制经济政策达到了顶点。

第二，由战时生产局主导，于 1945 年 2 月 17 日在公司第一次电力监理委员会上，通过了《重庆动力供应统筹办法大纲》。其内容如下：

---

① 《战时生产局重庆电力监理委员会监理办法》，档案号：0061 - 0015 - 04722，第 61 ~ 62 页。

一、由战时生产局指定左列各厂之动力设备统筹等供应，重庆市动力需要之基本电力售由电力公司转供：1. 重庆电力公司一、二、三厂。2. 二十四兵工厂发电所。3. 五十兵工厂发电所。4. 中央造纸厂发电所。5. 大渡口钢铁厂发电所。6. 其他发电所由战时生产局视供应需要随时指定之。

二、划分动力供应为若干区，每区供应之调配由电力监理委员会主持之。

三、各区之线路由电力监理委员会拟订调整办法以适合分区供电之需要。

四、各基本电厂所需燃料由战时生产局指定确数，令饬燃料管理处根据监理委员会审定之数额负责分配。

五、各区之供应业务之分配在电力监理委员会指导下由重庆电力公司负责办理。

六、各电厂间电价标准以维发电成本费为原则。

七、为执行第六项工作起见，电力监理委员会呈请战时生产局核请政府指拨基金备用，电力监理委员会运用此项基金以备贴补亏损。

八、为联络各种动力供应所需增加之设备由电力监理委员会呈请战时生产局核请政府拨付材料及专款办理，其工程完成后暂由重庆电力公司依战时生产局所定租借办法保管维持运用之。

九、各基本电厂有关成本之纪录与报表应按月编送，电力监理委员会备查。

十、电价等级与调整由电力监理委员会审查呈由战时生产局核转国家总动员会议斟酌。

十一、用电分配与优先程序由电力监理委员会审定呈请战时生产局核转经济部及重庆市政府执行。

十二、各基本电厂所需发电输电器材经电力监理委员会审定呈请战时生产局协助办理。①

《重庆动力供应统筹办法大纲》旨在利用后方已有之设备，增加电力供应，如督促各自有发电设备之工厂如中央造纸厂、大渡口炼钢厂等将余

① 《重庆动力供应统筹办法大纲》，档案号：0067 - 0011 - 0008，第 109 ~ 110 页。

电供给市用，并计划统筹供应全市电力，维持重庆电力生产。

第三，核定公司电力价格。重庆电力监理委员会针对公司"现行电价尚系 1943 年 7 月所核定瞬将两年，此两年之中一般物价之高涨情形据中央调查统计局所编指数表生活指数由 9786.8（1943 年上半年——引者注）增至 75803.4（1945 年 1 月——引者注）计增加 7 倍强。以煤价而言由每吨 1100 元增至 4300 元计增加 4 倍。而公司电价虽一再请求政府核加并维持委员会诸公及经理部分奔走呼吁迄未奉准，谨准自 1943 年 6 月份起贴补 1000 万元，同年 10 月份起增加贴补 1000 万元，杯水车薪，无济于事，致去年度公司亏累超过股本之半数濒于破产之地步，现状本公司（重庆电力股份有限公司——引者注）因燃煤工资材料费用之猛涨，每月又须一亿六千万元而新电价尚在政府审核之中每月收入连补贴在内仅 7000 万元，不敷甚巨，势将无法维持，转请政府从速核定新电价并随时依照燃煤及物价工资增涨情形合理调整，以维现状"。[①] 报告迭经报请重庆电力监理委员会及临时维持委员会讨论，经行政院第 695 次会议议决。调整后采取分类分级的电价收取办法，具体如下："特价电灯、党政机关及学校电灯电价照原电价 8 折计算仍由国库按月贴补 2000 万元以资补贴。电力电价：一律每度 23.7 元。关于煤价调整：以上电灯电力均以重庆到厂煤价每公吨 3960 元为计算标准，如煤价变动不及 50 元时电价不再变动；在 50 元以上时每变动 50 元电价每度随之增减 3 角 5 分，由电力监理委员会核定呈准战时生产局核转行政院核定备案。"[②] 调整后公司普通电灯分级价如表 6 - 8 所示。

表 6 - 8　调整后公司普通电灯分级价

级　别	每安培每月用电度数	电价
第一级	10 度以下	每度 30 元
第二级	超过 10 度而在 20 度以下	超过度数每度 50 元
第三级	超过 20 度而在 50 度以下	超过度数每度 80 元
第四级	超过 50 度	超过度数每度 120 元

资料来源：《重庆电力公司第 86 次董事会议议程》，档案号：0219 - 0002 - 00117，第 134 ~ 135 页。

---

① 《重庆电力公司临时董事会议讨论审核 1944 年度年终决算、请重庆市政府随时合理调整电价等会议记录》，档案号：0219 - 0002 - 00117，第 124 ~ 125 页。

② 《重庆电力公司第 86 次董事会议议程》，档案号：0219 - 0002 - 00117，第 134 ~ 135 页。

1945 年 2 月，天府、宝源两矿业公司向电力公司来函："自 2 月 4 日起，煤价增为 3920 元及 4300 元约加一倍有余，其他生活必需之物价亦上涨一倍以上，因是本公司每月开支原约 7000 万元，此现已约须 1 亿 4000 万元以上。"为维持公司电力供应，重庆电力监理委员会向当局再次核定增加电价。公司第 85 次董事会上，总经理浦心雅对此案做了说明："已呈请生产局、经济部及市政府核加电价，电力价每度最低须 32 元，电灯价每度最低须 45 元，电力电灯因受煤价调整办法办理，并将调整办法改为'以到厂燃煤现价 4000 元为标准，以后每变动 50 元每度增收煤价调整费 5 角'。重庆电力监理委员会讨本案大致已决定即电灯每度价第一级 30 元、第二级 50 元、第三级 80 元、第四级 120 元。电力价每度 23.7 元，电灯电力一律随煤价调整每变动 50 元增加调整费 3 角 5 分"。[①] 但随着社会经济环境日渐恶化，公司电价问题始终未能解决，重庆电力监理委员会也未能实现有效监管目的。

1945 年 6 月 18 日，迁川工厂联合会电经济部部长："查本市（重庆市——引者注）电力 5 日一大停，日有小停，已成司空见惯，影响本会民营工厂之生产力甚巨，目下大部分工厂工作均为战时生产局按购之定货交付，因电力停供而时辍，致交货期限无法履行，是则各厂不能维持信用，事小而延误。"其认为，"国防军需品之供应甚大，关于重庆市电力供应不足为日已久，各界呼吁改善之建议案可积厚，迁川工厂联合会为顾念工业前途暨国防军需生产重要计，兹仍不避烦喋，谨再电呈改善电力供应意见两点：一、从速协助电力厂向国外购运新机或利用国内存置旧机积极增加电量，供应各厂为谋根本之解决。二、在未能增加电量前，极力樽节，无谓浪费，严格规定住户用电时间为每晚 7 时~12 时之间，余剩电力尽量供应各厂，此为临时应急之办法，是请政府转饬电力公司充分供应民营工厂用电以利生产"。[②] 1945 年度，公司售电度数为 4362 万千瓦时，用电总户数为 14877 户，总收入为 361455 万元，总支出为 362334 万元。[③] 由此可见，公司经营仍是处于亏损状态。

---

① 《重庆电力公司第 85 次董事会议报告战时生产局成立重庆电力监理委员会、请战时生产局向美国洽实体购机炉器材等会议记录》，档案号：0219 - 0002 - 00117，第 62~64 页。

② 《关于改善电力供应要点给经济部的代电、通告》，档案号：0083 - 0001 - 00006，第 6~7 页。

③ 重庆市地方志编纂委员会编《重庆市志》第 4 卷（上），第 206 页。

综上所述，战时生产局并没有从根本上解决公司的经营问题，公司经营情况进一步的恶化。抗战胜利后，战时生产局也被当局撤销。

战时生产局管控公司前后，即 1944 年是公司经营处于异常困难的时期，公司业务运转亦不得不靠临时维持委员会来维持。该会推举"康心如、潘昌猷、胡仲实、徐广迟、郭景琨、刘航琛、浦心雅共 7 位董事为委员，办理请求政府核加补助豁免营业税及核给复厂、购机外汇等事项"。① 临时维持委员会主要职责是办理公司业务，具体为"（1）谋求收支之平衡；（2）筹复厂之计划及所需之资金；（3）订定员工之待遇与名额；（4）请求税捐之减免；（5）其他重大变革事项。如规定本会开会时由到会委员推定委员 1 人为主席；开会时，总协理应参加会议；在参会要件上，本会得以事务之必要调用公司各部分之人员；经董事会认为已无法必要时撤销之。"② 临时维持委员会从 1944 年 8 月至 1945 年 1 月共计召开了 8 次业务会议。其主要议题是公司业务困境（如购办煤质问题、电费收入不敷、用电企业欠费案）及解决办法。如临时维持委员会在购办煤质问题上，面对天府、宝源两矿业公司照限价垫付补贴费 50% 之要求，遂函"政府应体念公司。以政府迭次训示顾全成本之雅意，商情上期用户实践产销相维之诺言，以渡难关。请长期购户每吨暂照当地限价垫付补贴费 50%。俟将来政府实施补贴时请主管机关追还。各矿不得再领已收之垫款。按贴补项，公司每月应付两公司煤款约 2000 万元，兹又增加价 50%，月增 1000 万元"。③

对于这样的组织，1945 年 1 月经济部则训令公司："查该公司各项业务均可由该公司董事会及总经理负责办理，无另行组织该项机构之必要。"④ 不久，临时维持委员会被当局取消。抗战结束后，重庆电力股份有限公司完全陷入惨淡经营、趋于崩溃的境地。

---

① 《重庆电力公司第 83 次董事会议报告李家沱供用电资产案、讨论重庆电力公司临时维持委员会组织规程等会议记录》，档案号：0219 - 0002 - 00117，第 16 页。
② 《重庆电力公司临时维持委员会组织规程》，档案号：0219 - 0002 - 00117，第 29 页。
③ 《重庆电力公司临时维持委员会第四次会议议程》，档案号：0219 - 0002 - 00110，第 82 页。
④ 《关于毋庸设立重庆电力公司临时维持委员会致重庆电力股份有限公司的代电》，档案号：0219 - 0002 - 00129，第 62 页。

第七章　战后公司经营危机及崩溃

1945年8月，日本战败投降，抗战结束，但随后国民党却破坏国内的和平局面，发动内战。至1949年，国民党在内战中彻底失败，黯然退出大陆，中华人民共和国成立。受内战的影响，重庆电力股份有限公司的经营愈加困难，至1949年解放前夕，公司已经不能有效运转。重庆解放之时，国民党特务妄图破坏公司供电设施，幸公司工人早已对电力设备加以保护，敌人的阴谋没有得逞。最终，公司设施得以保存，公司经营迎来了新的春天。

第一节　战后公司营业状况

一　公司负债情况观察

首先，资金缺乏是抗战结束以来困扰公司经营的一个重大难题。战后公司业务状况仍是资不抵债。以公司在战后向四联总处核准购料借款1亿元案为例，"尽管前与四联总处签订购储器材、油料借款2500万元，已于本年（1945年——引者注）9月22日到期还清本息。仍须购储器材，电请四联总处再借款2亿元。兹接四联总处复电准由本公司以器材油料押借1亿元，期限为一年，由中国银行、交通银行、中国农民银行三行及中央信托局承借，战时生产局担保并指定交行为代表行，现正办理手续中并已商请交行准先以川康、川盐两银行承兑汇票贴用6000万元以济急需谨报"。① 但这笔借款并未有效缓解公司的资金压力。

不久，公司向四联总处申请抵押借款6亿元。借款缘由是"本公司处向四联总处申请核准购储器材、油料借款1亿元外，计有：（1）以公司全

---

① 《重庆电力公司第91次董事会议记录》，档案号：0219 - 0002 - 00117，第93~96页。

部资产提供担保向交通银行借款 1 千万元；（2）以国库贴补费提供担保向
中央银行借款 2 亿元；（3）由中央信托局购料及代购储煤一万吨垫付
11405119.1 元。第一、二两笔已还清，第三笔已付还半数，惟查第二笔系
作周转之用，现仍需款周转且收支数字比前增加，迩来受工厂不景气之影
响，收费苦难，周转更窘，第三笔之代购储煤仍需继续存储，故此二笔借
款均有续借之必要且本公司之各种设备急待改善，方能克尽职责。除发电
部分需费用甚巨，已摊其新厂计划，另案呈请政府协助外，供电用电部分
须调整之处亦甚多，如各变压器均负荷过重，须加设变压站或以大换小；
木杆横担等，因年份过久，多腐烂不堪，须大批更换；高低压线及接户因
用电情形变迁须加调整，曾经被炸而勉强使用者尤急须更换开关；电器等
必须加装改善供应而策安全起见。惟是经整理工程需大量器材，现在价格
甚昂，估计所需费用约须 6 至 7 亿元，前案所称核准之 1 亿元购料借款须
备款，方能提料，无补于周转。兹摊以本公司全部资产提供担保，申请四
联总处贷款 6 亿元，以三年为期，自借款成立后之第 7 个月起，分 30 个
月还本付息，报请备查"。[1]

　　回顾公司向四联总处的借款数额，从战时初期的 200 万元到战后的 6
亿元，这从侧面表明，国民经济的通货膨胀是愈演愈烈，而公司之经济亏
损局面仍在不断恶化。1946 年发表的《艰苦挣扎中的重庆电力公司》一
文指出，"在抗战胜利后，到了今天的重庆电力公司，一般人都认为应舒
了一口气了。关心它事业的人们，以为经过抗战八年的折磨，它应有一个
较好的转机，但是，到了今天，它的困难仍在继续不断的增加……"[2]

　　其次，战后公司的发电量仍不足供应。至"抗战胜利以后公司初以为
业务或可稍趋于简，乃以时局未靖，人口并未锐减，工厂、学校大多仍留
此地，以致用电总量仍未稍减，公司设备未敢稍与变动"。[3] 战后重庆人
口因回迁，有所减少，部分工业亦迁回沿海地区。但是重庆本身已发展成
为一个工业门类较为齐全、人口已具有一定规模的城市，对电力的需求仍
然较大。公司的电力供应问题源于电力负荷过重。在抗战时期，公司因战
争特殊环境，如面临敌机轰炸而时常断电，电力供需矛盾巨大、煤质问题
等因素致使公司发电机组时常处于超负荷运转状态。抗战胜利后，公司仍

①　《重庆电力公司第 91 次董事会议记录》，档案号：0219 - 0002 - 00117，第 93 ~ 96 页。
②　四川省电力工业志编辑室编《四川电业志资料汇编 1》，第 104 页。
③　《重庆电力公司业务概况及整理经过》，档案号：0219 - 0002 - 00116，第 7 ~ 19 页。

面临发电量不足供应的情形。尽管公司装机 11000 千瓦,并转购第 24、第 50 兵工厂和中央造纸厂电力 3500 千瓦,但与需求相比尚差 4500 千瓦。另因煤炭问题,公司发电也常常处于不敷供给的状态。工业生产也受到缺电的冲击,如兵工署第 50 兵工厂忠怨沱分厂报告称:"本厂接用重庆电力公司电力以来,1947 年全年合计停电时间达 1374.26 小时,其在工作时间内停电计 449.32 小时,以工时计算,约合两月之谱……"[1] 再如重庆的冶炼行业,"大小实业公司给重庆电力公司的函件称,自 1948 年以来,电流时供时停,甚至竟日或一连数日无电,致使敝公司机器设备不能发挥效能,形同虚设,百余技工因无法分配工作而致空闲,影响生产莫可名言。又曾数次开炉化铁,因电流中断,致将铁水凝结炉中无法取出,此种损失尤为重大,类此之事不一而足……"[2]重庆化工行业的重要企业天原化工厂称:"战时公司供给该厂电每月 12~13 万度,到战后 1946 年 1~2 月下降到了6~7 万度。……近数月来因受电力日益减弱之影响,产量锐减,每月实际产量仅及预计产量之半数,形成目前欠账积累之现在。如再继续发售,必将陷于不可收拾之窘境……"[3] 重庆大川实业公司给电力公司的函件称:"自 1948 年以来,电流时供时停,甚至竟日或一连数日无电,致使敝公司机器设备不能发挥效能,形同虚设,百余技工无法分配工作而致空闲,影响生产莫名可言。又曾数次开炉化铁,因电流中断,致将铁水凝结炉中无法取出……"[4] 供电不足问题的背后则潜伏着公司相当严重的经营亏损问题。

　　通过公司所陈述的以下几个情形,我们可以管窥问题的实质。一是至抗战结束,公司借债已达 7 亿数千万元(截至 1948 年),"为应抗战艰苦支柱,实早已至无法维持之地步"。目前"社会平均物价指数已达战前之2000 倍,电料器材及各种应用油类等涨率特昂有高至万余倍者而电价近尚不足 300 倍,3 个月前相差更巨,以与本埠同一公用事业之水价早已涨至千倍者,亦殊未能比拟,是日下收支还仍不能相抵"。[5] 二是在价格上,核定电价与公司成本差距更大。从 1946 年 4 月开始,政府对重庆"电灯

①　四川省电力工业志编辑室编《四川电业志资料汇编 1》,第 106 页。
②　四川省电力工业志编辑室编《四川电业志资料汇编 1》,第 106 页。
③　四川省电力工业志编辑室编《四川电业志资料汇编 1》,第 106 页。
④　四川省电力工业志编辑室编《四川电业志资料汇编 1》,第 12 页。
⑤　《重庆电力公司亏损说明》,档案号:0219-0002-00217,第 54~56 页。

电价实行附加煤调整费，每月补贴始行取消。从 1948 年 1 月起，按照国民政府工商部颁发的统一计算电价公式，包括售电业务费基数、现行燃料价格、生产费指数、五金电料价格指数等核定电价"。① 但同年 8 月 19 日，国民政府改法币为金圆券，其贬值速度较法币更甚，而电费每月仅核定一次，在物价一日数变情况下，公司亏损甚巨。尽管从 1949 年 3 月起，改为每月核价 2 次，5 月起又改为每 5 日核价 1 次，但核定的电价仍然与成本有较大差距。因而公司认为，电价长期以来"受政府管制，现虽逐月调整，但仍入不敷出，开支数字日渐膨大，却欲举债而借贷无门，以致无法维持之地步"。② 三是从 1944 年政府实行贴补公司 2000 万元的政策以来，到战后"原以其收支不能相抵，固无论与实际亏损相差甚巨，还课以巨额营业税，促使公司增重亏累，与政府贴补之初旨亦似未符，此后物价步涨，收支亦必加大，则应纳税额自更随而增多，实非公司现时经济状况所能负担"。四是发电设备毫无折旧准备，机器达到使用年限，而公司无重置之力量。"此时重建按照目下物价或须百亿以上而所提折旧遵照政府规定月抵 20 余万元，历年所请尚不足以购一较大之变压器，换言之，公司已每年赔贴 10 亿元以上"，③ 而公司历年所提折旧准备仅有 1600 余万元，不敷重置之需，何谈重置发电设备？1946 年 4 月 22 日，公司第 93 次董事会提出临时动议事项：采取"按月收入总额摊提坏账损失准备金 5% 的办法，实行固定资产折旧准备摊请照原定比率提高 50 倍"。④ 但此事项未能得到政府批准。此外，在抗战胜利后工商业倒闭者甚多，无法收取之电费实属不少，这使得公司利润严重受损。从以上情形可见，战后公司已经面临着极其严重的经营危机。

如此情形下公司对前途毫无把握，至难乐观。1947 年 6 月 4 日的临时董事会议上，"议决采取白昼停电案，说明本公司现遭遇 3 项困难：(1) 因电价、物价、煤价脱节，煤价战前每吨 8 元，现为 4 元 9 角 1 分，约合战前 60%，且电价战前每度 2 角 8 分，本月 3 日每度金圆券 1816 万元，银元票行市计约合银元 3 分，只合 10% 左右；(2) 因各兵工厂及各大工厂拖欠电费；(3) 因窃电及永久不付电费之用户过多致有收入即照工

---

① 重庆市地方志编纂委员会编著《重庆市志》第 3 卷，第 337~338 页。
② 《重庆电力公司亏损说明》，档案号：0219-0002-00217，第 54~56 页。
③ 《重庆电力公司亏损说明》，档案号：0219-0002-00217，第 54~56 页。
④ 《重庆电力公司第 93 次董事会议记录》，档案号：0219-0002-00156，第 71 页。

务、社会两局所核煤价结付费款亦感不敷，而煤商对工务、社会两局所核煤价迄未同意。天府公司已借词本公司欠款过多无力垫付，拟从 5 月 30 日起停止供应煤，而各厂存煤却只敷三四日之用。本公司为求维持戒严期中本市安全起见，拟从 6 月 5 日起白昼全市停电；每晚从下午 7 时半起，可节省四分之三煤炭，可以延长供应期间，至本月 12 日止，否则在本月 7 日存煤告罄，即将全部停电"。① 这表明公司业务实质上已趋于"停滞"。

最后，在公司遭遇经营危机的情形下，当局却要求不得停电，以维持供应，更加重了其经营负担。重庆市政府与重庆市参议会等机构对公司随时断电的行为甚为不满，要求市工务局令电力公司，"查照窃电案请求划分区停供电流一节，为顾及到各用户利益起见，未便照办，应即加强取缔窃电，俾使正当用户受益，收窃电用户姓名、住址公告，以示警告。关于市属机关欠费及政府贴补三分之一电费，其市属机关欠费部分，经本府核准作为抵缴营业税款。关于窃电取缔，已由本府会同警备司令部拟具改善本市供电办法，特请行辕核办，并已转饬电力公司加强取缔，不得全区停电"。②

对此，公司苦不堪言，表示："所营电业与民生、军工、社会秩序关系密切，荷蒙贵会（重庆市参议会——引者注）关注，迭承莅临视察以指示，感荷殊深。本公司凛于责任重大，亦不断力求改进，以冀仰副殷望。惟障碍重重，困难重生，虽经多方努力，仍难如愿。谨将荦荦大者，胪陈三事，敬请赐予协助，或转恳政府照案办理，或发动全市民予以制裁。庶众擎易举，建设易成，无任感荷。"公司认为其所面临的困难情形体现在以下两个方面：

（1）关于重置发电设备。公司因"原有机炉经十来昼夜不息之过量使用，损坏不堪，寿命将尽，亟须添置新机炉，继续为社会服务。迭向政府呼吁请求核准贷款换给外汇美金 170 万元，以便向外商订购新机，运输经手始蒙行政院核准贷款 44 亿元购置新机炉，以当时政府规定外汇牌价为法币 3350 元折合美金一元，约合美金 130 万元。本公司乃尽量紧缩，将购置机炉费用减为 130 万美金限度以内，并遵向输入临时管理委员会申请评□可输入所必须补充之器材及其所需美金 130 万元正在此转辗办理手续中；而美汇牌价已由 3350 元改为 12000 元，以致 44 亿贷款仅能结购美金

① 《重庆电力公司临时董事会议记录》，档案号：0219 - 0002 - 00299，第 256 ~ 258 页。
② 《关于实施重庆电力公司提供意见各点的函》，档案号：0067 - 0001 - 00236，第 107 ~ 109 页。

36 万余元，不敷之数达美金 94 万之巨。而本公司适于此时向新运贸易公司订购 10000 千瓦透平机、电机及电板设备、全部锅炉，全部价款共为美金 1033000 元。以签约时须付订金全部价款 30% 计美金 309900 元，以 44 亿原有贷款结来之美金 36 万余元，业已用去十分之九，尚差美金 64 余万元。除机炉而外尚有透平房费、起重机与锅炉房、运煤出炭设备及其他必需之附属器材等约需美金 20 余万元，除已结之美金 36 万余元，尚需美金 93 万余元，此项差额乃由政府牌价一再变动所致。本公司已电请行政院、经济部、四联总处、重庆市政府、市工务局请求将原贷款增加 112 亿元，连前共为 156 亿元。全部贷款按照 12000 元牌价折合美金 130 万元结汇，再此呈请乃尚未奉复。而最近颁布之新经济方案外汇又有官价与市价之分，本公司要求增加之贷款额 112 亿元尚未奉准，倘再将此项机器列入市价外汇之中，则本公司请求增加之贷款又将不敷甚巨，此千呼万唤云一万千瓦，新发电设备必经成泡影，势必本市百万人民仍将遭受不时停电之厄运，影响于军工民生者实深且大。本公司责任所在，自当尽其力之所能及，不断呼吁。贵会代表全市民意，尚冀洞烛机先烦为代请行政院、经济部、四联总处、重庆市政府、工务局近将本公司请求增加贷款 112 亿，批准并准照 12000 元之美汇牌价予以全部结汇，俾得续付 70% 全部价款"。

（2）关于优待机关学校用电。经 1947 年 5 月 10 日 "重庆市政府训令抄发本市水电整理座谈会记录关于优待机关学校用电规定，按三方付费，分由机关学校缴付、公司暂行记账、政府补助承担，追溯自是年 1 月份起。本公司为尊重府令，就由政府补助三分之一；本公司迭向市府请求拨付以轻垫累，迄今 8 月未蒙照□时，又本公司向各兵工厂购电转供市用之电度，其中 10% 系供给各兵工厂向本公司收取购电，系满价 8 折计算。机关学校则只付电费三分之一，其余三分之二又加累于本公司，此种损失曾呈请市政府设法补助，亦未获解决，若长此之举，延本公司实无力负担，最后只得被迫停止供电与购电转供，以轻负累"。[①] 综上可见，战后公司经营举步维艰，难以满足全市电力需求。

二　窃电、偷电现象仍然继续存在

自抗战以来，公司窃电、盗电问题就十分突出。战后，重庆国民党

---

① 《关于实施重庆电力公司提供意见各点的函》，档案号：0067 - 0001 - 00236，第 116 ~ 120 页。

军、警、宪、特以及流氓等利用权势，长期进行窃电、强行接火等行为并拒付电费。此外，军政机关无偿用电等情况较战时更加严重。时任公司监察傅友周认为："军政机关及军、警、宪等偷窃电流和用电拒不付费的情况，极为严重。在解放以前，电力公司之所以一蹶不振，元气始终恢复不起来，这实在是主要原因之一"。他指出："国民党政权的大小爪牙，历来用电都是不付一文，已成为惯例。既然用电不付分文，那么对电力也就毫不爱惜，如象通宵开灯，甚至白天也不关灯，把电力用来烧水煮饭等等肆意滥用现象，造成了极端严重的电力浪费和供不应求，虽吁请改进，却遭到国民党政权的一派官腔，无可奈何。甚 1948 年在杨森兼任市长时期，市府所属机关和宿舍盗窃和滥用电力的情形特别突出。"那时"市府所属机关和宿舍，大都集中在枣子岚垭和上清寺一带。根据当时不完全的调查，单是偷电用电炉烧饭的就有 400 多家"①，附近市民讽之曰"电器化区域"，又说："用电不给钱的，比给了钱的还有面子得多。忿懑之情，可以概见。其他的军、警、宪以及与国民党政权有关的三教九流的各色人等，也都仗恃其反动权势的背景任意接线装电灯，用电煮饭并且公然拒付电费，动辄多达二三个月之久。"上述情况使公司耗损的电量经常占公司总发电量的 50% 以上。② 在此期间甚至还发生了国民党宪兵队队员违规窃用电流却殴打电力公司职工的事件。

1947 年 5 月 7 日，公司南岸办事处主任刘佩雄率领职工 56 人测量南坪场电灯线路时与国民党宪兵队队员发生纠纷。事情经过是"刘佩雄率领职工查勘沿线电流时发现周昌岐家窃用电流，查民户周姓家原置有电表，即令职工剪除后复发现该线中途又有支线之挂设，该支线系宪兵总队杨太太公馆处。刘佩雄下令剪除电线，遂与宪兵队发生纠纷，后发生了宪兵队队员殴打公司职工的惨剧"。③ 从这一案例可以看出，国民党军警窃用电流之横行霸道，国统区特权之风甚为流行。

据统计，战后几年因窃电所"造成公司无偿电力的损失达 30% 以上，平均收费率只有 80% 左右，一度形成电力公司所收电费，尚不足燃煤一项

---

① 四川省电力工业志编辑室编《四川电业志资料汇编 1》，第 233 页。

② 中国民主建国会重庆市委员会、重庆市工商业联合会文史资料工作委员会编《重庆工商史料》第 2 辑，第 186~192 页。

③ 《关于调解重庆电力公司工作人员在南坪发生纠纷致重庆电力股份有限公司的代电》，档案号：0219-0002-00175，第 3~4 页。

开支，出现入不敷出的严重程度"。① 1948 年 7 月 5 日，《大公报》读者致电公司窃电问题何时能解决，公司致电大公报馆，谈到此时窃电问题的严重性，具体如下：

（1）包灯制给用电管理带来困难，流弊甚多。现在大都市均未采用此法，此种办法即或其他小厂间有采取者，亦或正谋改用表灯办法。良以此风日下，不敢保证人人皆有公德心。如假定有不顾公德之人，领包灯用电，每月按灯费若干度计费，但其取巧，额外多用或浪费电力，如取暖烧水、煮饭皆取决于电力。去年（1947 年——引者注）公司为顾及正当用户之供应，如何能切实稽察取缔，更无论实际包灯制供电用电尚有若干器材技术问题，实非轻易解决。一切条件不能完备之下，勉强实行更助长窃电之风，社会道德日趋堕落，不敢保证不借包灯为名，使用电器窃用电流，大量浪费电流。本公司故未敢接受，必于改善供应用户用电。公司正与重庆市工务局设计研究以符各方期待。

（2）因抗战关系。电表无来源，自 1940 年起，本公司电表即已告用罄，除 1946 年 11 月虽向国内收购一批电表勉为供应外，仍不敷分配。为谋用电所需，计乃变通办法，公司实行"用户自备电表"方式。但是居民往往自行篡改自备电表计价方式，使得公司难以统一管理征收电价，流弊甚多。

（3）取缔商标用电。两年前（1946 年——引者注）已由市政府主持会同，取缔在案。故至今市场上霓虹灯不多，今后自当继续取缔。②

公司已认识到窃电问题的严重性，但仍无法有效解决。窃电问题给社会造成严重影响，其中最为严重的是影响了工业用电，如"重庆市第十八区公所所属南岸弹子石王家沱一带地方早为工业区域，电力方能工作。在秋冬季节即无电力设备之小型工厂及手工企业早晚亦需电灯，否则不能满足□□劳资两受其害。重庆电力公司对上述地方长期停电致使商厂早晚时间无法工作。开停电缘由实因弹子石正街方栅受国民党军官总队等窃电之

---

① 重庆市地方志编纂委员会编著《重庆市志》第 3 卷，第 337～338 页。
② 《关于解决窃电问题致大公报馆的函》，档案号：0219－0002－00245，第 85～90 页。

影响致遭三次烧毁，公司损失惨重，除忍痛送总厂修理外，目前因材料缺乏何日能修复尚无把握等。因大量窃电无力制止，始将方棚撤回，假借缺乏原料故意停电以图报复，这种行为严重影响当地工业用电。再以重庆棉纺厂为例，因受窃电之影响，输送到该厂电流流失严重，每日即减产各色布 230 锭毛巾、230 打线袜十余双，其他动力工厂无电力工作，损失难计"。[①]

第二节 经济环境持续恶化对公司的冲击

一 营业税征纳问题仍旧突出

战后几年，当局仍然对公司课以营业税，使得公司负担进一步加大。1947 年 8 月，当局电呈公司："虽经济困难，仍查照原呈予以抵缴税款一案内，查商人有纳税之义务。营业税为地方正税，公司自应照缴，惟供电渝市一切开支端赖电费收入，以资挹注，政府应付之三分之一之机关学校补助费，公司系列为收入之一。政府应照援公司方便有款以支付。其他费用公司经济现正艰窘，煤款、薪工刻当无法筹付，若不允以补助费，抵缴营业税款，何有余力缴纳此巨额税款。况以补助费抵缴营业税，公司在1945 年于应领政府 1、2、3 各月之补贴费即由财政部川康直接税局直接在国库扣抵，有例在先，并非无援，兹奉请礼念公司艰难准援前例仍予以抵缴，以维公用。"[②]

1948 年度营业税仍难以缴纳。同年 10 月 18 日，公司呈市政府函："应收市属机关电费抵缴本年度 1~8 月营业税收等。"[③] 政府认为，营业税收系属本市主要税收，一切政令支出及员工薪饷，全恃该款支出，而"本年（1948 年——引者注）元月份起，全未缴纳，已属不合法。请以市属机关未付电费抵缴一节应予以不准。除电饬该公司仍应照章缴纳，该公

---

① 《关于勒令重庆电力公司恢复裕华标准国货布厂股份有限公司电力上重庆市工务局的呈》，档案号：0067-0011-0002，第 132~133 页。

② 《关于将援补助费抵缴营业税的指令、代电》，档案号：0219-0002-00217，第 136~138 页。

③ 《关于缴纳 1948 年 1~8 月营业税给重庆电力公司的通知》，档案号：0219-0002-00295，第 13 页。

司 9 月份以后应纳税额，向官稽征处依法申报以凭征收"。① 公司反映如下："对于应缴本年（1948 年——引者注）1～8 月份营业税共计金圆券 6500 余万元至应照缴，以重功令，惟公司供电本市一切煤款薪工及器材各费全赖电费收入。近来煤价高涨，器材尤甚（电料奇缺）。公司电费收入不敷，支出甚巨，经济困难于极点。照知税款重要，但迫不得已。始有以电费抵缴营业税之请；前因公司经济已濒绝境，实无余力措缴，始不蒙赐准，钧恳俯念公司艰窘情形援照成例予以赐准，使俾公司略更喘息渡此难关。"② 政府回应却是："已悉该公司电费应向各机关自行按月收缴，不得抵缴税款。"③ 换言之，政府继续加征营业税的行为无形中加快了本已负债累累的公司走向崩溃的步伐。

二　公司资不抵债：基于股东会业务状况的分析

进入 1949 年，公司已是资不抵债。3 月 22 日，公司举行了最后一次股东大会，出席者有股东 110 户，由张叔毅任主席。"这次股东大会应到股东户数 138 户，法币股本 3000 万元、30 万股、15 万零 90 权。到会股东户数为 110 户，符合法定股东大会召开数额。总经理田习之报告了 1948 年度业务状况及决算情形：首先从年度电力电户来看，共计 19599 户。其中，灯户 18760 户、电力户 816 户、电热 23 户；电费收入共 13554861 元，计灯户占总收入 49.3%、电力户 50.5%、电热 0.3%。其次，从全年发电量抄见量与窃电比例来看，1948 年度发电量共 7773774 度，抄见度数共 47589944 度，损失 3014830 度（售电量占全年发电量 61.1%——引者注）。"④ 综合分析公司的业务数据，尚不能得出公司经营效益的具体情况，应进一步参考月份数额表，具体以"1949 年度 12 月为例，窃电及线路损失共占全月发电量 47.4%，计共 364 万度，抄见度数 159 万度。各厂进行比较：一厂发电 270 万度、抄见度数 159 万度；二厂发电 67 万度、抄见度数 34 万度；三厂发电 260 万度、抄见度数 140 万度。以上线路损

---

① 《关于缴纳 1948 年 1～8 月营业税给重庆电力公司的通知》，档案号：0219-0002-00295，第 13 页。

② 《关于 1948 年 1～8 月份应缴营业税仍照历年成例以电费抵缴致重庆市政府的代电》，档案号：0219-0002-00255，第 210～211 页。

③ 《关于应缴 1948 年 1～8 月份营业税用电抵缴致重庆电力公司的代电》，档案号：0219-0002-00255，第 39 页。

④ 《重庆电力公司第 13 届股东大会记录》，档案号：0219-0002-00118，第 219～220 页。

失、路灯、公厕、自用等约占 20%，窃电损失约为 27%。再以区域比较，南岸地区的损失最重，逐月平均约占 49%"。①

这次股东大会还讨论了燃料供应情况。"从煤炭总量需求来看：各厂需要量每月约需万吨，通常由天府公司供给 7000 吨、宝源公司供给 3000 吨。三厂、二厂需由嘉陵江转船至扬子江，另加转江费用。煤价计算方式：每加百分之十，煤价高涨即自动调整一次。最近物价频涨，煤价一月数变。例如 3 月份一月内煤价每吨 7000 元，仅连续 4 日增为 8340 元，连续 7 日增为 11175 元，8 日升为 13100 元，15 日又增为 20700 元。转江费及运煤费力次合则由社会局照物价数实行每半月调整一次。"② 频繁变动的物价致使燃料成本猛增，已严重影响公司的生产经营。

股东分析了公司征收电费的实效性认为："在本年（1949 年——引者注）6 月以前，所欠煤款常迟至 1 月以上。6 月以后，继改为欠半月之煤款。8 月 19 日以后，煤商要求照付款，日计算煤价又改为每半月结算一次。煤商又要求预付煤款，公司努力应付。仍每半月结算一次，但煤价则以付款日之煤价计算。"③ 一般来讲，"各电厂例有 2～3 月之存煤。公司因 8 月 19 日之后电价遭到冻结，2 个月存煤 7000 吨已耗尽，向央行申请一个半月所需煤，是之贷款，因公文核准过度，煤价上涨过速，每次核准数字均不能购号申请金额。例为最近 3 月 15 日核准之 1000 万元煤贷，照每吨 20700 元计，尚不足购足千吨。刻各厂均些存煤，随到随烧。一遇煤船迟到，即随时发生断煤断电情事"。④

在这样的情况下，公司改善了收费的办法，具体如下："因煤价一月数涨，电价每月只能调整一次。又需经过抄表制票手续，至迟在用户用电后一个半月始有收入，原有收费办法，已不能适应目前环境。经于本年（1949 年——引者注）2 月将计算电费与收取电费办法予以改进。属于计算电费计：（1）每月初根据工商部颁布全国性计算公式算出当月电价。煤价一项并另照月初价格，将全月用煤量，在下半月电价内预加 50%，防止在电价算出后，煤价上涨损失。惟近两月来，煤价上涨倍数过大。预加50%，已不能切合收支预算。现拟照上海及各他电厂办法，每半个月调整

---

① 《重庆电力公司第 13 届股东大会记录》，档案号：0219 - 0002 - 00118，第 220～221 页。
② 《重庆电力公司第 13 届股东大会记录》，档案号：0219 - 0002 - 00118，第 221 页。
③ 《重庆电力公司第 13 届股东大会记录》，档案号：0219 - 0002 - 00118，第 222 页。
④ 《重庆电力公司第 13 届股东大会记录》，档案号：0219 - 0002 - 00118，第 222 页。

电价一次。（2）电价算出后除呈报市府备查外，即一面开始装票收费。属于收取电费计：（1）电费收据送达用户处即须缴费，逾限 3 日，即行剪火；逾限 5 日，停止供电。（2）每月用电在 1000 度以上之用户，每半月抄表收费一次。"[①] 但股东认为其生产成本早已不敷，且"自抗战迄今日夜供电，以应军需民生及市民之需，毫无休息整顿机会。缩短机器寿命，电价复受政府管制，价格太低，收支失衡，准许提出之折旧，备不敷重置发电设备之需。现有机炉已至不堪使用之境地，上述情形，纯系抗战时为国家服务所致，此次装设就机费用仍应请政府付贷款办理。"[②]

从公司最后一届股东会可看出此时的重庆电力股份有限公司可谓伤痕累累，濒临倒闭。重庆在"内战阴影和经济危机的笼罩下，通货膨胀、市场萧条"，[③] 人民群众的生活日益恶化。尤其到 1948 年后，恶性通货膨胀已极其严重。而公司的"电价和物价的严重脱节，使全厂职工长期苦苦地挣脱在饥饿线上。公司陷于外欠巨款、内欠职工数月工资的绝境。整个厂区内人心惶惶，已往的兴旺繁荣景象早已不再，成为解放前重庆市最著名的'烂摊子'"。[④]

第三节　公司危局与工人的护厂斗争

一　国民党阴谋破坏公司

1949 年 10 月 1 日，中华人民共和国成立。10 月 14 日，中国人民解放军解放广州，国民党当局于 15 日迁往重庆办公，国民党政权的彻底崩溃已是大势所趋。11 月，人民解放军剑指西南，重庆解放指日可待。就在国民党当局逃离大陆前夕，国民党特务却计划在重庆破坏包括电力公司在内的工厂和市政设施。"11 月 20 日，国防部保密局局长毛人凤在重庆召开会议，研究破坏工厂和城市的行动计划。会后成立了重庆破厂办事处，组成人员包括了在渝军统特务，要求公、秘机关全力以赴，务期完

①　《重庆电力公司第 13 届股东大会记录》，档案号：0219 - 0002 - 00118，第 223 页。
②　《重庆电力公司第 13 届股东大会记录》，档案号：0219 - 0002 - 00118，第 226 页。
③　周勇主编《重庆通史》，第 1364 页。
④　重庆市渝中区政协文史资料委员会编《重庆渝中区文史资料》第 14 辑，第 186～190 页。

成。达到的破坏程度是以一年内不能恢复生产为原则。"① 重庆电力股份有限公司的重要电力设施，被纳入了特务破坏的计划中。"1949 年 11 月 29 日中国人民解放军已经攻占了重庆近郊大坪、浮图关，先头部队已挺进市区。当日下午 3 点，毛人凤从离城 20 公里的歌乐山山洞警察分局打电话向廖宗泽（重庆兵工署警务稽查处处长——引者注）下达了执行爆破的命令。于是，随着廖宗泽一声令下，各爆破点从傍晚 6 时开始陆续点火引爆，一时间重庆地动山摇，火光冲天，大批厂房、民房被炸毁，百姓死伤无数……"②

二　工人的护厂斗争

临近光明时，国民党特务肆意破坏重庆的工厂和市政设施，电力公司首当其冲。但"为了保卫即将回到人民手中的胜利果实，为建设新重庆保留下十分珍贵的基础工业，在中共重庆地下党的引导下，重庆电力公司向潘文华借来步枪六十支，组织了武装护厂队，朝夕操练，并在厂里的重要部位安装了电网，严阵以待，以防特务捣乱"。③ 公司还制定了具体的护厂措施：

1. 充实自卫武装力量。公司设法向潘文华借来步枪六十支，连同公司原有的二十支，共八十支。计分配给大溪沟一厂五十支，弹子石二厂十支，鹅公岩三厂十支，公司本部十支，以加强各厂的保卫力量。

2. 在大溪沟厂内成立三个工人自卫支队，朝夕训练。由于人多、枪支少，而工人的护厂决心又日益高涨，于是很多工人手持火钩、铁棍、钢管等作为武器进行操练。

3. 各厂周围一律敷设电网，以防敌人逾墙进犯。

在"重庆解放前一天（1949 年 11 月 29 日——引者注）的晌午，突来军车一辆，载有全副武装的交警队官兵六十余人及炸药十数麻袋，停在厂的斜对面茶馆门前。特务张庸之威胁公司职工将电厂交与交警队接管，被公司总经理傅友周严词拒绝。随后，交警特务头子宣某对傅友周威胁，若不率领工人一齐退出，那我们就要打进来，限在半小时内考虑好答复"。④ 面对穷凶极恶的敌人发出的恐吓，公司职工没有被敌人嚣张的气

---

① 周勇主编《重庆通史》，第 1371 页。
② 何蜀：《黄埔军人廖宗泽曲折的人生》，《文史精华》1996 年第 2 期，第 44～45 页。
③ 重庆市渝中区政协文史资料委员会编《重庆渝中区文史资料》第 14 辑，第 186～190 页。
④ 中国民主建国会重庆市委员会、重庆市工商业联合会文史资料工作委员会编《重庆工商史料》第 2 辑，第 196 页。

势所吓倒，而是机智地采取措施与敌人斗争。"一是立即采取紧急措施，把锅炉的蒸汽全部放掉，停止发电，使得厂内机器房漆黑一片，防止特务辨认方向。二是针对厂房是钢筋水泥建筑，可以抵挡住轻武器的袭击，作为掩护条件。""厂方与工人团结护厂，组织武装护厂队与军警对峙，半小时过去，解放大军已经抵进本市近郊，隆隆的炮声吓的敌人开始狼狈逃走。"① 最终，重庆电力股份有限公司得以保住。1949 年 11 月 30 日，中国人民解放军进入重庆城区，国民党特务破坏电力公司的阴谋破产，大多数特务也狼狈逃离重庆。至此，重庆电力股份有限公司迎来了新生。

第四节　重庆解放后公司的改组与重生

1949 年 11 月 30 日重庆解放后，重庆市军事管制委员会对重庆电力股份有限公司实行军事管制。同年 12 月 15 日，重庆电力股份有限公司公私合营董事会成立，军代表朱广林（担任西南军政委员会工业部电业管理局副局长——笔者注）任董事长。1950 年 4 月 30 日，公司被正式接管，其管理工作由新成立的西南军政委员会工业部重庆区电业局负责，设立的"供用电机构有线路科、业务科、调度科等部门"，② 继续向全市供电。

1950 年 7 月 20 日，重庆电力股份有限公司举行了私股董监谈话会，探讨了公司被新政权接管后的相关议题。出席者有田习之、衷玉麟、康心如、石体元、周见三、杨晓波、朱广林、马绍周、石竹轩；列席者有总经理傅友周、总工程师吴锡瀛、科长黄大庸和杨新民。

首先，会议报告了公司 1949 年全年及 1950 年上半年财务概况："1949 年因伪币贬值，电价与物价不能配合，全年亏折数字：1～6 月亏损金圆券 5694974400676905 元（照 5 亿比 1 折合银元券 11389948 元）；7～11 月亏损银元券 49965883 元（1～6 月共计亏损银元券 61355831 元，以6000 比 1 折合人民币 3681349860.00 元）。12 月份亏损人民币779829360.65 元。合计亏损人民币 4461179220.65 元。除垫付 5000 千瓦新机税款运费及一部工程工科费约合人民币 20 亿元有奇外，实际全年亏折约为 24 亿 6000 余万元。"③ 以上数字表明，1949 年全年公司的财务状

---

① 周勇主编《重庆通史》，第 1372 页。
② 四川省电力工业志编纂委员会编《四川省电力工业志》，第 156 页。
③ 《重庆电力公司私股东、监谈话会记录》，档案号：0219 - 0002 - 00325，第 129～131 页。

况不容乐观，这给新政权的接管带来了极大的困难。公司的负债情况也相当严重："公司截至 1949 年年底止长短期负债状况如下：（1）交通银行银元 84000 元，合计人民币 504000000 元。（2）其他短期负债约计人民币一亿余元。（3）积欠煤款 9000 余吨，约人民币 17 亿元。（这些负债 1950 年陆续偿还清）公司 1949 年其他应支付款须（1）1949 年下季营利事业所得税 429750000 元，房捐地价税等约 5000 余万元。（均于 1950 年上季缴清）（2）1949 年应付职工年终奖金 2 个月除于 1950 年 2 月发放 1 个月，计人民币 370000000 余元外，其余 1 个月照目前米价约需 7 亿余元尚未发给。"① 自西南军政委员会接管公司后，公司财务在账面上发生了变化："（1）1950 年 1~6 月共盈余人民币 1665629184.74 元。（2）胜利公债公司摊配 4 万 5 千分，已购 2 万分，区域摊认 1280 分，已全数认购，尚有 2 万分准备 7、8 两月购齐。（3）1950 年 1~3 月工商税评议应完营业税 242998802 元，已全部缴清。从 4 月份起每季应照中央新规定缴税约需 150000000 余元。"② 以上统计数据说明自新政权接管公司后，公司业务得到有效整顿，公司经营已取得成效。重庆电力公司 1950 年 1~6 月盈亏情况如表 7-1 所示。

表 7-1　重庆电力公司 1950 年 1~6 月盈亏情况

单位：旧法币

月　份	盈　余	亏　损
1 月	19286260824	
2 月		7386098820
3 月	80075931658	
4 月		109074520
5 月	106441847780	
6 月	2615405152	
合　计	208419445414	7495173340

资料来源：《重庆电力公司私股东、监谈话会记录》，档案号：0219-0002-00325，第 132 页。

其次，中央颁布了对各大行政区域电业实行统一管理及有计划地分期发展的政策。按照新的管理体制，"西南军政委员会工业部为有效执行电

---

① 《重庆电力公司私股东、监谈话会记录》，档案号：0219-0002-00325，第 131 页。
② 《重庆电力公司私股东、监谈话会记录》，档案号：0219-0002-00325，第 131~132 页。

业统一管理政策，特设西南电业管理总局统一计划、领导重庆区各公私营电厂的工作，特依照中央燃料工业部的规定筹设重庆区电业管理局；重庆区电业管理局在西南电管局领导下执行统一调配、集中营业之任务"。①具体来说，在组织人事上，新政权对原重庆电力股份有限公司的管理层进行了改组，任命重庆区电业管理局"局长为朱广林，副局长为傅友周、吴锡瀛，秘书科长杨仿涛，人事室主任王僚各，干部科长人选未定、副科长郭洪章。工务科与保卫科长人选未定。经理室主任张玠、副主任杨君雅，管理科长陈景岚，用电科长郭民永，会计科长杨君耀兼、副科长黄大庸，供应科长杨云浮、副科长杨新民。运行室主任胡通济，线路科长秦亚雄，调配科长胡通济兼、副科长吴昌恕，修理所长张籍瑞，生产技术室主任易宗权，生产科科长易宗权兼，统计考核科长张永书。各发电厂负责人人选：第一厂厂长欧阳坚，第二厂厂长刘希孟，第三厂厂长孙新傅。各办事处主任：沙（沙坪坝）办处主任陈钦柱，江（江北）办处主任何建伯，南（南岸）办处主任张博文"。②

再次，西南军政委员会工业部表示，对重庆区电业管理局所辖范围内公私合营之电力厂或公司（含重庆电力股份有限公司——笔者注）基于公私兼顾之原则，尊重原公司私人股本之权益，并切实保障其本息。重庆区电管局的组织草案未颁布前，原重庆电力股份有限公司的私营部分股份（股东）参加电业局管理，履行其权利、义务按照如下政策执行："按全体私股在会上经讨论通过修正之点，即按组织大纲第 4 条后增列 1 条原文：'第 5 条　本局既为公私合营之企业，应由公私股东组织董监会代表，股东执行企业方面之监督考核，其组织规程另定之。'"

在这次谈话会上，西南军政委员会工业部万里部长发表了谈话。万里部长谈及工业部接管电力公司以后，"担子加在我们身上，幸赖傅（傅友周）、吴（吴申元）两先生协助，未出乱子，公用事业搞得不好，对不起120 万市民。虽望有发展前途，今后怎样发展？他同邓政委（邓小平——引者注）谈过几次，要提高质量，降低成本，做到有口皆碑，不要怨声载道，内部问题要与私股协商处理，哪怕千分之一、万分之一的股份也不能抹杀。如其外间有一个人说我们企图不顾私人资本，我们都受不了，违背

---

① 《重庆电力公司私股东、监谈话会记录》，档案号：0219 - 0002 - 00325，第 132 页。
② 《重庆电力公司私股东、监谈话会记录》，档案号：0219 - 0002 - 00325，第 136～138 页。

了国策，要受政府处分，我们提的意见仅可能商量，通过的方办，通不过的不办或缓办。关于降低成本，只有改善管理并发动职工积极性或者必须减少折旧率，备及利润，将来利润按股分派或由公司保管，扩大生产，都要征询大家意见。至于组织大纲第4条之后增加一条，只要大家同意，我都同意，若私股董监不尽量提供意见，那就失败了"。①万部长谈话结束后，会上的股东也发表了意见。如杨晓波董事发言："政府执行公私兼顾政策，保本保息，我们百分之百拥护。万里部长也说发动职工积极性，我们董监也愿竭尽力量贡献绵薄，以什么方式参加电管局，刚才有一个决定等候万部长指示。本人系代表聚兴诚站在银行为人民服务的立场上，也愿代收电费。"②

最后，对座谈会内容做了总结，认为过渡时期私股董监仍旧，公股董监由西南军政委员会工业部指派；交通银行股份如何处理，由工业部与交行洽商；从速办理资产估值确定资本总额，原则上以现在机器市值扣除折旧。详细办法呈请西南军政委员会工业部核定，俟股本核定；后召开股东大会选举董监成立董监会。

改组后的重庆区电业局于1951年8月至1952年7月间对大溪沟电厂进行扩建，安装2台5000千瓦汽轮机发电机组。同时改造旧电网，1950～1952年新建大溪沟、铜元局、弹子石、玛瑙溪、李家沱5个33千伏变电站，将大溪沟、弹子石、鹅公岩3个电厂的高压线路统一改造升压为33千伏，3个孤立运行的电厂联网运行，形成统一电网。到1952年底，全市装机容量达2.6296万千瓦，年发电量10063.3万千瓦。这与解放前夕的公司状况形成了鲜明的对比。与此同时，在机构组织方面，1951年4月14日，政府将重庆区电业局改称为重庆电业局。③重庆电业局是新中国成立后重庆地区设立的第一个电业管理机构，几经演变成为今天国家电网所属的重庆市电力公司。

---

①　《重庆电力公司私股东、监谈话会记录》，档案号：0219-0002-00325，第134~136页。
②　《重庆电力公司私股东、监谈话会记录》，档案号：0219-0002-00325，第135~136页。
③　重庆市地方志编纂委员会编《重庆市志》第4卷（上），第157~159页。

结　语

　　通过对重庆电力股份有限公司的个案研究，可以管窥近代中国电力企业经营管理的发展历程。公司创设于四川军阀刘湘实现川政统一及实施新政之际，推动了全面抗战爆发前重庆工商经济的发展。全面抗战爆发后国府迁渝，公司迎来政府扶植大后方企业发展的机遇。但在战争环境下，公司面临着既要扩大业务又要应对战时日机轰炸的双重压力。同时交通封锁、设备匮乏、物价高涨等负面因素使其陷入了经营困境。抗战结束后，公司随即又面临战火纷飞、社会动荡、民生凋敝、经济状况严重恶化的内战环境，经营管理日趋衰退，最后公司趋于崩溃。本书通过考察重庆电力股份有限公司生存发展的历史轨迹，可以为读者提供一个认识近代重庆社会经济发展的视角。

　　20 世纪 30 年代初，以潘文华、胡仲实、刘航琛、康心如、傅友周等为代表的重庆电力股份有限公司创办者、经营管理者，在当时地方军政首领刘湘的支持下，以振兴实业、发展经济为要旨，发展重庆电业。重庆电力股份有限公司就是在这样的背景下创办的。公司推动了全面抗战爆发前重庆工商经济的发展，也为保障抗战时期重庆的电力供应奠定了坚实的基础。

　　全面抗战爆发后，重庆成为大后方的政治、经济、文化中心，工业实力得到较大提高。电力事业是特殊的公用事业，电力为工业之重要动力，电力事业的发达与否，可以窥知工业化程度之高低。因此，重庆电力股份有限公司的生产经营关系战时重庆工业之发展。由于战前的中国电力事业，集中于沿海及沿长江一带，至抗战爆发时，沿海及长江下游各地相继沦陷，全国电厂沦陷达 2/3，因电力企业的特殊性，"不能如工厂之先行停业内迁，另起炉灶，故往往随国军撤退，而将发电、配电、用电设备全部损失"，[①] 而随

---

　　① 陈大经：《三十年来中国之电力工业》，中国电业史志编辑室、湖北省电力志编辑室编《中国电业史料选编》（上），第 350 页。

着众多工厂内迁重庆，对电力的需求大增。在这样的情形下，扩大后方电力企业规模以满足内迁工业发展需要成为国民政府的当务之急。重庆电力股份有限公司是民国时期四川最大的电力企业，具有较好的发展基础，在当局的扶植下，其生产规模得以扩大，其供应能力得以增强。在抗战这一特殊历史时期，重庆人口剧增，用电需求巨大，而电力关系国计民生，对发展重庆社会经济，稳定重庆社会秩序，安定重庆人民生活具有十分重要的作用，因而战时重庆电力股份有限公司成为各方关注的焦点。这一时期，公司为推动重庆社会经济发展做出了积极的贡献。但在战争环境下，公司生存与发展也面临着不少困难。公司所面临的困难体现在以下几个方面。一是营利性减弱。"抗战以来，后方物价暴涨，而电价则因公用事业关系，未能随之高涨，兼以敌机轰炸频仍，损失时虞，于是利益稳固之电气事业，一变而为风险极大而无利可图之事业。"[1] 二是生产成本增加。"惟以电气事业所需之机器材料，大部分须由国外内运，困难殊多，且以资金浩大建设费时，而利益较薄，故民营方面仅顾维持原状，即修理迁机费用，亦均需由政府资助或代为借款。"[2] 此外，发电所需的燃煤价格也是不断高涨，使得公司的发电成本剧增。三是资金匮乏。以公司为代表的电力企业大多出现"资金不健全之通病，因资金不健全，而人员组织、工程设施，不得不因陋就简。因组织及工程之简陋，于是有效率低落、业务不振及收支不能相抵之现象，致使电厂经济愈趋枯竭，不得不借款度日。驯至一切设施愈趋简陋，而收入支出愈不能相抵，严重恶性循环"。[3] 值得关注的是，抗战中后期公司经营管理面临的困境反映出大后方工业生产在当局片面管制下的畸形发展，而企业则在高成本下陷入入不敷出的境地。而国民政府竭泽而渔的税收政策，以及战争环境下的通货膨胀、物价上涨，更成为工业良性发展的障碍。这些问题亦是抗战期间大后方社会经济呈现衰落的主要原因。抗战结束后，重庆电力股份有限公司受经济环境的制约，面临着深重的危机，最后趋于崩溃。因而，我们看到，重庆电力

---

① 陈大经：《三十年来中国之电力工业》，中国电业史志编辑室、湖北省电力志编辑室编《中国电业史料选编》（上），第350页。

② 陈大经：《三十年来中国之电力工业》，中国电业史志编辑室、湖北省电力志编辑室编《中国电业史料选编》（上），第352页。

③ 陈大经：《三十年来中国之电力工业》，中国电业史志编辑室、湖北省电力志编辑室编《中国电业史料选编》（上），第351页。

股份有限公司作为近代中国特定历史条件下产生的民族资本主义企业，其经营管理活动存在着较多的历史局限。其发展历程令人深思，并给人以启示。

重庆电力股份有限公司的治理结构也是本书重点关注的内容。从形式上看，它遵循国民政府《公司法》的框架与原则，设置了近代股份有限公司的应有机构；从经营绩效上看，它建立了一套较为健全的会计制度，利益配上也采取红利分配机制。[①] 以上说明中国地方企业在一定程度上正实践着近代股份制公司的运行机制。但是从实际运行看，公司治理又往往受到政治、经济环境的制约，呈现与法理意义上所要求的经济民主、自由等原则相冲突的一面。前文所述国家对公司资本的介入与价格干预可作例证。另股息制度的支付从短期发展来看，"保证了股东利益的获取，但就长期发展来看，股东并不能从高额股息的支付中获取利益，反而受其伤害"。[②] 这表明"近代中国社会政治、经济体制的不尽合理，以及中国社会长期的战乱、不安定，公司制度的演进和发展都缺少一个必不可少的稳定的社会政治、经济环境。由此造成的现实情况往往是国家、政府制订的法令、法规是一回事，而在现实生活中对法令、法规的执行和实施又是另一回事"。[③] 对中国这样的后发型国家来讲，企业的发展同样受其后发型发展效应的影响，在这样的"困扰"下，一些企业往往会寄予"政府的存在与动员社会力量兴办近代公司企业"。[④] 但这两者之间又往往呈现二重矛盾性："一方面，如果企业离开了政府的扶植与介入，受到各种壁垒的制约，股份制企业的兴办可能会遇到更大的困难。但是另一方面，随着股份制企业的力量壮大，政府以对企业的扶植为代价而获得的有利于其自身存在的对企业的控制权，逐步演变为对企业进一步发展的障碍，这就导致企业对政府控制权的否定，并诉诸于对准则化制度建设的要求。"[⑤] 两者之间的矛盾使得企业与政府之间的关系较为复杂。回顾历史，重庆电力股份有限公司一方面得益于四川地方实力派与国民党中央政府的扶植，获

---

① 在近代公司法中关于股东权的设计内容必然反映公司营利性的目标，维护股东的获利需要。李彤：《近代中国公司法中股东权制度研究：以法律与社会的互动为中心》，第25页。
② 李彤：《近代中国公司法中股东权制度研究：以法律与社会的互动为中心》，第191页。
③ 张忠民：《艰难的变迁——近代中国公司制度研究》，第100页。
④ 王处辉：《中国近代企业组织形态的变迁》，天津人民出版社，2001，第195页。
⑤ 王处辉：《中国近代企业组织形态的变迁》，第195页。

得了发展；但另一方面，全面抗战爆发后，公司一直受国民政府经济部、四联总处、战时生产局、重庆市政府等部门的管控，自主经营空间受到制约，而这也影响了公司的健康发展。可见，企业的存在与发展，与自身所处政治社会环境关系密切。

综上所述，对重庆电力股份有限公司的个案研究，有助于我们更加深刻地认识和理解近代中国电力企业经营的发展轨迹及特点，探究其发展的曲折性及其在近代中国所处的特殊环境下不能健康有序发展的缘由，亦可为今天中国电力行业、民营企业的发展提供一定的借鉴。

参考文献

一　历史档案

兵工署第二十四工厂档案（0178），重庆市档案馆藏。

川康平民商业银行档案（0298），重庆市档案馆藏。

重庆电力股份有限公司档案（0219），重庆市档案馆藏。

重庆市工务局档案（0067），重庆市档案馆藏。

重庆市警察局档案（0061），重庆市档案馆藏。

重庆市临时参议会档案（0054），重庆市档案馆藏。

重庆市社会局档案（0060），重庆市档案馆藏。

重庆市政府档案（0053），重庆市档案馆藏。

经济部燃料管理处档案（0021），重庆市档案馆藏。

美丰银行档案（0296），重庆市档案馆藏。

民生实业股份有限公司民生机器厂档案（0207），重庆市档案馆藏。

迁川工厂联合会档案（0083），重庆市档案馆藏。

申新第四纺织公司重庆分厂档案（0234），重庆市档案馆藏。

四联总处重庆分处档案（0285），重庆市档案馆藏。

中国兴业股份有限公司档案（0193），重庆市档案馆藏。

二　文献资料

陈真编《中国近代工业史资料》，三联书店，1961。

重庆市档案馆、重庆师范大学合编《中华民国战时首都档案文献　第1卷　国府迁渝、明定陪都、胜利还都》，重庆出版社，2008。

重庆市档案馆、重庆师范大学合编《中华民国战时首都档案文献　第3卷　战时社会》，重庆出版社，2008。

重庆市档案馆、重庆师范大学合编《中华民国战时首都档案文献　第

5 卷　战时金融》，重庆出版社，2008。

重庆市档案馆、重庆市人民银行金融研究所合编《四联总处史料》，档案出版社，1993。

重庆市师范大学、重庆市档案馆合编《中华民国战时首都档案文献　第 4 卷　战时工业》，重庆出版社，2008。

重庆市渝中区政协文史资料委员会编《重庆渝中区文史资料》第 14 辑，内部刊行，2004。傅润华、汤约生主编《陪都工商年鉴》，文信书局，1945。

《九年来之市政建设》，重庆市政府特刊，1936。

李代耕编《中国电力工业发展史料——解放前的七十年（一八七九~一九四九）》，水利电力出版社，1983。

潘洵、周勇主编《重庆大轰炸档案文献·抗战时期重庆大轰炸日志》，重庆出版社，2011。

钱健夫：《当前的动力问题》，重庆青年书店，1944。

沈云龙主编《近代中国史料丛刊》，台北：文海出版社，1975。

四川省档案馆编《四川保路运动档案选编》，四川人民出版社，1981。

四川省电力工业志编辑室编《四川电业志资料汇编 1》，内部刊行，1989。

四川省电力工业志编辑室编《四川电业志资料汇编 3》，内部刊行，1990。

四川省电力工业志编辑室编《四川电业志资料汇编 4》，内部刊行，1991。

孙毓棠编《中国近代工业史资料（1840~1895）》下册，科学出版社，1957。

孙照海、初小荣选编《抗战文献类编·经济卷》，国家图书馆出版社，2009。

《孙中山全集》第 5 卷，中华书局，2006。

《孙中山全集》第 6 卷，中华书局，2006。

唐润明主编《抗战时期大后方经济开发文献资料选编》，内部刊行，2006。

唐润明主编《重庆大轰炸档案文献·财产损失》，重庆出版社，2011。

中国第二历史档案馆编《中华民国史档案资料汇编　第 5 辑　第 2 编

财政经济》，凤凰出版社，1997。

中国电业史志编辑室、湖北省电力志编辑室合编《中国电业史料选编》（上），内部刊行，1987。

中国民主建国会重庆市委员会、重庆市工商业联合会文史资料工作委员会编《重庆工商人物志》，重庆出版社，1984。

中国民主建国会重庆市委员会、重庆市工商业联合会文史资料工作委员会编《重庆工商史料》第 2 辑，重庆出版社，1983。

中国人民政治协商会议全国委员会文史资料研究委员会编《工商史料丛刊》第 1 辑，文史资料出版社，1983。

中国人民政治协商会议四川省委员会、四川省省志编辑委员会编《四川文史资料选辑》第 4 辑，内部发行，1979。

三　报刊

《首都电力厂月刊》、《建设周讯》、《四川经济月刊》、《四川经济季刊》、《四川月报》、《实业通讯》、《复兴月刊》、《电业季刊》、《新华日报》

四　方志

重庆市地方志编撰委员会总编辑室编《重庆大事记》，科学技术文献出版社重庆分社，1989。

重庆市地方志编纂委员会编《重庆市志》第 1 卷，四川大学出版社，1992。

重庆市地方志编纂委员会编《重庆市志》第 3 卷，西南师范大学出版社，2004。

重庆市地方志编纂委员会编《重庆市志》第 4 卷（上），重庆出版社，1999。

重庆市地方志编纂委员会编《重庆市志》第 7 卷，重庆出版社，1999。

何润生主编《中华人民共和国电力工业史·重庆卷》，中国电力出版社，2004。

湖南省地方志编纂委员会编《湖南省志》第 9 卷，湖南出版社，1993。

四川省电力工业志编撰委员会编《四川省电力工业志》，四川科学技术出版社，1995。

五　研究著作

陈廷湘主编《中国现代史》，四川大学出版社，2010。

陈旭麓：《近代中国社会的新陈代谢》，上海社会科学院出版社，2006。

重庆抗战丛书编纂委员会编《抗战时期重庆的经济》，重庆出版社，1995。

杜恂诚、严国海、孙林：《中国近代国有经济思想、制度与演变》，上海人民出版社，2007。

高新伟：《中国近代公司治理（1872～1949 年）》，社会科学文献出版社，2009。

郭红娟：《资源委员会经济管理研究——以抗战时期为核心的考察》，中国社会科学出版社，2009。

黄立人：《抗战时期大后方经济史研究》，中国档案出版社，1998。

江满情：《中国近代股份有限公司形态的演变——刘鸿生企业组织发展史研究》，华中师范大学出版社，2007。

靳明全主编《重庆抗战文学区域性》，重庆出版社，2012。

〔美〕柯白：《四川军阀与国民政府》，殷钟崚、李惟健译，四川人民出版社，1985。

李彤：《近代中国公司法中股东权制度研究：以法律与社会的互动为中心》，法律出版社，2010。

李学通编《抗日战争　第 5 卷　国民政府与大后方经济》，四川大学出版社，1997。

李禹阶、管维良主编《三峡文明史》，重庆出版社，2007。

李玉：《北洋政府时期企业制度结构史论》，社会科学文献出版社，2007。

〔美〕列文森：《儒教中国及其现代命运》，郑大华、任菁译，广西师范大学出版社，2004。

凌耀伦：《中国近代化与中国资本主义》，四川大学出版社，2011。

刘克祥、吴太昌主编《中国近代经济史（1927～1937）》上册，人民出版社，2010。

陆满平、贾秀岩：《民国价格史》，中国物价出版社，1992。

陆仰渊、方庆秋主编《民国社会经济史》，中国经济出版社，1991。

潘洵主编《抗战时期西南后方社会变迁研究》，重庆出版社，2011。

宋子良、王平、吉小安：《通向工业化之路》，中国经济出版社，1993。

苏智良等：《去大后方——中国抗战内迁实录》，上海人民出版社，2005。

唐润明主编《抗战时期国民政府在渝纪实》，重庆出版社，2012。

王处辉：《中国近代企业组织形态的变迁》，天津人民出版社，2001。

王笛：《跨出封闭的世界——长江上游区域社会研究（1644 ~ 1911）》，中华书局，2006。

隗瀛涛、周勇：《重庆开埠史》，重庆出版社，1997。

隗瀛涛主编《近代重庆城市史》，四川大学出版社，1991。

隗瀛涛主编《辛亥革命与四川社会》，成都出版社，1991。

隗瀛涛主编《中国近代不同类型城市综合研究》，四川大学出版社，1998。

隗瀛涛主编《重庆城市研究》，四川大学出版社，1989。

吴承明、江泰新主编《中国企业史·近代卷》，企业管理出版社，2004。

吴太昌、武力主编《中国国家资本的历史分析》，中国社会科学出版社，2012。

杨德才：《中国经济史新论（1840 ~ 1949）》，经济科学出版社，2004。

杨勇：《近代中国公司治理——思想演变与制度变迁》，上海人民出版社，2007。

余英时：《文史传统与文化重建》，三联书店，2012。

俞祖华：《民族主义与中华民族精神的现代转型》，社会科学文献出版社，2012。

虞和平主编《中国现代化历程》第2卷，江苏人民出版社，2005。

张超：《民国娼妓盛衰》，社会科学文献出版社，2009。

张福记：《近代中国社会演化与革命——新民主主义革命发生发展的历史根据研究》，人民出版社，2002。

张国镛主编《中国抗战重庆陪都史专题研究》，四川人民出版社，2005。

张瑾：《权力、冲突与变革——1926～1937 年重庆城市现代化研究》，重庆出版社，2002。

张静如、刘志强主编《北洋军阀统治时期中国社会之变迁》，中国人民大学出版社，1992。

张守广：《大变局——抗战时期的后方企业》，江苏人民出版社，2008。

张守广：《抗战后方工业研究》，重庆出版社，2012。

张宪文等编《民国档案与民国史学术讨论会论文集》，档案出版社，1988。

张学君、张莉红：《四川近代工业史》，四川人民出版社，1990。

张忠民：《艰难的选择——近代中国公司制度研究》，上海社会科学院出版社，2002。

张忠民、陆兴龙、李一翔主编《近代中国社会环境与企业发展》，上海社会科学院出版社，2008。

赵旭东编著《公司法学》，高等教育出版社，2006。

周开庆：《四川与对日抗战》，台北：商务印书馆，1987。

周天豹、凌承学主编《抗日战争时期西南经济发展概述》，西南师范大学出版社，1988。

周勇、陈国平主编《给世界以和平——重庆大轰炸暨日军侵华暴行国际学术讨论会论文集》，重庆出版社，2008。

周勇、刘景修译编《近代重庆经济与社会发展（1876～1949)》，四川大学出版社，1987。

周勇主编《重庆抗战史：1931～1945》，重庆出版社，2005。

周勇主编《重庆通史》，重庆出版社，2002。

周勇主编《重庆·一个内陆城市的崛起》，重庆出版社，1989。

朱荫贵主编《近代中国：经济与社会研究》，复旦大学出版社，2006。

朱英：《辛亥革命前期清政府的经济政策与改革措施》，华中师范大学出版社，2011。

朱英主编《辛亥革命与近代中国社会变迁》，华中师范大学出版社，2011。

六 论文

重庆市档案馆摘编《1939～1944 年蒋介石为改善重庆市政的 106 道手令》，《档案史料与研究》2001 年第 4 期。

黄兴：《电气照明技术在中国的传播、应用和发展（1879～1936）》，硕士学位论文，内蒙古师范大学，2009。

蒋梦麟：《抗战时期中央大学的内迁与重建》，《抗日战争研究》2012 年第 6 期。

李俊：《民族情绪与民族工业的契机——以抗战时期国民政府工业政策为例》，《贵州民族研究》2011 年第 6 期。

李瑞：《形似而神非：民国成都启明电气公司股份制特点简析》，《西南民族大学学报》（人文社科版）2009 年第 6 期。

李一翔：《略论抗战时期后方银行资本与产业资本的溶合趋势》，《南开经济研究》1993 年第 1 期。

刘洪彪：《民国时期重庆市自来水股份有限公司的建立与经营管理（1932～1949）》，博士学位论文，四川大学，2010。

马敏：《孙中山与张謇实业思想比较研究》，《历史研究》2012 年第 5 期。

潘洵：《抗战时期日军轰炸重庆研究》，博士学位论文，四川大学，2010。

钱仲超：《电价及其制度》，电业年会论文。

王静雅：《建设委员会电业政策研究（1928～1937）》，硕士学位论文，华中师范大学，2011。

吴承明：《论工场手工业》，《中国经济史研究》1993 年第 4 期。

徐德莉：《抗战视窗下西南蛮区风俗习尚改良运动》，《江西师范大学学报》（哲学社会科学版）2010 年第 6 期。

杨菁：《试论抗战时期的通货膨胀》，《抗日战争研究》1999 年第 4 期。

〔美〕易劳逸：《中日战争时期的国民党中国（1937～1945）》，曾景忠译，《档案史料与研究》1994 年第 2～4 期。

张燕萍：《抗战时期国民政府工业政策评析》，《江海学刊》2005 年第 6 期。

附　录

重庆电力股份有限公司营业章程

总　纲

第一条　本公司系民营集资创办，经市政府核定价格立约收买前烛川电灯公司继承其各项产业及专营权利，依法呈请经济部备案。

第二条　本公司专售电光、电力、电热，于重庆市区域内有专营，他人不得为同业之竞争。如受用户之要求并得与巴县、江北两县境内推广营业。

第三条　本公司依照《公司法》中有关股份制有限公司的组织规定，故定名为重庆电力股份有限公司，自刊图记以昭信守。

第四条　本公司厂址设重庆市新市区大溪沟，必要时得设分厂于市区内，营业地址设重庆市内。

第五条　本公司营业年限定为三十年，期满得继续呈请展定。

第一章　股份

第六条　本公司股本总额为国币200万元（公司第四次股东大会上增为3000万元），以100元为一股，共计30万股。

第七条　本公司股本概以现金一次缴纳，不得以劳力及财产作股。

第八条　本公司股票为记名式，分一股、十股、一百股三种，各附息单为支取息金之据。

第九条　凡股票之过户依《公司法》117条、124条办理，但不得转卖于非中国人，在开股东会前一个月内及开会期间中不得过户。

第二章　股东及发起人权利

第十条　股票如有遗失应将号数报明公司，一面自行登报，三个月后

如无枝节再由公司换给新票

第十一条　本公司开股东会时，到会股东每一股有一议决权，在 11 股以上者，每二股有一议决权，加入股数及代表股数过多者，其议决权不得逾全股总数五分之一。

第十二条　股东入股至 200 股者有被选董事权，50 股者又被选监察人权。

第十三条　本公司发起人 7 人，其名字、住址如下：潘仲三住重庆曾家岩植庐，刘航琛住白象街 124 号，石体元、陈怀先住重庆曾家岩诚实山庄，康心如住重庆定远碑 12 号，傅友周住重庆小较场逸公祠，胡仲实住重庆赛家桥 48 号。

第十四条　前条之发起人经股东大会决议每年于纯益内提 5% 作为永远酬劳金由 7 人平均分受，另立执券为据。

第三章　组织

第十五条　本公司设董事 15 人由股东记名投票公举，任期 3 年，期满得连举连任。

第十六条　由各董事互选董事长 1 人，常务董事 4 人，其任期与董事同。

第十七条　本公司设监察人 7 人，由股东记名投票公举，任期一年，期满得连举连任。

第十八条　本公司设总经理 1 人、协理 2 人，由董事会聘任，辞退时亦同。

第十九条　本公司设总工程师 1 人，由总经理聘用后董事会备案。

第二十条　本公司应设各科室处另以组织规程规定之，前条之组织规程由总经理拟具提交董事会核定之。

第二十一条　各科长员由总经理委用函报董事会备案。

第四章　权责

第二十二条　董事长、常务董事均得代表董事会主持公司一切事务，但有重大事件时须由董事会会议决之。

第二十三条　董事会议每月召开一次，常务董事会每周开一次，其开会日期由董事长决定 5 日前通知。

第二十四条　监察人得单独执行监察公司财产账据、营业情形。

第二十五条　总经理承董事会之意旨代表公司主持一切事务，担任完全责任，协理补助总经理执行一切事务。

第二十六条　各科室处办事规则由总经理拟定，交董事会议决施行。

第五章　经费

第二十七条　各董事监察人之舆马费由股东会决定，总经理以下各级职员之薪津由董事会决定。

第二十八条　本公司经常费用由总经理制定预算后交董事会议决，临时费用随时条交董事会长或常务董事决定。

第六章　利益分配

第二十九条　本公司股东官息定为每年 8 厘

第三十条　本公司每年总结算时所有利益除一切开支提存财产折旧及公债金外，余存纯益按百分率比例分配，以 5 分酬劳发起人，10 分酬劳董监人，25 分酬劳办事人，60 分为股东红利。

第七章　股东会

第三十一条　本公司每年开股东大会一次，于总结算后由董事会召集之。

第三十二条　本公司于必要时经常董事会之决议或有股本总数二十分之一以上股东之请求者均得召集临时会。

第八章　附则

第三十三条　本公司公告方法除以书面通知外并指定重庆有名报纸两种以上随时登载公布。

第三十四条　本公司供给电气章程悉遵部颁，取缔电气事业条例规定呈由主管官署备案。

第三十五条　本章程未尽事宜悉遵《公司法》股份有限公司之规定办理。

第三十六条　本章程经股东会议决呈由主管官署核准施行，修改时亦同发起人姓名住址。①

重庆电力股份有限公司职工福利委员会组织章程

第一章　总则

第一条　本会为增进职工福利特遵照部颁职工福利委员会组织规程，并参酌本公司之实际情形组织之。

第二条　本会定名为"重庆电力股份有限公司职工福利委员会"。

第三条　本会会址设重庆电力股份有限公司内。

第二章　权利与义务

第四条　凡公司职工均有遵守本会会章按期缴纳福利费及履行本会决议之义务。

第五条　凡公司职工均得享有本会一切福利设施之权利。

第三章　组织及职权

第六条　本会由公司指派代表一人，职工各选出代表9人组织之。除公司代表外任期一年，连选得连任。

第七条　前条职工代表之选举办法由本会另订之

第八条　本会设主任委员1人，就委员中遴选任之，负责办理本会一切财务收支之稽核事宜。

第九条　本会由公司代表1人、职工各相互选出常务委员5人，共11人，组织常务委员会；依照本会之意旨及决议负责推动一切经常会务。

第十条　本会之职权如左：（一）关于福利事业之计划审议及督导推进事项；（二）关于福利基金之筹集保管及运用事项；（三）关于事业经费之分配稽核事项；（四）关于收支预算、决算之审查及公布事项；（五）关于人事任免调遣及奖惩之核定事项；（六）其他有关职工福利事项。

第十一条　本会设职工福利社为本会之业务执行机构，遵照本会之决

① 《重庆市社会局、重庆电力公司关于增加资本及请核发营业执照的呈、咨》，档案号：0060-0002-00140，第90~97页。

议负责办理一切福利事业。

第十二条 职工福利社设总干事一人、副总干事二人，由本会聘任，秉承本会之意旨综理一切社务。社内分设总务、文教、供应、康乐、会计五组，每组设主任干事一人，干事、雇员若干人，除会计组主任干事请由公司派任外，由常务委员会决定，主任委员具名聘任之。

第十三条 职工福利社所属员工以就公司现有职工中聘任为原则，但必要时得请由公司专派充任之。

第四章　会务

第十四条 总务组办理文书、保管、事务、交际及其他一切有关事宜。

第十五条 文教组办理学术进修、子弟教育及其他一切文化事宜。

第十六条 供应组办理一切职工生活必需物资设备之供应及分配事宜。

第十七条 康乐组办理一切职工之卫生、娱乐及业余之生活改进事宜。

第十八条 会计组办理收支登记及预算决算之编制事宜。

第十九条 职工福利社之事业计划及办事细则另订之。

第五章　会议

第二十条 本会每日召开常会一次，但必要时得由主任委员或常务委员会之决议或经委员三分之一以上人数之请求召开临时会议。

第二十一条 常务委员会每周召开一次但必要时得由主任委员或经常务委员三分之一以上人数之请求临时召集之。

第二十二条 本会常会、临时会、常务委员会均以三分之二以上委员之出席、委员半数以上之同意行之。

第六章　经费

第二十三条 本会福利基金之来源如左：（一）由公司就资本总额提拨百分之五；（二）由公司每月比照职工薪津总额提拨百分之五；（三）由各职工于每月薪津内扣缴千分之五；（四）公司年终结算有盈余时由公司就盈余项提拨百分之五；（五）公司废料变卖时提拨百分之二十；（六）董事会临时拨交运用之基金。

第二十四条　本会基金存本会决议指定银行。

第二十五条　本会账目每月月终结算并揭示公布。

第七章　附则

第二十六条　本章程经委员会通过并呈准主管官署备案后施行。

第二十七条　本章程如有未尽善事宜得由委员会决议增改并呈报主管官署备案。[①]

修正电气事业条例

（1934 年 2 月 27 日国民政府修正公布）

第一条　本条例所称电气事业，谓一般之需要，供给电光、电力、电热之营业。

第二条　本条例所称中央主管机关，为建设委员会。地方监督机关，为省建设厅及市县政府。

第三条　本条例所称工作物，谓因供给电光、电力、电热所谓之一切设备。所称线路，谓输送电气之导体及其附属之设备。

第四条　经营电气事业者，无论公营、民营，非经中央主管机关登记，发给营业执照营业区域图，并经地方监督机关备案后，不得开始营业。电气事业之登记取缔，及其工作物之标准与装置规则，由中央主管机关规定之。

第五条　电气事业人非呈由地方监督机关转呈中央主管机关核准，不得与外人经营之电气事业订立买卖电流合同。

第六条　电气事业非经国民政府特许，不得借用外资。

第七条　电气事业实收股本，或资本之总额，至少应估其投资总额百分之三十。投资总额，至少应为其每年营业总收入之一倍。投资总额为实际收股本或资本及已发行之公司债与其他长期借款之和数。

第八条　电气事业人如欲扩充设备，得呈经建设委员会及实业部许可，依照法令规定发行债券。但其总额不得超过现存资产二分之一。

第九条　电气事业人因工程之必要，经主管机关之许可，得使用河

---

①　《重庆电力公司福利委员会组织章程》，档案号：0219 - 0002 - 00034，第 40 ~ 43 页。

川、沟渠、桥梁、提防，道路，但以不妨害其原有之效用为限。

第十条　电气事业人于必要时，得经土地所有人及占有人之许可，在其房屋上空间或无建筑物之土地上，设施线路。

第十一条　对于妨碍线路之树木或其他植物，电气事业人经所有人及占有人之许可，得欲伐之。

第十二条　电气事业人对于第九条至第十一条所列举之事项，与所有人及占有人协议不谐时，得呈请所在地市县政府处理之。如因避免特别危险或非常灾害，不及呈请时，得先行处置。但应于三日内呈报所在地市县政府，并通知所有人及占有人。

第十三条　第九条至第十二条情形，如致有损害时，应由电气事业人补偿之。

第十四条　本条例未规定事项，准用《民营公用事业监督条例》之规定。

第十五条　本条例自公布日施行。

电气事业电压定率标准规则

（1930 年 9 月 12 日会令公布）

第一条　电气事业所用之电压及定率，均应依照本规则所规定之标准。其在本规则公布前设置者，得仍其旧。

第二条　直流之电压，应由线路满载时终点电压为标准。其电压定位 220 及 440 伏两种。

第三条　交流之定率，定为每秒钟 50 周波。其相数，定为单相及三相两种。

第四条　交流制之电压，应以各输电线或配电线满载时之终点电压为标准，其各级伏数规定如左：

210 220－380 三相四总　320－440 单相三总 2300　2200－3800 三相四总

17－1

6600　13200 30000　60000 100000 150000 200000

第五条　发电机、变压器、电动机、电灯、电具等之电压，应依照附表之规定。

电气事业注册规则

（国民政府 1933 年 5 月 25 日会令修正公布）

第一条 凡《电气事业条例》所规定之电气事业，均须依照本规则申请建设委员会注册给照，经核准后，方得营业及享有电气事业人一切权利。

第二条 电气事业之申请注册，其具名之声请人规定如下：

一、公营电气事业，由主办机关呈请或咨请之。

二、民营电气事业，如系甲：独资经营者，由出资人呈请之；乙：合资经营者，由出资人全体呈请之；丙：公司，由公司代表呈请之。如为股份有限公司，须由董事会全体呈请之。

三、人民与公家合营之电气事业，依照本条第二项第乙、丙目办理。

第三条 电气事业之申请注册，应备具左列书图：

一、企业意见书（附营业区域图）；

二、创业概算书；

三、收支概算表；

四、工程计划书；

五、营业章程概要（附总路分布图及发电所内总图）；

六、投资人名簿或投资机关名称；

七、首席申请人及主任技术员履历书。

第四条 企业意见书。应依照本规则表式一填制，其营业区域图，得用当地地图添绘注明区域界限，择要注明四至地名，并开明图例缩尺及方向，由首席申请人署名盖章。前项营业区域图，经核准后，应另备具同式四份，呈送建设委员会盖印存卷，并分发建设厅、市或县政府，及该电气事业人存查，以资信守。

第五条 创业概算书，应依照本规则表式二填制。

第六条 收支概算表，应依照本规则表式三及表式四填制。

第七条 工程计划书，应依照表式五填制，并须备具左列附图：

一、总路分布图，须注明：甲，发电所、配电所及配电变压器之位置及容量；乙，各段总路之电压及导线粗细；丙，图之方向及缩尺。

二、发电所内总图，须按照通用线路格式，载明发电所内全部接线方法，不自发电者，以接受外来电力之主要配电所代之。以上二图，均须由主任技术员署名盖章。

第八条　营业章程概要，应依照表式六填制，其已拟有营业章程草案或印有营业章程者，须一并附送。

第九条　投资人名簿，应开具左列各款：

一、投资人姓名住址；

二、各投资人所认股数、每股票面银数及实缴银数。

第十条　首席申请人及主任技术员履历书，应依照表式七填制，其主任技术员毕业文凭或服务登记证明书之摄影或抄本，须一并附送。

第十一条　地方政府或主办机关对于设立电气事业意见书，即表式八，应由申请人送呈注册图书时，一并送请当地地方政府填具意见，如为公营性质，则应由主办机关填具。

第十二条　申请注册人填制表式时，须向建设委员会领用空白表式，不另取费，但为事实上之便利，得用同样格式大小纸张填制。

第十三条　凡电气事业在电气事业注册条例施行以前设立者，除依据最近实情填具本规则第三条所开各图书外，应将其设立年月、组织经过、营业状况、最近一年发电度数及与行政机关所约定之条款，一并呈报。

第十四条　民营或人民与公家合营之电气事业申请注册，其呈送程序如左：

一、申请人应备具本规则第三条所开图书各三份，送呈当地地方政府，分别存转。如营业区域跨连两县县境者，应由电厂总事务所在地之县政府，取得邻县县政府之同意后呈转。

二、当地地方政府，除抽存图书一份外，应依照表式八填具意见书连同图书二份呈送该省建设厅，由厅抽存一份，并将正本连同审查意见，转呈建设委员会。

三、如当地地方政府直隶于行政院者，应于填具意见书后，连同审查意见，经送建设委员会。

第十五条　公营电气事业申请注册时，应由该事业之主办人，备具图书三份，由主办机关送经建设委员会。

第十六条　电气事业遇有变更名称组织或转移营业权时，应照新创事业手续，重行申请注册，换领执照，其已经主管机关核准之转移合同契约，须一并附送。

第十七条　凡电气事业，曾向国民政府交通部注册，领有执照者，须备具注册图书三份，连同旧照，进呈建设委员会。经核准后，由会换给执照，注册书图副本二份，发交厅县存查。

第十八条　电气事业人营业期限届满前，应向建设委员会重行申请注册。

第十九条　民营或人民与公家合营之电气事业申请注册，经核准后，应缴纳左列各费：

一、注册费，按照资本总额千分之二缴纳，其不足千元及千元以上之有畸零者。

二、印花税，二元。凡曾在国民政府，交通部注册领照者，向建设委员会申请换照时，得免交注册费，惟资本如有增加，应照第二十一条办理。

第二十条　公营电气事业申请注册，经核准后，应缴纳注册费二百元、印花税二元。

第二十一条　民营或人民与公家合营之电气事业，因增加资本呈请换给执照者，不论原定资本额之多寡，应按照本规则第十九条之规定，照增加数添缴注册费。

第二十二条　本规则自公布日施行。

电气事业人许可营业年限及计算办法

（1932 年 8 月 26 日 建设委员会呈报国民政府；1932 年 9 月 6 日国民政府指令备案；1932 年 9 月 15 日建设委员会分行全国）

（一）许可年限以三十年为标准，但地方政府得提出意见转请本会酌量伸缩之。

（二）许可年限起讫日期，规定如左：

甲　凡电气事业人在民营公用事业监督条例公布以前开始营业者，以条例公布之日起算。

乙　凡在条例公布后成立者，以其营业开始后次年之正月一日起算。

丙　营业年限早有规定者，从其规定。

（三）电气事业人合并时，因合而消减之公司，其所余营业年限，由合并后续存或另立之公司依法定手续取得之，其因各该公司之营业年限有差异而欲补足以期一致者，应于合并前呈由地方监督机关转请中央主管机关核定。

建设委员会奖励民营电气事业暂行办法

（1931 年 5 月 30 日会令各民电公司遵照）

本会为奖励民营电气事业之经济业务工程改善起见，特定奖励办法如左：

第一条　凡合于《电气事业条例》第一条之规定，经本会注册给照之电气事业人，均有受奖之权利。

第二条　本会每年择民营电气事业人中之对于经济、业务及工程有特殊之成绩者，给于荣誉奖状。

第三条　荣誉奖状内，除载明电气事业人之名称外，并载明其经理或厂长及主任技术员之姓名。

第四条　民营电气事业人，除经本会特许外，每年四月底以前，应将上年之经济、业务、工程报告，按本会规定格式填注，并将其特别改进事项，详细说明，呈会备核。

第五条　本会按电气事业人呈送之上项报告，详加改核，并调查其是否属实，择优给奖。

第六条　凡电气事业人呈送各项报告已逾本会规定时期者，本年无受奖状。

第七条　应得奖状之电气事业人，除由本会发给奖状外，并将其事业名称公布之。

电气事业人处理窃电规则

（1933 年 1 月 4 日国民政府公布，同年 4 月 1 日施行）

第一条　电气事业人对于窃电之处理，悉依本规则行之。

第二条　电气事业人为防止窃电起见，得派员携带凭证，至营业区域内总路所经之地及用电处所，施行检查，用电人不得借口拒绝。前项凭证，应由电气事业人呈请地方主管机关或公安机关登记。

第三条　凡有左列行为之一者为窃电：

（一）未经电气事业人之许可，在电气事业人所设线路上擅自接电者。

（二）包灯用户在原定电灯盏数及烛光（或瓦特）以外，私行增加盏数或烛光（或瓦特）数者。

（三）绕越或毁坏电度表限制表，紊乱表线或破坏表外电线者。

（四）阻碍或扰乱电度表限制表之准确程度，以图减少应缴电费者。

（五）故意损坏改动或伪造电气事业人所置之表件设备、表外保护物之封志或封印者。

（六）在电价较低之线路上私接电价较高之电器者。

（七）可向电气事业人直接购电，而向他人购用窃来电气者。

（八）其他以窃电为目的之行为。

第三款至第五款之情形，如表件不在用户保管范围以内者，用户不负其责。

第四条　电气事业人查获窃电实据时，应有在职警务人员一人或地方主管机关人员一人或第三者二人以上之证明。如另有文件或照片者，亦得证明之。

第五条　凡窃电者经查获实据后，电气事业人除得依法起诉外，并得依本规则向其追偿电费。如遇执行困难时，得呈请地方主管机关或高级机关处理之。

第六条　有窃电嫌疑者恃强拒绝检查时，或窃电者未照本规则缴足应偿电费时，电气事业人得停止供给其所需之电气。

第七条　电气事业人就查获窃电者所装电灯、电扇、电热用具、电动机或其他电器全部用电设备，分别性质及其瓦特或马力数，以所接线路每日平均供电时间作为用电时间计算，照价追偿电费一年。但用户窃电者须减去最近一年内已缴之电费。电气事业人开业或用户接电未满一年者，以实在供电日数为准。

第八条　凡窃电而致有妨害公安或损害电气事业人财产之结果者，除照前条规定追偿电费外，得依法诉请追偿财产及其他一切损失。

第九条　电力、电热或其他电器之价格，未经电气事业人规定者，照电灯价格追偿电费。

第十条　电气事业人追偿表灯及包灯用户电费时，分别以电度价及包灯价计算。追偿非用户窃电电费时一律以电度价格计算，无电度价格者照每月包灯价计算。

第十一条　窃电处所查获电动机，每一马力以八百瓦特计，电灯每烛光以一瓦特计。查获灯座插座或接线头而未查获灯泡或电器者，每个以五十瓦特计，概照电灯价格追偿电费。查获未注明用电数量之电器者，应呈由地方主管机关鉴定之。

　　第十二条　窃电者如指出实施窃电工事之人，而经证实者，得减免追偿电费部份百分之五十。

　　第十三条　关于电费追偿事宜有争执时，除已依法起诉者外，得请地方主管机关裁决。

　　第十四条　检查窃电及举发窃电奖励办法，电气事业人得自行订定，呈请地方主管机关备案。

　　第十五条　本规则施行后，民国十九年四月二十四日建设委员会公布之"电气事业人检查窃电及追偿电费规则"应即废止。

　　第十六条　本规则自民国二十二年四月一日起施行。

后　记

　　本书是在我博士学位论文的基础上修改而成的。从论文选题、写作到修改成书的各个环节，都是在导师陈廷湘教授的指导和关怀下完成的，陈老师严谨的治学态度、渊博的学识、无私奉献的精神使我受益匪浅。感谢陈老师多年来的关心与指导。在本书即将出版之际，陈老师欣然作序，在此我向尊敬的陈老师致以诚挚的感谢！

　　在博士学位论文写作和博士毕业后对论文修改的过程中，我还得到了硕士生导师重庆师范大学向中银教授、访学导师华中师范大学魏文享教授、博士后合作导师西南政法大学卢代富教授的悉心指导与帮助，感谢三位导师对我的教诲！

　　我曾经到重庆市档案馆等单位收集资料，其间重庆市档案馆编研处研究员黄立人先生的遗孀赵彦华老师将其先生生前留下的一些论著、史料集无私地赠送给我，令我感激万分，在此致谢！

　　在博士学位论文评审与答辩过程中，西南交通大学鲜于浩教授、西南财经大学刘方健教授、四川大学何一民教授和杨天宏教授、成都体育学院郝勤教授、中国人民公安大学汪勇教授、湖南大学陈先初教授、南开大学江沛教授、武汉大学敖文蔚教授、西南大学潘洵教授提出了宝贵的意见与建议，对论文的修改完善有重要帮助，谢谢各位老师的指正！

　　本书在写作过程中也得到了师兄（姐）、师弟（妹）的帮助与支持，他们是成功伟、刘利容、刘洪彪、杜俊华、熊斌、龚义龙、王珍富、李俊、李常宝、叶宁、苏舟、欧美强、黄英、秦彬、陈符周等，在此致谢！

　　学友西南大学中国抗战大后方研究中心赵国壮副教授在本书修改与完善过程中曾给予支持与帮助，在此致谢！

　　本书的出版得到了重庆市社科基金项目与中国博士后基金面上项目的

资助。

社会科学文献出版社编辑老师为本书的顺利出版付出了辛勤的劳动，其敬业精神令我敬佩！

特别感谢我的父母多年来的支持与关爱。一路走来，爸妈给予我深深的爱，使我在学业和工作上不断取得进步！

朱海嘉

2018 年 1 月 5 日写于西南政法大学

图书在版编目（CIP）数据

中国近代电力企业经营管理研究：以重庆电力股份
有限公司为个案/朱海嘉著 . -- 北京：社会科学文献
出版社，2018.10
　ISBN 978 - 7 - 5201 - 2854 - 4

　Ⅰ.①中…　Ⅱ.①朱…　Ⅲ.①电力工业 - 工业企业 -
企业经营管理 - 研究 - 中国 - 近代　Ⅳ.①F426.61

　中国版本图书馆 CIP 数据核字（2018）第 119185 号

中国近代电力企业经营管理研究
　　——以重庆电力股份有限公司为个案

著　　者/朱海嘉

出 版 人/谢寿光
项目统筹/宋荣欣
责任编辑/宋　超　楚洋洋

出　　版/社会科学文献出版社·近代史编辑室（010）59367256
　　　　　地址：北京市北三环中路甲 29 号院华龙大厦　邮编：100029
　　　　　网址：www. ssap. com. cn
发　　行/市场营销中心（010）59367081　59367018
印　　装/天津千鹤文化传播有限公司

规　　格/开　本：787mm×1092mm　1/16
　　　　　印　张：18.25　字　数：305 千字
版　　次/2018 年 10 月第 1 版　2018 年 10 月第 1 次印刷
书　　号/ISBN 978 - 7 - 5201 - 2854 - 4
定　　价/89.00 元